U0112538

后浪出版公司

易强

著

蒙古帝国

民主与建设出版社
·北京·

自　序

在讲述成吉思汗及蒙古帝国的历史时，历史学家们的心情大多是十分复杂与矛盾的，因为这段历史既充满了趣味性，又充满了让人恶心的血腥味；既令人血脉沸腾，又使人毛骨悚然；它既能充分说明历史的逻辑，又能充分体现历史的悖论；既能让人看到人性的伟大，又能让人看到人性的猥琐。

而历史学家们的性格、背景、偏好、分析方法、行文方式等方面又各不相同，因此，多数读者在阅读他们所写的有关这段历史的著作时，心情往往会加倍的复杂与矛盾，对历史学家的判断有一种无所适从的感觉。

比如，对成吉思汗的评价，有的历史学家极尽溢美之词，甚至将他描述成这样一个伟人：他在主观上有着国际主义的情怀，想通过一统天下为苍生造福。但也有历史学家认为，成吉思汗是来自地狱的魔鬼，是撒旦派往人间的使者，因为在率军征伐的过程中，他做了太多灭绝人性的事情，比如屠城。

显然，这两种观点代表着两个极端。然而不幸的是，往往是极端的观点更引人注目，更能调动读者的胃口，也更能影响读者的判断。因为习惯于将自己简单归类，不少读者往往愿意接受这种"非黑即白""立场鲜明"的观点。而对那些习惯于质疑、习惯于独立思考的读者来说，这些观点无疑会带给他们困扰。

为了避免这种困扰，本书无论是在对史实的处理上，还是在观点的陈述上，都将尽力做到客观理性。

通过引用有明确出处的史料，运用科学理性的分析方法，本书将回答以下这些读者最感兴趣的问题：

成吉思汗到底是怎样的人？是生来就以天下为己任，还是天生杀人狂？他遵从的是怎样一种扩张逻辑？起始人口只有不到200万的蒙古国，是怎样变成势不可挡的蒙古帝国的？ ①它又是怎样征服那些强大的、有过辉煌文明的大国的？那些大国文明各自存在哪些问题？它们又是如何在精神层面对蒙古帝国进行反征服的？在征服与反征服的过程中，哪些因素在起关键作用？阻止蒙古帝国进一步扩张的力量或因素又是什么？

本书着重讲述的内容，是蒙古帝国与被征服者之间、被征服文明之间的冲突，以及这些文明对蒙古帝国的影响。至于成吉思汗统一蒙古各部落的过程、蒙古帝国与被征服文明的内部结构，以及蒙古帝国解体或崩溃的过程等方面，本书不做详细介绍。

通过阅读本书，读者将进一步理解历史的发展逻辑，理解生态环境、民族仇恨、宗教文化等因素以及偶然事件对历史进程的影响。

读者或将见证历史不断昭示的真理：

尽管某个国家的政权看上去很强大，但是，如果其内部平衡被打破，不稳定因素越来越难以控制，而其制度本身又不具备自我调

---

① 根据什缪尔·艾森施塔的定义，"帝国"一词通常用来指这样一种政治体系，它包含广阔而又相对集中的领土，在这个体系中，以帝王个人和中央政治机构为体系的中心形成一个自治实体。它还常常包括某些更广泛、更普遍的政治文化方面的含义。

整的能力，又或者当局能够动用的资源有限，只愿意或者只顾得上安顿国内秩序，而忽视了外部威胁因素的存在，那么，这个政权的命运只有解体或灭亡。而政权解体或灭亡的方式只有两种，要么是因内乱失控而解体，要么是因外部侵略者突然出现，并与内部不稳定因素相配合而终结。

宋的灭亡就是这样一个过程。北宋人口达1.25亿，南宋人口8000万，其经济不可谓不繁荣，其科技不可谓不发达，却先后被金与元所灭。原因在于，宋廷忙于安顿国内秩序，而无视外部威胁的存在。而宋廷之所以重视安内甚于攘外，一方面是因为它吸取了唐末动荡及五代十国政权更替的教训，另一方面是因为它对自己缺乏信心：对于一个只能代表少数人利益的政权而言，内乱总是更加直接和现实，因而总会被统治者优先考虑。

本书将分析推动蒙古帝国崛起的动力。某些西方历史学家所持的成吉思汗具有国际主义情怀的观点可能过于溢美。更接近史实的判断或许是，在他领导之下的蒙古帝国的扩张，更多是出于生存和复仇的目的，在实现这个目的的过程中，混合了令人发指的劫掠和暴行，以及许多"计划外的"入侵行为。[①]

至于蒙古帝国霸业的形成，在很大程度上，是因为它赶上并利用了这样一个机会：被征服者大多处于外交困境之中，正与邻邦进行无休止的消耗战。比如南宋、金与西夏之间，基督教世界与伊斯兰世界之间，都因为陷入这种困境而不能自拔。对于相信"天命"、敬拜"腾格里"（长生天）的蒙古人来说，上天赐予的机会是绝对不容许浪费的。

---

① 关于"计划外战争"的定义，见本书第五篇第三章第二节。

当然，除却这些客观上的有利因素，征服者们显然具有极其高明的战略眼光，并具备极其出色的战略执行能力。此外，他们还极具学习能力。他们善于吸取其他文明的军事智慧，善于整合其他文明的军事实力。比如，他们从金和西夏的汉族军队那里学会了攻城战术，从西亚和欧洲人那里吸收了重装甲的优势。他们利用汉族的攻城战术征略西亚的伊斯兰世界，又雇用西亚的制炮大师征服汉族的南宋政权。

他们的军力在半个世纪的时间里增长了十倍，由最初的十万扩张到一百万以上。这是因为他们不断整编被征服者的军队。我们将会看到，这支整合自不同文明的军队是如何带给他们辉煌的胜利，又是如何让他们遭受令人难以置信的挫折。

对于宗教的作用，成吉思汗及其子孙们也极具领悟力。在征讨欧洲、中亚和西亚的过程中，蒙古帝国的大汗充分利用宗教的力量以安抚被征服国家和地区的人民。最有意思的是，也是在这个过程中，宗教逐渐对蒙古帝国的大汗及其亲属的精神世界进行了反征服。比如，蒙古帝国的继承国中，多位大汗皈依了伊斯兰教，成为虔诚的穆斯林。有的王室成员或高级政府官员甚至成为基督教的圣徒。

蒙古帝国甚至是圣战的参与者。从11世纪末到13世纪末，为了争夺"圣地"耶路撒冷的控制权，基督教世界与伊斯兰世界之间展开了长达两百年的圣战。而蒙古帝国的西征处于13世纪中期，正好赶上具有深远意义的圣战的尾声。蒙古帝国在事实上解体之后，作为其继承国之一，伊儿汗国直接参与了圣战，并尝试与欧洲基督教世界建立某种联盟。蒙古帝国的另外两个继承国——金帐汗国和察合台汗国——则通过牵制伊儿汗国的方式间接参与了圣战。对圣战的参与，使这些继承国进一步被宗教化。本书这方面的内容，或将有助于读者理解基督教与伊斯兰教之间的关系，有助于读者理解现在的中东局势。

为了便于阅读，在不妨碍读者理解相关内容的前提下，本书简化或忽略了某些细节，这在一定程度上损害了叙述的严谨性。比如，本书简化了某些蒙古历史人物的名字，因为他们的汉译全名很多都在七个字以上。因此，成吉思汗父亲的名字在书中简化为"也速该"，而不是全名"也速该把阿秃儿"。至于书中引用的历史资料，如果比较直白，不会引起歧义，本书一般都直接引用原文；如果原文过于艰涩或容易引起歧义，则作尽量简化的翻译。

本书内容并非面面俱到。对这段历史做全景式的叙述和解读固然有益，但于我而言，进行力所能及的取舍或更为现实。

目 录

第一篇

苍狼一族

　　我们把男儿必报之仇给报了，把篾儿乞百姓们的胸膛弄穿了，把他们的肝脏捣碎了！我们把他们的床位掠空了，把他们的亲族毁灭了，把他们残余的人们也都俘虏了！

——铁木真

（《蒙古秘史》）

第一章　生存的逻辑

铁木真九岁时的某一天，父亲也速该带他去母舅家，想给他说一门亲事。走到半路，他们遇见了特薛禅——蒙古草原弘吉剌部的长老。弘吉剌部与也速该所在的乞颜部之间，长期有着通婚的传统。

特薛禅十分喜欢铁木真。当知道也速该要给儿子说亲之后，特薛禅说："我们弘吉剌部的人，自古就是男儿们生得相貌堂堂，女儿们生得姿色娇丽……也速该亲家！到我家去吧！我的女儿还小呢，亲家你去看看吧！"

于是，也速该就来到特薛禅家，见到了他的女儿孛儿帖。孛儿帖比铁木真大一岁，容貌娇美，举止得体，正合也速该的心意。双方定下亲事。应特薛禅的要求，也速该将铁木真留下，自己骑马回家了。他临走时再三叮嘱特薛禅："我把儿子给你留下做女婿。我的儿子怕狗。亲家，可别叫狗吓着我的儿子呀！"

在回家的路上，也速该赶上塔塔儿部在大摆筵席。塔塔儿部主要在蒙古草原东部一带游牧，与也速该所在的乞颜部素有冤仇。因为实在是太渴了，也速该偷偷入了席。然而，塔塔儿人将他认了出来。他们在也速该的食物里下了毒。三天之后，也速该在家中去世。没过几天，铁木真被人从特薛禅家接回。

也速该去世之后，铁木真一家被同族遗弃了。作为家中长子，九岁的铁木真必须与母亲，三个同母弟弟（拙赤合撒儿、合赤温以及帖木格），两个异母弟弟（别克帖儿和别勒古台），以及同母妹妹帖木仑等人相依为命。

他们过着极其艰苦的生活。铁木真的母亲诃额伦靠捡杜梨山丁，挖红蒿、野葱、野蒜、野韭菜以及山丹根等养活自己和儿女们。铁木真也尽力回报母亲，用火烘弯了针，做成鱼钩去钓鱼，又做了拦河网去捕鱼。

尽管诃额伦和铁木真都很勤劳，但能够找到的食物是如此的少，家里人口又如此的多，铁木真一家每天都面临生与死的考验。如何公平有效地分配极为有限的食物，成为铁木真必须考虑的问题。

有一天，铁木真带着亲弟弟拙赤合撒儿、两个异母弟弟别克帖儿和别勒古台一起去钓鱼。一条小银鱼被钓上来之后，立即被两个异母弟弟抢走了。铁木真心里十分恼怒。回到家之后，他将这件事告诉了母亲。显然，诃额伦也没有办法。但她不愿意铁木真兄弟之间因为一条小银鱼结仇，于是劝慰铁木真："你们兄弟之间怎么可以那样不团结？我们现在除了自己的影子，再没有别的伙伴了。这样怎么能报仇呢？"

对于母亲苦口婆心的警告，铁木真完全听不进去，因为在此之前，这两个异母兄弟还曾夺去他用箭射下的雀儿。对铁木真来说，无论是一只雀儿，还是一条小银鱼，都应该由他来进行公平有效的分配。两位异母弟完全只顾自己的做法，已经威胁到整个家庭，尤其是他更为幼小的同母弟弟和妹妹的生存。

于是，原本连狗都害怕的铁木真，与弟弟拙赤合撒儿一起，将异母弟别克帖儿杀死了。在别克帖儿临死前的请求之下，铁木真饶恕了别勒古台的性命。①

上面这段故事出自《蒙古秘史》一书。这本书的成书时间，大概是1240年，作者的姓名已经无从考证，但中外历史学家们普遍相信，他必定与成吉思汗家族关系密切。这本书蒙古文书名的原意是"蒙古的机密史纲"，或者"蒙古的机密大事记"。明朝初年的汉译蒙音版本将书名译作《元朝秘史》。

与当下泛滥的"秘史系列"影视剧不同，《蒙古秘史》记载的人物与历史事件，被中外历史学家认为具有极高的可信度。

比如，20世纪著名元史学家、台湾大学历史系教授姚从吾就认为，《蒙古秘史》是一部叙述成吉思汗言行的实录，是一部关于蒙古早期历史的很难得的直接史料，其行文"天真贴切、生动可信"。1908年，日本学者那珂通世出版《蒙古秘史》日文版时，则索性以《成吉思汗实录》作为书名。

因此，我们不妨与绝大多数历史学家一样，相信上面这则故事——确切说是史料——的真实性。比如，苏联历史学家符拉基米尔佐夫就十分相信特薛禅将铁木真留下做女婿这段史料，并从中发现母权制度的痕迹。

如果这段史料的真实性没有问题，它显然可以印证如下论断：在极端恶劣的环境——包括自然环境与社会环境——之下，当生存面临威胁时，弱者总是被迫成为强者，强者则总是主动出击，试图掌握支配生死的权力。与强者关系最远而距离最近的弱者，总是最先成为被牺牲的对象。

———————

① 综合自札奇斯钦：《蒙古秘史：新译并注释》，台北联经出版事业公司，1979年。

这就是生存的逻辑。

也速该去世之后，残酷的社会现实以及艰苦的生活环境，迫使年少而胆怯的铁木真接受了这个道理。然而，接受这个逻辑的并非只有铁木真。事实上，它是古代游牧民族普遍信奉的真理，甚至早已渗透进他们的基因。

史书为这个论断提供了许多证据。

根据司马迁所著《史记》的记载，两千多年前的匈奴人的生存法则就是，"壮者食肥美，老者食其余。贵壮健，贱老弱"。① 唐代魏征所著《隋书》中，突厥人的风俗也是"贱老贵壮"。② 宋代彭大雅所著《黑鞑事略》一书中，蒙古人的风俗同样是"贱老而喜壮"。③ 这些古代游牧民族的共性是，老弱的生存权利被极度忽视。毫无疑问，到了必须做出残酷选择的时候，老弱必定最先成为被牺牲的对象。

而游牧民族之所以信奉这个真理，并非因为他们生性野蛮残忍，而是取决于他们的生产方式和生活方式。

游牧作为最主要的生产方式，决定了他们必须逐水草而居。而作为生产和生活资料的水，以及作为生产资料的牧草，又极易受气候与季节变化的影响，因而经常会成为稀缺资源。为了满足生存的需要，对这些稀缺资源的争夺，便成为家常便饭。可以毫不夸张地说，对于古代游牧民族来说，战争和冲突甚至是作为一种生活方式而存在。在这种生产和生活方式中，弱者无疑会是最先被抛弃的累赘。

---

① 《史记》卷一百一十，《匈奴列传》。

② 《隋书》卷八十四，《北狄列传》。

③ 彭大雅，字子文，鄱阳人。南宋宁宗嘉定年间（1208—1224年）进士。南宋朝廷曾派他出使蒙古，以讨论对金夹击之事。后将亲身见闻写成《黑鞑事略》，叙述了蒙古立国、地理、物产、语言、风俗、赋敛等事，是研究蒙古史的重要史料。

贝都因人或许是最恰当的参照。

古代的阿拉伯半岛上生活着两种人：一种是在沙漠和草原之间游弋的贝都因人，他们是过着游牧生活的阿拉伯人；另一种是在土壤比较肥沃的地区——半岛的边缘地带——定居的阿拉伯人。在适合牧草生长的正常的气候环境下，贝都因人过着很自在的游牧生活，然而一旦气候恶化，他们就经常劫掠定居的阿拉伯人。

黎巴嫩裔美国历史学家希提（Philip K. Hitti）在《阿拉伯通史》一书中写道："个人主义是贝都因人的明显特性。这种特性是根深蒂固的……他们只关心本部族的福利，要他们关心各部族共同的福利，那是很困难的事情……劫掠本来是一种盗贼的行径，但沙漠上的经济和社会情况，使它成为贝都因人的民族风俗。"①

7世纪的阿拉伯诗人顾托密甚至如此描述贝都因人的生活："我们的职业就是抢掠。我们抢掠敌人和邻居。如果没办法抢掠他们，我们就抢掠自己的兄弟。"

游牧民族的抢掠或者侵略行为，是其生存逻辑的自然引申。既然本族老弱都可以遗弃，入侵其他民族也就顺理成章。如果他们并非天生的侵略者，需要回答的一个问题是，到底是什么因素促使他们对外侵略。

对于这个问题，英国牛津大学考古学和人类学教授布莱恩·费根（Brian Fagan）给出的答案是：气候变暖。费根教授在其著作《大暖化》（*The Great Warming*）中提出，铁木真在历史舞台上出现的时候，蒙古大草原正经历着干旱的痛苦，牧场被"较为干燥的气候"

---

① 希提（1886—1978年）:《阿拉伯通史》，商务印书馆，1979年。

破坏了。正是在这个特殊的气候背景之下，铁木真团结草原各部族发起了对外侵略。[1]

费根借鉴了英国著名气象学家休伯特·兰姆（Hubert Lamb）的科学发现。20世纪中叶，兰姆提出了"中世纪暖期"的概念。这个概念的核心观点是，950年至1250年期间，北大西洋地区经历了一段偏暖的气候。当然，在这段长达300年的时间里，气候偏暖并非持续不断的现象，比如，1010年至1011年期间，北大西洋地区就经历了十分寒冷的冬天，但就总体而言，中世纪的气候是偏暖的。

尽管"中世纪暖期"的概念起初仅局限于北大西洋地区，它后来也被用于解释同期发生在欧亚大陆的历史现象。

不过，支持费根观点的并非只有兰姆的科学发现。

美国纽约的拉蒙特-多尔提地球科学研究所（Lamont-Doherty Earth Observatory）曾与蒙古国立大学合作，分析了蒙古中西部山脉中的红松标本。科学家们得出的结论是，历史上确实存在一段持续时间很长的偏暖气候，恰好与铁木真发动征服战争的时间相一致。他们甚至惊讶地发现，816年，蒙古草原的气温甚至比现在还要高。

史籍也提供了不少证据。根据《诺夫哥罗德编年史》（*The Chronicle Novgorod*）的记载，13世纪早期，气候原因导致了一场持续17年之久的饥荒。1215年，由于干旱引发的饥荒达到顶峰，城市居民被迫以树皮充饥，甚至卖掉孩子为奴。1230年，又一次干旱降临，给人们带来更大的灾难："一些平民杀掉活人，并以之为食。有些人则肢解死尸的腐肉作为食物。有些人以猫狗为食……有些人吃苔藓、蜗牛、树皮、石灰、榆树叶，以及其他所有能想到的东西。"

---

[1] 费根：《大暖化：气候变化怎样影响了世界》，中国人民大学出版社，2008年。

要理解气候变化对蒙古人的影响，就必须理解他们的生产方式。前文已经提到，游牧既是他们的生产方式，也是他们的生活方式。他们的生产资料和生活资料主要是马、山羊、绵羊、骆驼等牲畜。其中，最重要的是马。马不仅意味着财富，还是重要的食物来源，能够提供肉类、奶、奶酪等高蛋白食物。更重要的是，主人得借助它才能找到合适的牧场，才能配合手中的弓箭，成为令人畏惧的骑兵。

然而，马的消化系统并不强大。它只能吸收牧草中25%的蛋白质，其余75%的蛋白质都被排泄出去了。遇上干旱季节，牧草由青迅速变黄，其蛋白质含量也急剧下降，很多马匹会因此而饿死。如果旱灾持续时间过长，就会带来更加灾难性的影响。于是，迁徙，或者侵略，成了古代蒙古人必然的选择。

迁徙的过程总是伴随着侵略。正如美国历史学家斯塔夫里阿诺斯（Leften Stavros Stavrianos）在《全球通史》（A Global Historg）一书中指出的，阿尔泰山和天山山脉东面的大草原，远不如西面的大草原那么丰美，因此，几千年以来，东面的游牧民族，比如匈奴、突厥和蒙古等，或者是以难民的身份，或者是以征服者的身份，一代又一代地从东面迁徙到西面。

气象学上的这些发现，有助于我们理解生存的逻辑，理解蒙古人的对外侵略，也有助于我们理解前面的故事：也速该去世，铁木真一家遭到同族遗弃之后，过着何等艰苦的生活。

第二章　复仇的传统

少年铁木真怕狗的记载，无疑是十分有趣的史实。这种趣味性来自强烈的对比。因为根据《蒙古秘史》的记载，铁木真的先祖"是奉上天之名而生的孛儿帖·赤那"。在蒙古语中，"孛儿帖·赤那"的意思是——苍狼。[①]

在古代游牧民族独特文化的影响下，潜藏在铁木真体内的狼性基因，很快就被残忍的现实——生存的压力以及复仇的责任——唤醒。"复仇的责任"之所以被称为现实，是因为它与生存的逻辑一样，也是古代游牧民族的生活方式。换句话说，就像劫掠是贝都因人的风俗一样，复仇是古代游牧民族的规则。

正因为如此，在被同族泰亦赤兀惕人遗弃之后，诃额仑警告年幼的铁木真要"报复泰亦赤兀惕兄弟们所施加的痛苦"。而我们从诃额仑的警告中不难看出，"复仇"是蒙古族长辈经常教育晚辈的课程。

当复仇成为游牧民族的传统之后，它就使游牧社会陷入了恶性循环，因为旧仇往往会催生出新恨，由此周而复始。最典型的例子

---

① 孛儿帖·赤那在这里仅作人名解，并非实指苍狼。

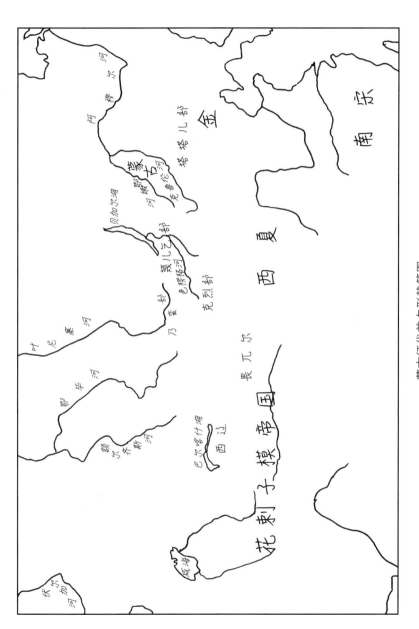

蒙古征伐前夕形势简图

是铁木真家族与篾儿乞部之间的仇恨。他们之间的仇恨与两个女人有关。

第一个女人是诃额仑,铁木真的母亲。根据《蒙古秘史》的记载,有一天,年轻的也速该正在斡难河边放鹰行猎,正好遇见篾儿乞部的赤列都,他刚从别的部族迎娶一个女子回来。这个女人容颜特别美丽,也速该心里十分喜欢,于是赶紧回家找他的哥哥捏坤太子和弟弟答里台。兄弟三人将这位美丽的妇人劫回了家。就这样,她成为也速该的妻子。她就是铁木真的母亲诃额仑。

第二个女人是孛儿帖,铁木真的妻子。

前面已经提到,九岁的铁木真与特薛禅之女孛儿帖定了亲。后来,因为也速该去世,铁木真回到家,与家人一起共渡难关。铁木真成年之后,就去特薛禅家迎娶孛儿帖。特薛禅十分高兴地把女儿交给铁木真。于是,铁木真带着孛儿帖回家了。然而有一天,篾儿乞部的大队人马将孛儿帖劫走了。他们扬长而去的时候说:"为报抢夺诃额仑的仇,如今捉住了他们的妇人,我们已经报仇了!"孛儿帖成了赤列都弟弟的妻子。

后来,铁木真又率军将孛儿帖抢了回来。孛儿帖那时已经怀了孕,但铁木真并没有嫌弃她。孛儿帖生下了术赤,铁木真的长子。铁木真立誓要将篾儿乞部赶尽杀绝,以报夺妻之仇。

在古代蒙古草原上,复仇是团结家族和部族的重要方式。因为共同利益的存在,同一家族或部族的成员经常一起行动,因而会有相同的仇人。而相同的仇人又促使同一家族或部族的成员更加团结。

严酷的生存环境无疑也能促进部族内部以及朋友之间的团结。不过,在家族成员各自独立、有了各自的利益之后,团结的目的不再单纯,而是有其他利益考量。当家族内部之间利益发生冲突时,团结将让位于残酷的现实。我们将在后文看到，在这一点上，铁木真的子孙也不例外。

在这种复仇的传统之下，仇恨会呈扩大化的趋势。

在古代游牧民族眼中，这个世界上只有两种人：朋友和敌人。他们认可的原则是：敌人的朋友是敌人。因此，在复仇的过程中，帮助或收留敌人的人，都会成为复仇者的敌人，后者的朋友也成为复仇者潜在的敌人。于是，复仇的对象越来越多，仇恨也越积越深。

如果复仇者不是太弱，他总是能够找到盟友。而对盟友来说，助人复仇是发财和扩大势力的机会。原因在于，复仇者总会提供一些好处，比如，他可能放弃复仇所得的财产，也可能给予一些别的承诺。对盟友来说，帮助朋友复仇也是一种美德，可以提升自己的声望。当然，帮助朋友复仇还是理想的侵略借口。

为了从篾儿乞部手中夺回孛儿帖，铁木真找到两个盟友：一个是他的父亲也速该的安答（即结拜兄弟），克烈部的王汗；另一个是他自己的安答，札达兰部可汗札木合。这两个盟友非常看重这次复仇行动。他们把这次复仇看作发财的好机会，并为此制订了详细的出兵计划。根据《蒙古秘史》的记载，札木合带领的军队在约定的时间内赶到了指定地点，铁木真和王汗的军队却迟到了三天。札木合对铁木真和王汗的迟到十分不满，他说："我们不是曾经说过，'就是有风雪，也要守约；就是下雨，在聚会的时候也不得落后'吗？我们蒙古人一经应诺，不是就和立了誓一样吗？我们不是说过，'把不守约的从行列当中赶出去'吗？"王汗回答："我们耽误了三天，由札木合弟随意责罚吧！"于是，他们商谈了违约的责罚。

最终的结果是，铁木真、王汗和札木合的军队大败篾儿乞部，

"把他们的妇人儿女掳掠尽绝……把他们的全体百姓掳掠一空"。铁木真把自己掠夺的钱财和粮草都送给了王汗,以此作为对他的帮助的酬谢。①

值得一提的是,篾儿乞部的族长脱脱和他的儿子侥幸逃脱了铁木真等人的这次围剿。他们先是逃到了乃蛮部,后来又逃往契丹人建立的西辽。因此,乃蛮与西辽也成了铁木真的敌人。

铁木真的一番话可以充分说明古代蒙古人是何等的重视复仇。他说,因为有王汗和札木合的帮助,有天地赐予的力量,在苍天的眷佑之下,"我们把男儿必报之仇给报了,把篾儿乞百姓们的胸膛弄穿了,把他们的肝脏捣碎了!我们把他们的床位掠空了,把他们的亲族毁灭了,把他们残余的人们也都俘虏了!"

这番话同时也反映出古代蒙古人复仇方式的另一个重要特点:赶尽杀绝,斩草除根。毫无疑问,这么做主要是为了阻止敌人复仇,因为在有着复仇传统的蒙古草原上,给敌人留下活口就是给自己留下后患。

这一特点可以部分解释为何在征伐的初始阶段,蒙古军队会有屠城、屠村、屠族等暴行。直到帝国已形成一定规模,蒙古统治者自信心和控制力增强,认识到留下活口对帝国的好处之后,暴行的残忍程度才有所降低。

铁木真、王汗与札木合的友谊并不长久。三者的势力都壮大了之后,铁木真与札木合很快决裂。而后,在札木合的煽动之下,铁木真与王汗也反目成仇。

这件事反映了蒙古草原上的政治现实:没有永久的朋友,只有

———————

① 《元史》卷一,《太祖本纪》。

永久的敌人和利益。之所以会如此，是因为他们必须争夺草原上稀缺的水草资源。在过旱或者过寒的气候环境之下，友谊的分量往往比不上一片牧草。

对古代蒙古草原复仇传统的认识，有助于我们理解蒙古人的对外侵略。我们将在后文看到，蒙古人对西夏、金、南宋、日本、伊斯兰世界、基督教世界的征伐，在某种程度上都带有复仇的目的。

无论是生存的逻辑，还是复仇的传统，都要求蒙古人适应战争生活。因此，他们刚出生不久就会被"绳束以板，络之马上，随母出入"，三岁的时候就能自己骑马，跟随大人们一起驰骋，四五岁的时候就开始使用小弓箭和短刀，十五岁长大成人之后，就成了令敌人闻风丧胆的蒙古骑兵。[1]

同时，蒙古人对地形天生具有很强的记忆力。这是在几千年游牧生活中形成的基因。因为大草原上几乎没有任何路标，而他们却必须在草原上放牧，寻找水源，寻找朋友和敌人，这需要他们培养对地形的敏感度。

另外，无论是出于生存的需要，还是出于复仇的责任，但凡是对外侵略，都需要很多人参与，尤其是各类人才的参与。铁木真在这方面最有心得。每当征服一个国家、民族或地区，铁木真至少会做两件事情：其一，整编被征服者的军队，使其成为蒙古大军的一部分；其二，善用被征服地区的工匠，尤其是制作武器的工匠。关于这两个方面的内容，本书第二篇将有进一步的阐述。

---

[1]　彭大雅：《黑鞑事略》。

第三章　天　命

　　笃信天命，是古人的共同之处。

　　孔子编撰的《尚书·汤誓篇》说："有夏多罪，天命殛之。"意思是说，夏朝多罪，上天使其灭亡。《诗经·商颂·玄鸟》说："天命玄鸟，降而生商。"意思是说，商朝取代夏朝，是奉上天之命行事。《庄子·内篇》写道："受命于天，唯尧、舜独也正，在万物之首。"意思是说，尧舜为帝乃受命于天。

　　包括铁木真在内，古代蒙古人也笃信天命。他们对上天的"启示"十分重视。《蒙古秘史》记载的一个故事可以说明这一点：遗弃铁木真一家的泰亦赤兀惕人，担心铁木真羽翼丰满之后会来寻仇，于是先下手为强，派兵去追杀他。年少的铁木真躲过敌人的突袭，逃入高山密林之中。泰亦赤兀惕人选择了以逸待劳、守株待兔之策，在密林外看守。铁木真在密林里躲了三天之后，觉得仇人们已经离开，正要牵马出去，马鞍突然脱落了。他心想："莫非是上天要阻止我出去吗？"于是返回密林里。过了三天，他又打算出去，看见一块巨石堵住了出口，于是再度返回密林。又过了三天，已经九天没有进食的铁木真饥饿难耐，心想："怎么能无名地死去呢？出去吧！"于是，他牵着马，绕过巨石，出了密林。可是，泰亦赤兀惕人并没有离开。他们捉住了铁木真。族长派人轮流看管他。有一日，轮到一个瘦弱的少年担任看守。铁木真心想，这是上天赐予的逃跑良机。最终，他逮到一个机会，打倒了少年，逃跑了。

引述这个故事的目的，不是为了讨论天命的客观实在性，而是为了说明铁木真的天命观：对于他所认定的上天的启示，他会坚信到生命的最后一刻。如果届时情况仍然不乐观，他会选择勇敢地面对。然而，只要有机会出现，哪怕是极其微弱的机会，他就一定不会放过。

这种天命观贯穿其征伐之路的始终。

天命观在军事征服霸业上的表现，就是充分利用上天赐予的战机。《元史》记载了铁木真之孙蒙哥的一个战例：

1237年某月，蒙哥正在征伐欧亚大陆草原上的游牧民族钦察部。因为抵挡不住蒙古人的进攻，钦察部首领八赤蛮逃到距离里海沿岸不远的岛上。蒙哥率大军赶到的时候，正好遇上退潮，"其浅可渡"。蒙哥高兴地说："此天开道于我也！"于是一鼓作气，率军登岛，最终几乎将岛上的钦察人全部屠尽，并生擒八赤蛮。[①]

不难从这个故事中看出，在笃信天命的蒙古大汗眼里，任何机会都是"上天赐予的机会"。

需要说明的是，对于处在蒙昧时代的大汗们来说，将机会赋予"神性"是一种无意识的行为。但这种行为在客观上会起到心理暗示的效果，使他们相信自己是上天的选择。而这个信念无疑又将加倍激发征服者的斗志。

更加重要的一层逻辑是，既然机会是上天赐予的，就绝对不允

---

① 《元史》卷三，《宪宗本纪》。

许浪费，必须充分地加以利用，因为浪费天赐的机会将遭到天弃。正如西汉刘向所言："天与不取，反受其咎；时至不迎，反受其殃"。[①]认识这一点，将有助于我们理解蒙古对外侵略的彻底性：在对外侵略——无论其目的如何——的过程中，如果蒙古人发现对手比较弱，就必然会一举将其吞没。

这种天命观在宗教上的表现是，尽管绝大多数蒙古人信仰萨满教，敬"腾格里"（长生天）为最高之神，但他们对其他宗教并不排斥。事实上，在蒙古对外发起大规模侵略之前，基督教、伊斯兰教、佛教、道教等宗教，在蒙古草原都有一定程度的传播。

比如，在蒙古草原最西面的乃蛮部，以及与乃蛮部毗邻的克烈部——前面提到过的王汗所在的部落，基督教的聂斯托里派（Nestorianism，即景教）颇有根基。再比如，铁木真本人是虔诚的萨满教徒，但他与全真教——道教的分支——掌门丘处机私交颇密，因为他希望能从丘处机那里得到长生的秘诀。[②]

蒙古人不排斥其他宗教的根本原因，是因为他们长年在大自然中讨生活，对"上天"怀有强烈的敬畏心。他们不想因为排斥其他宗教而得罪其他天神。另外一个原因在于，由于自己能生产的产品十分有限，蒙古人非常重视商业贸易，在逐水草而居的过程中，他们经常要和不同地方的人做交易，因而有很多机会接触其他宗教文化。

根据威尼斯人马可·波罗的记载，元世祖忽必烈曾经这样说过：

---

① 刘向：《说苑》，卷第十六。

② 丘处机（1148—1227年），字通密，号长春子，登州栖霞人（今属山东）人，全真教的掌教，曾应成吉思汗之邀，同游西域。他的弟子李志常将其游历西域的过程写成《长春真人西游记》。这部著作成为研究蒙古历史的重要史料。

天上有先知，他们受人供奉，每个人都敬畏他们。基督徒说，他们的先知是耶稣基督；撒拉逊人（中世纪对阿拉伯人的称谓）说，他们的先知是穆罕默德；犹太人说，他们的先知是摩西；佛教徒说，他们的先知是释迦牟尼。我尊敬和敬畏所有这四位先知，敬畏天上最伟大的神，我祈祷得到天神的保佑。①

　　读者将在后文看到，蒙古人在宗教上的这种"混沌"态度，是如何影响基督教世界和伊斯兰教世界对其侵略意图的判断的。

---

① 马可·波罗（Marco Polo，1254—1324年），威尼斯商人，世界著名的旅行家。据说1275—1292年，他在中国停留17年之久，深得元朝皇帝忽必烈的信任。不过，关于马可·波罗其人其事，学界仍有争议。正文所引忽必烈说的话，译自 Morris Rossabi, *The Mongols in World History*, from Asia Topics in World History, Columbia University.

第四章　家族恩怨

由于本书并非采用编年体的形式，对历史人物和事件的交代不严格依照年代的前后次序进行，因此，为了便于读者了解后面章节内容，有必要在这里对几位重要人物做一番简要介绍。

首先当然是成吉思汗。

根据《蒙古秘史》的记载，1189年，铁木真被蒙古草原上几个部族推举为可汗之时，即有"成吉思汗"的称号。[①]而依《元史》记载，在1206年统一蒙古各部之后，铁木真才得到"成吉思汗"的称号。[②]第二种说法得到绝大多数学者的认可。

成吉思汗的出生时间也是一个谜。目前存在三种说法：1161年、1162年和1167年。认为是1162年的学者居多。

至于其死亡时间，《元史》的记载是，"二十二年……秋七月……乙丑"（1227年8月25日），成吉思汗在今甘肃清水附近去世，"寿六十六。葬起辇谷（今内蒙古鄂尔多斯境内）"。流传的一种说法是，在他下葬时，有40名童女和40匹战马陪葬。而且为了保密起见，他的坟冢被马蹄踏平了。不过，美国哥伦比亚大学东亚语言与文化

---

① 札奇斯钦：《蒙古秘史：新译并注释》，台北联经出版事业公司，1979年。
② 《元史》卷一，《太祖本纪》。

系蒙古史专家罗茂锐（Morris Rossabi）支持以下说法，成吉思汗死后可能是天葬，因为那个时候的蒙古社会还没有发展起墓葬文化；也就是说，他的尸体很可能被动物吃了。①

成吉思汗无疑极具领袖气质和战略智慧。即便是投降的军队也愿意服从他的命令，为他攻城略地，因为他能真正做到慷慨无私，赏罚分明。正是在这一点上，他有别于历史上其他游牧民族领袖。

很多历史学家都认为，成吉思汗最大的成就是统一蒙古，而不是统一之后的军事成功。事实上，只有在各部统一之后，蒙古才具备大规模对外侵略的能力。成吉思汗去世之时，蒙古帝国的版图已经横跨欧亚大陆。

成吉思汗对贸易和手工业的发展都持积极支持的态度。在蒙古帝国时代，商人和手工业者的地位得到空前的提升。1204年，成吉思汗委托一名畏兀儿人设计了一套蒙古文字。

成吉思汗有40多名后妃，以正妻孛儿帖地位最高。孛儿帖所生四子即尤赤、察合台、窝阔台和拖雷，继承了成吉思汗的事业。

根据13世纪波斯历史学家志费尼（Al-Juwayni）的记载，成吉思汗去世之前，将庞大的蒙古帝国版图分成了五个部分：

> 他把契丹境内的土地分给他的兄弟及其子孙们；从海押立〔今科帕尔〕和花剌子模地区〔今乌兹别克斯坦和土库曼斯坦部分地区〕，伸延到撒哈辛〔位于伏尔加河下游〕及布加里亚国〔今喀山附近〕的边境地区，赐予长子尤赤；从畏兀儿〔今

---

① Morris Rossabi, *The Mongols in World History*, from Asia Topics in World History, Columbia University.

新疆〕起，至撒马尔罕和不花剌〔今称布哈拉〕，是察合台的封地；
窝阔台的封地在今俄罗斯境内的叶密立河流域和霍博地区；拖
雷的封地在蒙古本部。[①]

尤赤于1227年初去世之后，封地由他的儿子拔都继承。

成吉思汗分封领地的主要影响是，它激发了成吉思汗家族的积
极性，有利于进一步扩大帝国版图，但它同时也为帝国日后的分裂
埋下了种子。正是在这些封地的基础之上，尤赤家族建立起金帐汗
国，察合台家族建立起察合台汗国，窝阔台家族建立起窝阔台汗国，
拖雷家族则建立起元朝。

成吉思汗去世之后，在1227年至1229年之间，蒙古帝国处于
权力真空期。而后，窝阔台登上大汗之位（1229—1241年在位）。
继承窝阔台大汗之位的是他的长子贵由（1246—1248年在位）。
1242年至1246年，窝阔台的妻子乃马真皇后把持了蒙古帝国的国政。

蒙古帝国之所以会出现权力真空期，之所以会出现皇后摄政的
现象，是因为它奉行"民主推选"大汗的制度。这里所谓的"民主
推选"，是指在蒙古亲王主持的"库里台大会"上，由全体亲王和
贵族推举大汗。在这种选举制度之下，如果"选民"分歧很大，大
到彼此不肯让步，无法协调，就可能无法推举出大汗。

由于家族封地在俄罗斯境内，窝阔台大汗掌权期间，蒙古帝国
的战略重心，不仅仅只在中国的中原地区，更在罗斯诸公国（今俄
罗斯西部地区）、匈牙利、波兰等欧洲国家，以及中亚和西亚地区。

在这个过程中，窝阔台成功地团结了尤赤家族的势力。如上所

---

① 志费尼：《世界征服者史》，何高济译，商务印书馆，2004年。

述，尤赤家族的封地也在欧亚大陆的中西部地区。毫无疑问，朝欧亚大陆西部和西南部扩张，符合窝阔台家族和尤赤家族的利益。但窝阔台去世之后，这两个家族之间的关系恶化了，因为窝阔台的长子贵由与尤赤的次子拔都之间很早就出现了矛盾。

《蒙古秘史》记载了他们二人结怨的过程：

> 窝阔台当政时期，贵由、拔都以及察合台的孙子不里等人一起西征里海东面的钦察部。某日，他们举行了庆功宴。在宴会上，年长的拔都先于贵由饮了几杯酒。这让贵由和不里十分不满，他们二人马上离开宴会，骑马而去。
>
> 临走的时候，不里说："拔都与我们一样，岂能先饮！他与有胡须的老太婆们等量齐观，我要用脚后跟踹他，用脚面来踏他。"
>
> 贵由说："我们打那些带弓箭的老妇人们〔指拔都家族的人〕的胸脯吧！"
>
> 拔都将这件事报告了窝阔台。窝阔台大汗异常震怒。他不准贵由谒见，骂道："这下贱的东西，受谁挑唆，竟敢满口对兄长胡说！〔贵由〕还不过是个混蛋，竟敢在兄长面前放肆！"最后，贵由、不里等人都受到惩罚。

不过，饮酒这件事只是贵由与拔都结怨的结果，而不是原因。根本原因或许有二：其一，拔都体内流淌的并非成吉思汗家族的鲜血，如前文所言，其父尤赤是篾儿乞人的后代；其二，窝阔台当上大汗之后，将家族封地留给了贵由，而窝阔台家族的封地又与尤赤家族的封地毗邻，因此，作为窝阔台家族封地继承人的贵由，与作

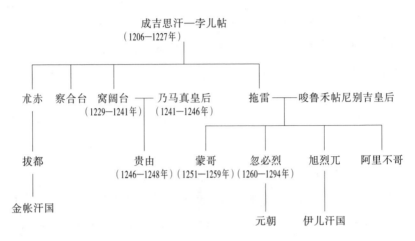

成吉思汗家族人物关系及蒙古帝国诸大汗统治时间简表（括号内为在位时间）

为尤赤家族封地继承人的拔都之间，很可能因为领土纠纷而经常发生矛盾。

显然，在对"饮酒事件"的处理上，窝阔台至少表面上持公正的态度，使得贵由与拔都之间的私人恩怨不至于影响帝国扩张的大局。然而，我们将会在后面发现，窝阔台去世之后，无论是乃马真皇后摄政时期，还是贵由当政时期，蒙古帝国往欧亚大陆西部和西南部扩张的势头明显放缓。

1248年，贵由去世。1248至1251年之间，因为"库里台大会"在大汗人选上存在严重分歧，蒙古帝国又经历了一段权力真空期。

尽管遭到窝阔台家族的抵制，1251年，得到拔都家族大力支持的拖雷长子蒙哥被"库里台大会"推举为大汗。蒙哥当政期间（1251—1259），窝阔台家族的封地被分割成小块，由窝阔台的儿子合丹、灭里，以及孙子脱脱、海都等人分别继承。这样做的结果是窝阔台家族的势力被极大削弱。

与此同时，在蒙哥大汗的支持下，他的同母弟弟忽必烈（1215—1294年）和旭烈兀（1217—1265年）则分别在中原和西亚壮大了自己的势力。

1256年，旭烈兀在西亚建立起伊儿汗国。作为蒙古帝国的一部分，伊儿汗国的领土范围包括今伊朗、伊拉克、阿富汗、土库曼斯坦、亚美尼亚、阿塞拜疆、格鲁吉亚、土耳其等国的大部分地区，以及巴基斯坦的西部。

四年之后，也就是1260年，忽必烈继承了蒙哥的大汗之位。不过，他不像他的兄长蒙哥一样，在有全体宗亲参与的"库里台大会"被推举为大汗，而是在只有自己人参加的"库里台大会"上登位，因此，他并非真正意义上的蒙古帝国大汗。

换言之，至少在法律意义上，蒙古帝国已在这一年解体。自此之后，几大汗国各自为政。伊儿汗国与金帐汗国之间甚至长期处于敌对的状态。不过，伊儿汗国与忽必烈治下的大蒙古国（1271年后改国号为"大元"）之间则一直关系良好。

值得一提的是，忽必烈和旭烈兀的母亲唆鲁禾帖尼别吉是基督教聂斯托里派教徒，因此，无论是忽必烈建立的元朝，还是旭烈兀建立的伊儿汗国，都引起基督教世界，尤其是罗马教皇的极大兴趣。从13世纪50年代到90年代，基督教世界一直试图与这两个国家建立联盟关系，以对抗伊斯兰世界。后文将详述这个方面的内容。

第二篇

军　事

　　其骑射，则孩时绳束以板，络之马上，随母出入；三岁索维之鞍，俾手有所执射，从众驰骋；四五岁挟小弓、短矢；及其长也，四时业田猎，凡其奔骤也，跂立而不坐，故力在跗者八九，而在髀者一二。疾如飙至，劲如山压，左旋右折，如飞翼。故能左顾而射右，不持抹鞅而已。

——〔南宋〕彭大雅

（《黑鞑事略》）

1271年某月某日，伊儿汗国可汗阿八哈——旭烈兀之子——收到一封来自他的伯父、元朝皇帝忽必烈的书信，后者请他帮忙找几位能够制造石炮的工匠，因为攻打南宋已进入关键时刻，急需加强攻城部队的火力。

读完信后，阿八哈马上派人通知两位制造石炮的大师，一位是木发里（很可能是今土耳其的西尔万地区）的阿老瓦丁，一位是旭烈（很可能是今叙利亚的阿勒颇）的亦思马因，命他们立即启程前去援助忽必烈。于是，两位大师携家带口，乘坐驿站车马，日夜兼程地赶到大都（今北京）。

他们住进了朝廷安排的官舍，很快就造出第一批石炮。这批石炮被安置在大都的五门之前。忽必烈亲自观摩了石炮的试射。他对演习效果非常满意，赏赐了两位大师不少绫罗绸缎。

在元朝攻打南宋的过程中，两位大师发挥了十分重要的作用。至元十年（1273年），亦思马因曾随元军攻打襄阳。刚开始的时候，石炮的威力没有发挥出来。于是，亦思马因仔细察看地形，然后将石炮安置在城外东南角。据《元史》载：

〔石弹〕重一百五十斤，机发，声震天地，所击无不摧陷，入地七尺。宋安抚吕文焕惧，以城降。既而以功赐银二百五十两，命为回回炮手总管，佩虎符。十一年〔1274年〕，〔亦思马因〕以疾卒。

阿老瓦丁也立下了无数军功。至元十一年（1274年），元军横渡长江，平章阿里海牙（畏兀儿人）派人寻求回回炮工匠，于是，阿老瓦丁奉命前去支援，"破潭州、静江等郡，悉赖其〔阿老瓦丁〕力"。

四年后，忽必烈任命他为宣武将军、管军总管。1285年，忽必烈再次提拔他为副万户。[①]

上面这些史料皆出自《元史》。读者至少可以从中得出三个结论：其一，蒙古军并非仅由蒙古人组成；其二，蒙古统治者对其统治范围内的军事技术分布状况很熟悉；其三，蒙古统治者唯才是举。

事实上，这三个结论同时说明了一件事，即蒙古统治者在玩一种类似"滚雪球"的游戏，他们在征服某个地区之后，会整合这个地区的军事资源，包括物质资源和技术资源，然后利用这些资源去征服下一个地区，然后又整合并利用下一个被征服地区的军事资源，继续其征服之路。

阿老瓦丁和亦思马因所在的伊儿汗国，就是旭烈兀征服西亚后建立的汗国。旭烈兀是成吉思汗的孙子，拖雷的儿子，是蒙哥和忽必烈的同母弟弟。蒙古统治者征服西亚地区后，就对这个地区的军事资源做了整合，为其后对其他地区的征服提供便利。

值得注意的是，某个地区具有优势的军事资源，尤其是其中的技术资源，往往是吸取了其他地区经验的结果，它意味着，蒙古统治者对某一地区军事资源的整合，实际上是对多个地区的军事资源进行整合。

换句话说，蒙古大军攻打南宋——当然也包括其他地区——所使用的军事资源，并不只是自己的本土资源，而是综合了包括北地汉族、突厥、契丹、女真、党项、畏兀儿、波斯等民族在内的所有被征服者的资源，还包括这些被征服者从其他地区吸收的技术资源，总而言之，蒙古人的军力综合了多种文明的优势。

---

① 《元史》卷二〇三，《列传第九〇·方技等》。

第五章　军力之谜

蒙古帝国的兵力规模一直是个谜。明代学者宋濂等人在编撰《元史》时，也曾被这个问题深深困扰。原因在于，兵籍被视为军机重务，汉臣没有机会接触。即便是在枢密院任职的大臣，专门负责兵籍的官员，也只有少数一两人知道，"故有国百年，而内外兵数之多寡，人莫有知之者"。

正因为这个问题是一个谜，它引起中外许多学者的关注。美国历史学家梅天穆（Timothy May）对此专门做过考证，但仍然无法得出确切的数字。其中的原因在于，蒙古人的扩张步伐太快，兵力因征战而频繁增减，同时，人口数量情况——估算兵力的基础——也因为战乱而没作统计。

而且，由于史料过于庞杂，且编著者背景各不相同，对同一史实的记载有时也会有出入。比如，《元史·尤赤台列传》记载，"朔方既定，举六十五人为千夫长"，而据《蒙古秘史》记载："将所有蒙古人民整编之后，成吉思可汗降下圣旨，任命一同参与建立国家的人们，来做按照以千为单位所组成的千户的那颜们……他们成为成吉思可汗所指明的蒙古人的九十五个千户的那颜们。"

尽管《蒙古秘史》更为权威，后人以它的记载为准，但这种记录上的差异性，无疑会影响后人的判断。不过，虽然我们无法了解蒙古帝国各个时期的兵力情况，却大致能了解几个关键时期的兵力情况。

如以《蒙古秘史》的记载为准，则在1206年，成吉思汗统一蒙古的时候，麾下有95个千户，即兵力大概是9.5万。而据梅天穆的考证，到了13世纪50年代，即蒙哥大汗攻打南宋之时，麾下有90个万户。同期的伊儿汗国和金帐汗国各有22个和43个万户。察合台汗国的兵力不详。

不过，按照梅天穆的说法，并非所有兵力都能投入战斗。万户的实际兵力只能算六成，也就是说，在13世纪50年代，蒙古帝国——不包括察合台汗国——的实际兵力约为93万。如果算上察合台汗国，则肯定超过百万。也就是说，蒙古帝国的兵力在半个世纪的时间里增长了至少10倍。[①]

蒙古帝国的兵力迅速增长的原因，与其征兵政策有很大关系。蒙古大军征服一个地区后，往往会做三件事，其一是屠杀平民，其二是转移工匠，其三是整编被征服的军队。对于前两件事，后文将会有具体解释。

先解释第三件事。与兵力之谜一样，13世纪初的蒙古到底有多少人口，也是困扰学者的一个问题。之所以这也成为一个问题，是因为蒙古并无立国经验可循，统治者又忙于征战，故并不经常做人口统计。综合学者们的估计，1206年前后，蒙古人口在70万至250万之间。这个差距极大的数字，无碍于我们得出这样一个判断，即仅仅靠本族的力量，成吉思汗无法实现自己的帝国野心。

---

① Timothy May, *The Mongol Art of War*, Westholme Publishing, 2007.

于是，成吉思汗实行了整编敌军的政策。毫无疑问，这是其整编蒙古各部族军队政策的延伸。按照《元史》的记载："初有蒙古军、探马赤军。蒙古军皆国人，探马赤军则诸部族也……既平中原，发民为卒，是为汉军……其继得宋兵，号新附。又有辽东之乣军契丹军、女直军、高丽军，云南之寸白军，福建之畲军。"[1]

不过，辽东、云南、福建等地收编的军队都是"乡兵"，即地方军队，不跟随蒙古统治者"出戍他方"。

"整编敌军"的好处在于，它能迅速扩充自己的兵力，能够集合敌军中的人才，能够将敌军的优势化为自己的优势。至于如何集中敌军人才、如何化敌人优势为自己优势，后文将有进一步阐述。总之，这是蒙古帝国的兵力呈指数级增长的重要原因。当然，这种整编政策也有消极的一面。出于对蒙古人侵犯本国或本民族的敌意，出于对蒙古人屠杀本国或本族人的愤怒，被整编者的军事态度往往十分消极。我们将在后文中看到，这个政策的消极面是蒙古大军入侵日本失败的原因之一。

在整编敌军的同时，蒙古统治者在其领土范围内，还根据实际的需要，实行标准不同的征兵政策。

比如，由蒙古草原各部族组成的探马赤军，其征兵制度是，每家十五岁以上、七十岁以下的男子，不管多少都征发为兵。又比如，在窝阔台当政的第八年，即1236年，征发宣德、太原、陕西等五路百姓当兵，每20名成年男子征1名士兵。在忽必烈当政的第十一年，即1270年，中原地区每10名成年男子出1名士兵。

在伊儿汗国所在的中东地区，蒙古统治者出台的征兵政策，也

---

① 《元史》卷九十八，《兵志》。

是每10名成年男子征兵1名。根据亚美尼亚——伊儿汗国附庸国——编年史记录者格里戈（Grigor of Akanc）的记载，当地所有十五岁到六十岁的男子都被要求服兵役。[①]

除了征兵，蒙古统治者还有"征匠政策"。比如，窝阔台于1236年颁发的指令中，除了在宣德、太原等五路征兵，还要"征匠"，除了纺织工匠以及在哈剌和林建造宫殿的工匠，都要被征用。

按照元朝政府颁布的征兵条例，凡因病死于戍守地的人，100天之后，由其家中的第二名成年男子当兵；战死的人，免其家兵役一年；极其贫穷的，以及老而无子者，从兵籍上除去他们的名字；家中人口死光了，另用别人补上；获得人身自由的奴隶，要为原先的主人贴军。

正是在这种征兵制度之下，蒙古帝国得以维持其兵力。

然而，兵力并不等同于战斗力。战斗力，或者说军事效率，还与指挥结构、兵种构成、情报系统、武器装备、作战训练、战略战术、后勤保障等有极大关系。后五项留待后文交代，这里先交代前两项。

蒙古军队的指挥结构，以十进制为基础。万户之下设千户，千户之下设百户，百户之下设十户。万户长只需对大汗负责，千户长只需对万户长负责，百户长只需对千户长负责，十户长只需对百户长负责。换句话说，每一位指挥官只需指挥10个人，由此极大提高了指挥效率。

这种指挥结构并非蒙古人首创。《尚书·牧誓》有云："千夫长，百夫长。"可见，早在西周时期就存在这种"军衔"。契丹人和女真人也采用了这种指挥结构。

[①]　Grigor of Akanc, "*The History of the Nation of the Archers*", edited and translated by R. P. Blake and R. N. Frye, *Harvard Journal of Asiatic Studies* 12, 1949.

正是通过这种制度，成吉思汗将比较大的部族分而化之，打破各部族之间的界限。在这种指挥结构之下，士兵无法对原先部族的首领效忠，只能对其所在的"户长"效忠，最终表现为只对大汗效忠。

作为这种制度的补充，依《元史》载，万户长佩戴金虎符，千户长佩戴金符，"万户、千户死阵者，子孙袭爵，死病则降一等"。通过建立世袭制，确保万户、千户们对大汗的忠诚。

同时，为了确保下属对上级忠诚，成吉思汗还规定：人们只能留在指定的十户、百户或千户内，不得转移到另一单位去，也不得到别的地方寻求庇护。违反此令，迁移者要当着军士被处死，收容者也要受严惩。①

按照波斯历史学家志费尼的说法，这种制度在提高指挥效率的同时，还体现了一种"真正平等的精神"，因为无论各级长官的钱财和官爵如何，每个人的劳动都和其他人一般多，彼此没有差别。

再交代一下蒙古帝国的兵种。与历史上任何一个国家或朝代一样，并非所有蒙古帝国的士兵都会上前线。

按照《元史》的分类标准，蒙古兵可依职能不同而分为宿卫、镇戍、牧马军、屯田军、站赤军、弓手、急递铺兵、鹰房捕猎。实际上，除了前两者，其余都不算真正的兵。

宿卫是"天子之禁兵也"，也就是皇帝的禁卫军，其职能包括警戒宫廷重地、外交仪仗、守护皇家府库、押运地方向中央缴纳的物资等。他们随时听候皇帝诏令，在皇帝出巡之时，作为扈从军护卫。成吉思汗麾下的四大功臣，被称为"四杰"的博尔忽、博尔术、木华黎以及赤老温，即掌管宿卫军。

---

① 《元史》卷九十八，《兵志》。

镇戍军的职能是镇守四方。按《元史·兵志》的说法，"元初以武功定天下，四方镇戍之兵亦重矣"。成吉思汗定下的制度是：边远的军事及交通要地由宗王们镇守；河洛、山东等地处国家的内地中心，由蒙古军、探马赤军等重要军事机构驻守；淮河、江南以南地区，由汉军和新附军戍守。

美国历史学家布伊尔（Paul D. Buell）认为，镇戍军对蒙古帝国的扩张十分重要："镇戍军是一支特别的军队，它由精选的千户组成，他们负责镇守被征服的地区，如有机会，他们会继续征战。"①《元史》的作者宋濂等人则如此评论："宿卫诸军在内，而镇戍诸军在外，内外相维，以制轻重之势，亦一代之良法哉！"

诸兵种中，最具蒙古帝国特色的，当属牧马军。这是因为他们兴起于北方草原，以骑马射箭为习俗，并且"以弓马之利取天下"。在古代与农耕文明对峙的战场之上，凭借战马提供的反应速度，蒙古人有着决定性的战术优势，比如，他们可以对汉族村落采取"掠了就跑"的战术，他们可以迅速返回草原，躲避不那么迅捷的汉族军队的进攻。蒙古牧马军也设有千户、百户之职。

至于屯田军，汉、魏以来都有设置，是"养兵息民之要道也"。蒙古大军在征伐之时，每每遇到防守坚固的城池，就一定会实行屯田来与之相持。在征服并接管郡县之后，蒙古统治者会在郡县中设置弓手，其职责是防范盗贼、负责巡逻、抓捕罪犯，官府有物资过境时，则承担接引护送的工作。鹰房捕猎也是具有蒙古特色的兵种，在蒙古语中，他们被称为"昔宝赤"，是为皇帝和宗王豢养鹰隼的人。

至于站赤军和急递铺兵，将在下一章中作具体介绍。

---

① Paul D. Buell, "Kalmyk Tanggaci People:Thoughts on the Mechanics and impact of Mongol Expansion", *Mogolian Studies*, 6, 1980.

第六章　军情系统

第二次世界大战期间成功指挥阿拉曼战役和诺曼底登陆的英国陆军元帅蒙哥马利（Bernard Montgomery）在《战争史》一书中写道："成吉思汗的军队具有很高的军事效率，他们将作战的机动性与协作性结合在一起，他们的协作能力使其成为当时最有组织性的军队，他们军事上成功的关键在于情报体系。"[1]

美国历史学家德沃尼克（Francis Dvornik）则在《情报工作起源》一书中感叹道，成吉思汗就像是世界的统治者，他不仅了解帝国周边的情报，还了解并不与蒙古接壤的其他国家的情报，"成吉思汗明白，掌握其将要征战的任何一个国家的情报的重要性，这是他战无不胜的重要原因之一"[2]。

实际上，情报工作对于战争的重要性，中国古人早就已经十分了解。春秋时期吴国的军事家孙武即有明训："知彼知己，百战不殆。"不过，将这个理论发挥到一个新的高度的，是蒙古帝国的几位大汗。

① Bernard Montgomery, *A History of Warfare*, The world Publishing Company.1968.

② Francis Dvornik, *Origins of Intelligence Services: The Ancient Near East, Persia, Greece, Rome, Byzantium, the Arab Muslim Empires, the Mongol Empire, China, Muscovy*, New Brunswick:Rutgers University Press, 1974.

西方人笔下的蒙古帝国的情报系统，指的是"站赤"和"急递铺兵"这两项情报传递制度，以及多种情报搜集制度。按照《元史》的说法，"元制，站赤者，驿传之译名也"。它的主要职能是通报边境的军情，传达上级号令，"未有重于此者焉"。"急递铺兵"指的是快递情报的兵卒。

驿站制度并非蒙古人的创举。商代的甲骨文里已有记载："来僖自西，告曰：土方征我于东鄙。"这里所谓的"僖"，指的就是报告军情的士卒。西周时期已有指代邮驿的"邮"字，并有用邮车、快马传递紧急"简书"的邮传制度。公元前550年左右的波斯帝国，也已设立传递紧急情报的邮政驿站。不过，因为成吉思汗创下的霸业太大，蒙古人的驿站制度似乎更受关注。

事实上，很多西方人并不清楚，真正为蒙古帝国设下站赤制度的，并非成吉思汗，而是他的儿子窝阔台。根据《蒙古秘史》的记载，窝阔台在去世之前总结了自己的功过得失，在总结四件功劳时，他说："坐在父亲的大位里，我在汗父之后，所做的第一件事，是我远征金国，灭了金国。我的第二件事，是为使我们的使臣在路上可以疾驰，并搬运所需的东西，设了驿站。还有另一件事，是在没有水的地方，挖出水井，使百姓得到水草。我还在各方各城市的百姓中，设置了先锋、探马等官，使百姓能生活安定。"[①]

但窝阔台没有把功劳都算在自己身上。他说，设置驿站这件事，"是察乃、孛勒合答儿两个人想起来的，向我们提议的。"

由于现有史料有限，我们很难得知包括金帐汗国、伊儿汗国等汗国在内的蒙古帝国的驿站制度详情，而只能从元朝留下的史料中

---

① 《蒙古秘史》第281节。

窥斑见豹。

根据《元史》的记载，元朝政府在各行省设置了近1400处驿站。至于用来传递军情的工具，陆路则"以马，以牛，或以驴，或以车"，水路则用船。比如，在陕西行中书省设置的81处驿站，即配置了7629匹快马；在江西等处行中书省设置的69处水上驿站，则配置了568艘船。

通过驿站传递的各种情报，以轻重缓急为标准进行分类。加盖玉玺的驿传书信，被称为"铺马圣旨"。如果遇到紧急军务，会以"金字圆符"为凭证，紧急程度稍次的，则以"银字圆符"为凭证。

各路驿站都设有都统领司，他们直接隶属于各路总管府。1274年，忽必烈将各驿站都统领司改为通政院。驿站的官员有驿令、提领及脱脱禾孙。其中，脱脱禾孙主要负责在交通要冲盘查行人。这些官员归属通政院和兵部管辖。

对于驿站的财政支出、资源配备、权责范围等方面，元朝政府都作出了详细的规定。比如，窝阔台在1229年下令："各驿站都要设置米仓，驿站所辖站户每家每年要交纳一石米，专设一名百户主管此事。"忽必烈在1264年下令："站户可享受四顷农田免交税粮的政策，其余农田则全部要缴纳土地税。"

元朝政府还对往来使臣的待遇做出详细的规定。比如，窝阔台规定，"北方来的使臣，每日支肉一斤、面一斤、米一升、酒一瓶"；忽必烈则规定，"正使臣白米一升、面一斤、酒一升，油盐杂用发钱十文，冬季每天发给炭五斤"。

至于"急递铺兵"制度，元朝政府规定，各处官府要依路程的远近、人数的多少，每十里、十五里或二十五里就设一个急递站铺，每铺设急递铺兵五人。此类兵卒从各州县百姓中征发。快递的情报要封锁在匣子里，"其匣子长一尺，阔四寸，高三寸……铺兵一昼夜行四百里"。

明代学者宋濂等人评论，正是因为有完备的驿站制度，"梯航毕达，海宇会同，元之天下，视前代所以为极盛也"。意思是说，驿站使天下资源能汇聚一堂，这是元朝强盛的重要原因。

不过，以蒙古帝国幅员之辽阔，东征西伐之频密，仅有完备的情报传递制度，没有高效的情报收集制度，其军政要务也无法正常运转。

蒙古帝国通过两种方式收集情报：一种是直接的方式，比如直接派间谍或侦察兵去刺探情报；一种是间接的方式，比如在边境集市偷听敌国商旅的谈话，或者与过境的别国商旅交谈，或者收买敌国官员和平民，通过迂回的手段获得情报。至于情报的内容，则不仅限于军事方面，而是无所不包的。

德沃尼克在《情报工作起源》一书中说，在蒙古帝国的情报收集系统中，商人起到了重要作用。其中的原因在于，蒙古帝国的政策是善待商人，可汗们不仅保护贸易通道，有时还会直接资助商业组织。这种政策使其得到商人们的支持。为了与蒙古统治者保持友好关系，商人们会向他们提供大量信息。而商人们的优势在于，"他们控制了中国和中亚之间的一切贸易。他们清楚所有的道路情况。他们是精明的观察者，他们熟悉沿途的经济和政治情况……他们接触过许多官员。他们了解从波斯到中国的每一寸土地"。

通过商人收集情报，是蒙古帝国情报体系的独特之处。正是通过与花剌子模帝国有生意往来的商人，成吉思汗掌握了这个中亚国家的宗教情况，以至于在1218年时，派出了一个由穆斯林组成的庞大商队出使这个国家。当商队抵达花剌子模国的讹答剌城时，该城守将以蒙古商队是间谍为由，处死了几乎所有商队成员。这件事成为蒙古入侵中亚和西亚伊斯兰世界的导火索。

在边境集市搜集情报也是一个重要渠道，但这并不仅仅是蒙古人采用的方式。根据《金史》的记载，金世宗曾在1177年对宰臣说，宋人喜欢制造事端，违背盟约，不可不防备他们，因此，陕西沿边的榷场（指边贸市场），除保留一处，其他的都要关闭，"令所司严察奸细"。①

与历史上所有国家一样，在蒙古帝国的情报收集系统中，侦察兵扮演了重要角色。

马可·波罗见识过蒙古大军的战斗编队。根据他的描述，蒙古军一般会派出四组侦察部队，每个部队由200名士兵组成。其中一组侦察部队充当先锋，他们比主力部队提前两天出发，去刺探敌军的动向、扎营位置等情况，其余三组在主力部队侧翼和后方警戒，以防敌人的突然袭击。②

《蒙古秘史》记载了一个例子：成吉思汗与王汗要一起攻打札木合。在与王汗的大军会师之后，两路人马顺着克鲁伦河行军。成吉思可汗派阿勒坛、忽察儿、答里台三个人做先锋……在这些先锋的前面，还派出哨望（打探前路军情的分队）……刚要下寨的时候，在赤忽儿忽（地名）的哨望派人前来报告："敌人来啦！"于是，成吉思汗就放弃了驻营的计划。③

---

① 《金史》卷五〇，《食货志》。

② Marco Polo, *The Travels of Marco Polo*, Translated by Ronald Latham. Baltimore: Penguin Books, 1958.

③ 《蒙古秘史》第142节。

　　还有一个例子是，1220年秋，由于难以抵挡蒙古大军的攻势，花剌子模帝国统治者摩诃末仓皇出逃。[①]于是，哲别和速不台率军追杀。他们一直追到里海附近，但最终还是让摩诃末逃掉了。不过，蒙古大军并没有急于返回，而是顺道侦察了里海一带的虚实。

　　蒙古人对军事侦察的重视，与他们的日常生活有关。古代蒙古人逐水草而居的生活，迫使他们不得不未雨绸缪，在迁徙之前，四处派人去寻找合适的落脚地。军事侦察是这种生活方式的自然引申。

　　除了亲力亲为的军事侦察，蒙古人显然知道如何利用人的贪欲，收买敌国内部的人充当间谍。据英国历史学家哈罗德·切希尔（Harold T. Cheshire）考证，蒙古大军入侵罗斯国（今俄罗斯）和保加尔国之后，曾雇佣这两个被征服国家的居民充当间谍。这些间谍经过里海潜入欧洲国家，收集了欧洲基督教世界的政治形势、各个国家之间的外交关系、十字军东征后的兵力损失情况，以及罗马教皇格里高利九世与德意志皇帝腓特烈二世之间的斗争情况。[②]

　　这些间谍刺探到的各个方面的情报，正是通过前面说的情报传递系统，传回了蒙古帝国首都哈剌和林。当蒙古统治者了解到，欧洲人全然不知蒙古已入侵罗斯国，也不清楚蒙古的兵力情况，便制订了入侵波兰和匈牙利的计划。

　　不过，美国历史学家德沃尼克认为，速不台并没有雇佣平民充当间谍，而是从囚犯、商人和其他欧洲人那里收集的情报。

　　蒙古帝国在所有被征服国家都建立了强大的情报网络。美国历史学家帕亚斯利安（Simon Payaslian）在《亚美尼亚史》一书中提

---

① 相关内容见本书第二十二、二十三章。
② Harold T. Cheshire, "The Great Tartar Invasion of Europe", *The Slavonic Review*, Vol.5, No. 13, June, 1926.

到的一起历史事件，展示了蒙古帝国的间谍无孔不入的能力：1236
年，蒙古帝国征服了中亚国家亚美尼亚。由于大汗窝阔台满足于已
获得的战利品，他没有向这个被征服国家征收苛捐杂税。然而好景
不长。从1243年起，蒙古统治者开始向亚美尼亚征收重税。1248
年底时，不堪重负的亚美尼亚贵族酝酿叛乱。但他们的叛乱计划最
终流产，因为蒙古人已提前获知叛乱消息。后来，叛乱组织者被拘
押在哈剌和林。[①]

---

① 　Simon Payaslian, *The History of Armenia: From the Origins to the Present*, New
York: Palgrave MacMillan, 2007.

第七章 集天下利器

相对于定居的农耕民族，逐水草而居的游牧民族经常处于迁徙之中。他们经常由东至西或由西至东，由北至南或由南至北，到处放牧，活动空间比农耕民族宽广得多，因此有更多机会去接触更多种类的文明。

而且游牧民族以狩猎为主要生活内容之一，经常为争夺水草而互相冲突，因而对侵略和战争习以为常。好的武器对于游牧民族的意义，如同好的农具对于农耕民族的意义，都是维持生计、提升战斗力和生产力的根本需要。因此，在与其他文明的互动中，他们往往会优先关注并引进对方先进的武器技术。

13世纪的蒙古人在这方面的表现尤为突出。

根据美国历史学家丹尼斯·西诺尔（Denis Sinor）的考证，生活在13世纪初的蒙古人，其武器装备与1世纪时并无太多不同。[①]但当他们走出蒙古大草原，对外发起侵略之后，就从敌人和被征服者身上吸收了更多的军事技术。比如，征服高丽之后，蒙古人利用后者的资源优势和技术优势，建立了一支强大的水军。这支水军在

---

① Denis Sinor, "The Inner Asian Warriors", *Journal of the American Oriental Society*, 101, 1981.

打败南宋——亚洲海洋大国——的过程中扮演了十分重要的角色。

他们吸收了西亚的重装甲技术，比如链甲、头盔、胸甲、马铠等。正如语言学家所发现的，在蒙古语中，"胸甲"一词的发音（begder），与波斯语中"链甲"一词的发音（bagtar）近似。在征服北高加索一带的阿兰人之后，他们迫使擅长制造胸甲的阿兰人源源不断地提供这种防御装备。

据美国历史学家马丁内兹（A. P. Martinez）的考证，蒙古大军西征的时候是轻骑兵，但在波斯人的影响下，他们改装成了中型或重型装甲骑兵。这种改变在伊儿汗国尤其明显。他们之所以做出这些改变，是为了适应地形的需要，是为了对付主要的敌人——马穆鲁克，同时也是应对国情变化的需要。[①]

蒙古军队在装备上的变化，随后又影响到其他国家。比如，1252年，德意志帝国特使出访匈牙利期间，就对加利奇公国大公达尼洛的兵团印象深刻，因为整个兵团——从人到马——都装备了"鞑靼装甲"。而且这些"闪闪发光的武器"是依照蒙古军队的样式打造的。

加利奇公国是斯拉夫人在东欧建立的一个公国，其势力范围涵盖今波兰与乌克兰的部分领土。1240年，蒙古大军曾夷平这个国家，达尼洛大公被迫逃入匈牙利避难。有意思的是，1256年，达尼洛正是率领这支装备"鞑靼装甲"的兵团将蒙古军队驱逐出境的。当然，这并不意味着加利奇公国建立起了军事优势。事实上，四年之后，达尼洛不得不承认蒙古人的统治。

蒙古统治者对军事技术的重视，体现在他们对工匠的态度上。

---

① A. P. Martinez, "Some Notes on the Il-Xanid Army," *Archivum Eurasiae Medii Aevi,* 6, 1986—1988.

蒙古大军每征服一个地区，都会将制弓手、制箭手、制作箭袋与弓袋的工匠、制造刀剑的铁匠，以及制造其他武器装备的工匠安置在特定的城镇中，直接受蒙古朝廷的监督。而且所有工匠都按劳付酬，至少原则上如此。

比如，蒙古帝国灭金之后，即在顺天、安平、怀州、河南、平阳等地集中安置工匠，命其制造攻打南宋的兵器。在诸多工匠之中，窝阔台大汗最欣赏的就是来自金地浑源（属山西）的孙威。

依《元史》记载，孙威擅长制作铠甲，曾特意制作蹄筋翎根铠进献窝阔台。为试验这套铠甲的防御功能，窝阔台亲自引弓射它，结果不能射穿，于是，"〔太宗〕大悦，赐名也可兀兰，佩以金符〔相当于千户长〕，授顺天、安平、怀州、河南、平阳诸路工匠都总管……复以锦衣赐威。"[①]

巴格达（中国古籍中称"报达"）也是一个例子。1258年，攻陷阿拔斯帝国首都巴格达之后，蒙古人杀害了他们的哈里发穆斯塔辛，屠杀了数十万无辜平民，唯独对工匠刀下留情。巴格达市区的很大一部分，都被蒙古人用来安置生产链甲、头盔和其他武器装备的伊拉克工匠。[②]

然而，工匠们不会在一个地方停留太久。为了使他们尽可能接近战区，以提高战时的装备效率，蒙古人通常会将工匠们从一个地区送到另一个地区。

根据俄罗斯的编年史，1255年，很多制鞍匠、制弓匠、制作箭袋的工匠，以及各种金属匠，都迅速逃离罗斯国，以免被蒙古官员

---

① 《元史》卷二百三，《方技（工艺附）列传》。
② Muhammad Rashid al-Feel, *The Historical Geography of Iraq between the Mongolian and Ottoman Conquests*, Vol.1, Nejef, 1965.

抓起来。他们的逃跑是经人刻意安排的，因为如果他们落入蒙古人手中，他们将不得不遵照征服者的要求制作武器，而且很可能被送到离家很远的地方。

毫无疑问，蒙古统治者已经认识到，除了夺取敌人的武器，占有并改造敌人的军事技术，是提升自己战斗力的最佳渠道。这种战略在客观上又促进了东西方文明尤其是军事技术的交流。比如，两种十分重要的进攻性武器，配重抛石机（counterweight trebuchet，即阿老瓦丁和亦思马因制造的石炮）和火药，就是在蒙古帝国时代，一个从西方传播到中国，一个从中国传播到西方。

不过，不少西方历史学家和军事史专家认为，西方的配重抛石机也可能起源于中国。

早在中国的春秋时期，抛石机已经作为武器出现。比如，在令周桓王姬林（前719—前697年在位）名誉扫地的"繻葛之战"中，郑庄公的军队就使用了这种武器。成书于春秋末期的《左传》有记载：

> 五年〔公元前707年〕王〔指周桓王〕夺郑伯〔指郑庄公〕政，郑伯不朝。秋，王以诸侯伐郑，郑伯御之……〔郑伯〕以曼伯为右拒，祭仲足为左拒……〔双方〕战于繻葛〔今河南长葛北〕，〔郑伯〕命二拒曰："旝动而鼓。"蔡、卫、陈皆奔，王卒乱。郑师合以攻之，王卒大败。

在《范蠡兵法》中，"旝"指的就是飞石。《墨子》记载："方石去地尺，关石于其下，县丝于其上，使适至方石，不下，柱也。胶丝去石，挈也。丝绝，引也。未变而石易，收也。"

西方最早记载抛石机的典籍，是拜占庭帝国皇帝莫里斯（539—

602年）撰写的《策略》。这本书记载了一种能发射石块的弩炮，这种武器基于一个转柜之上。[①]7世纪时，阿拉伯人也使用了抛石机。与中国古代的抛石机相同，它们都是以人力牵引为动力。据说，为阿拉伯人的抛石机提供牵引动力的人，少则需要50人，多则需要250人。

配重抛石机出现于11至12世纪。以巨石或极沉的金属作为配重，以巨石或金属的重量作为发射石炮的动力，它能将100千克重的石头抛出275米远。这种抛石机还改良了瞄准技术。

根据拜占庭帝国历史学家尼克达斯（Niketas Choniates）的记载，1165年，拜占庭帝国皇帝安德罗尼卡就将配重抛石机用于攻打匈牙利的城堡。而据美国历史学家切维登（Paul E. Chevedden）考证，拜占庭在1097年围攻尼西亚时已使用这种武器。[②]

切维登认为，配重抛石机的出现，是十字军东征的结果。换句话说，是基督教世界与伊斯兰世界冲突的结果。在13世纪初对圣地耶路撒冷的争夺战中，基督徒和穆斯林都广泛地使用了这种武器。

这种武器很快就引起了西征的蒙古人的浓厚兴趣。1220年，成吉思汗大军在攻打布哈拉时，曾遭到对手配重抛石机和燃烧弹的密集反攻。毫无疑问，蒙古大军在攻陷布哈拉或其他配备这种武器的战略城市之后，会缴获不少这种既能攻城又能防御的重型武器。

最令历史学家和军事史学家们感兴趣的问题在于，蒙古人何时建立了自己的配重抛石机兵种。

---

① George Dennis, "Byzantine Heavy Artillery: The Helepolis", *Greek, Roman, and Byzantine Studies* (39), 1998.

② Paul E. Chevedden, *The Invention of the Counterweight Trebuchet: A Study in Cultural Diffusion*, Dumbarton Oaks, Trustees for Harvard University, 2000.

事实上，在1219年西征之前，蒙古人已经见识过石炮的威力。1205年，成吉思汗大军入侵西夏时，首次遭到防御工事、城墙、石炮和火药武器的挑战。不过，那种石炮还是原始的牵引抛石机。

不久之后，成吉思汗建立起了自己的石炮军。这支新兵种的首席设计师是蒙古人唵木海。《元史》记载道："〔唵木海〕与父字合出俱事太祖，征伐有功。帝〔成吉思汗〕尝问攻城略地，兵仗何先，对曰：'攻城以炮石为先，力重而能及远故也。'"

这段对话很可能发生在1214年。这一年，蒙古国太师木华黎起兵南征。在他出发之前，成吉思汗曾对他说，"唵木海提出的攻城用炮的计策很好，你如果能任用他，有什么城池不能攻破？！"[1]

随后，成吉思汗授予唵木海金符，即千户之职，还让他随军出征，担任炮手达鲁花赤。[2]唵木海挑选了500多人进行教学训练。在蒙古未来征服各国的战役中，这些人发挥了十分重要的作用。西方历史学家认为，蒙古设立石炮军的意义在于，它表明了蒙古在华北的军事目标的改变，从延续千百年的不时袭击，变为有野心的征服之战，表明蒙古人有永久占领汉地的打算。

根据曾在1221年访问蒙古首都哈剌和林的南宋特使孟珙的记载，蒙古大军当时已有多种攻城机械，除了攀登城墙所需的移动云梯、有助于靠近堡垒的隐蔽通道，还有装置了炮座的抛石机。

窝阔台及蒙哥当政时期，石炮军的规模逐渐扩大。《元史》有载，"始太祖、太宗征讨之际，于随路取发，并攻破州县，招收铁木金

---

[1] 《元史》卷一二二，《唵木海列传》。
[2] "达鲁花赤"原指蒙古在各地设置的地方军政长官。"炮手达鲁花赤"指的是统帅炮军的千户长。

火等人匠充炮手，管领出征，壬子年俱作炮手附籍。"[1]

正是在"俱作炮手附籍"的壬子年，即1252年，这些石炮兵发挥了重要作用。这一年，忽必烈率军征讨西南少数民族。随军出征的有速不台的儿子兀良合台。在攻打金沙江附近的白蛮部落期间，有一处山寨地势险要，蒙古大军久攻不下。于是，"兀良合台率精锐立炮攻之"。

次年，旭烈兀奉兄长蒙哥大汗之命率军西征。根据波斯历史学家志费尼所著《世界征服者史》的记载，旭烈兀出发之前，特地"遣人到契丹去取射石机手和火油投掷手，他们从契丹取来一千户射石机手，他们用石弹可以把针眼变成骆驼的通道，因为用筋和胶如此结实地固定射石机架，以至当他们从下向上瞄准时，石头不落回来"。

据另一位13世纪的波斯历史学家拉施特（Rashid al-Din）所写《史集》的记载，1259年，旭烈兀大军在攻打叙利亚的阿勒颇（西亚制作抛石机的军事重镇，位于今叙利亚西北部）时，遭遇守城军民的顽强抵抗，"在四十昼夜中同堡内驻军作战，双方用石炮发射石头"[2]。

拉施特还描写了两位石炮发射能手的高超技术：

> 城中有个箭无虚发的石炮发射能手。他用石头射死了很多人。异密们〔军事长官们〕无法对付他。巴忒剌丁·鲁鲁〔某个已臣服蒙古的西亚国家苏丹〕那里也有个很机灵的石炮发射能手。他把那人叫了来，那人便架起一座高大的石炮来对付城

---

[1]　所谓的"铁木金火等人匠"，指的就是铁匠、木匠、金属匠和火药匠。《元史》卷九八，《兵志》。

[2]　拉施特（约1247—1317）：《史集》。余大钧、周建奇译。商务印书馆，1983年版。

中的石炮。双方的石炮同时射出石块。两块石头在空中互相撞击，碎裂成小块。双方都为两位炮手的高超技术惊异不止。最后，外面的石炮被焚毁了。

由于史料有限，我们很难确切回答的问题是：兀良合台和旭烈兀大军所使用的石炮或射石机，到底是牵引抛石机还是配重抛石机？基于拉施特提供的史料进行判断，牵引抛石机的概率更大，因为在遭到装置有瞄准设备的配重抛石机攻击时，"异密们无法对付他们"，以至于最终要依靠被征服的西亚人的帮助。而西亚人架起的那座"高大的石炮"，则很可能就是配重抛石机。正因为双方的抛石机都配有瞄准装置，才上演了"两块石头在空中互相撞击"的好戏。

换句话说，尽管蒙古人早已建立起石炮军，但在旭烈兀出征之前，即1253年之前，他们很可能还没有掌握制造和操作配重抛石机的技术。

毫无疑问，在总结西征经验并与兄长忽必烈分享这些经验时，旭烈兀不会忽视配重抛石机的重要性。或许正因为如此，在1271年的时候，忽必烈才会想到要向阿八哈——旭烈兀之子——借调制作配重抛石机的专家，本篇篇首出现的那两个西亚人，阿老瓦丁和亦思马因，才有机会为忽必烈效力。

正是在这两位武器大师的努力之下，蒙古人的石炮（牵引抛石机）升级为配重抛石机。据《元史》记载，1273年，忽必烈下令修建正阳东西两座城，设置大炮（配重抛石机）200多尊，与南宋军队作战。也正是在这一年的攻克襄阳城的战役中，这种石炮发挥了至关重要的作用。

在蒙古人的征伐及统治下，不仅西方的武器技术得以传入中国，中国的武器技术也得以传入西方，比如火药武器。

关于火药和火器的起源，学者们争论过很长时间。西方人曾经一直认为，火药是德国方济各会修士、炼金术师施瓦茨发明的，时间大概在1313年至1353年。直至20世纪初，这种说法才被有力地驳倒。荷兰汉学家施列格在一篇文章中引用大量证据，证明火药是中国人发明的。在这个过程中，20世纪英国著名汉学家、科技史学家李约瑟（Josehp Needham）①作了很多贡献。

据李约瑟考证，最早提到火药的文献要追溯到9世纪的中国。大概在1000年左右，中国出现了使用火药的炸弹或手榴弹。不过，由于那时的火药质量不高，要么引信燃烧过程太长，要么突然燃烧导致爆炸，因而没有广泛应用于军事上。1100年左右，中国人已发明了火枪，但仍然无法克服化学过程忽快忽慢的缺陷。几十年后，因为掌握了经提纯的硝酸钠的比例，火药武器才真正发挥出作用。1232年，蒙古大军攻打金朝首都汴梁（今开封）时，就遭遇了这种炸弹或榴弹。

学者仍然在争论的问题则是，火药是在何时、由何人传到西方的。

中西方专家试图从语义学的角度证明，火药是在13世纪传到阿拉伯世界的。1240年左右，阿拉伯人开始将硝石——火药的重要成分——称作"中国雪"。阿拉伯人和波斯人还用"药"这个词来指"火药"。实际上，13世纪之前，中国人已将"火药"简称为"药"了。

美国历史学家奥森（Thomas T. Allsen）在一篇文章中提到，火

---

① 李约瑟（1900—1995年），英文名 Josehp Needham，英国人，著名汉学家，对中国科技史极有研究。

药传到印度次大陆的时间，大概是13世纪中期，在1267年前后传到西欧，但直到14世纪，西方人才得见完整的火药方剂。①

李约瑟认为，将这种军事技术传到西方的，主要是西方旅行者及其中国随从。美国历史学家奥森则认为，很可能是蒙古军队在西征过程中，将火药和火器技术带到西方，而且主要是通过两种途径实现：其一是蒙古军队的内部交流；其二是通过在战场上的应用。

蒙古军队中，既有西亚的穆斯林，又有东亚的汉人，双方很可能互相学习军事技术，汉人可能学习穆斯林的配重抛石机技术，西亚穆斯林可能学习汉人的火药技术。而后，火药很可能通过穆斯林传到欧洲。至于战场应用，在成吉思汗第一次西征期间，火器就派上了用场。比如，1220年攻打布哈拉时，蒙古人就动用了火箭。奥森还注意到《元史》提到的一场战事：1220年，成吉思汗的将军郭宝玉（唐代名臣郭子仪后裔）攻陷挦思干城（今乌兹别克斯坦的撒马尔罕附近）之后，驻扎在暗木河（即中亚的阿姆河）。敌人在河边有堡垒十余座，还"陈船河中"。郭宝玉待风涛暴起之时，"令发火箭射其船，一时延烧，乘胜直前，破护岸兵五万"。②

不过，蒙古人当时所用的"火箭"，与真正的火药武器相去甚远，尽管如此，奥森认为它会改变西方人的观念。

火药和火器传到西方之后，产生了深远的影响。经过改良之后的火器，首先是以加农炮的形式出现，然后是以手枪的形式，但出现的时间各有不同。加农炮出现在印度的时间是1442年，出现在伊朗和中亚的时间更早一些，大概是在1360—1370年，但具体年份

---

① Thomas T. Allsen, "Military Technology in the Mongolian Empire", *Warfare in Inner Asian History 500—1800*, Brill, 2002.

② 《元史》卷一四九，《郭宝玉列传》。

并不清楚。在巴尔干半岛地区，火器大概出现于1350年，至1380年已经很常见。俄罗斯编年史首次提到火炮是在1382年。

不过，正如英国历史学家佩西（Arnold Pacey）所说，技术转移是文明间的对话过程，接收方会基于自身的经验、条件和需要，来考虑是接受还是拒绝某种技术，而这个过程需要很长的时间。[①]因此，在火药传入西方约两百年之后，即15世纪中期，加农炮才成为攻城略地的核心武器。

---

① Arnold Pacey, *Technology in World Civilization: A Thousand-Year History*, MIT Press, 1990.

第八章 装 备

　　蒙古士兵的装备情况，也是历史学家热衷于讨论的问题。总的来说有两种观点：一种认为，蒙古兵的装备与10至11世纪的辽（契丹）兵类似，以复合弓为主，但装备算得上比较精良；另一种认为，蒙古帝国起初并不强大，只有少数人才配备武器。除了复合弓，其余的武器装备都是在战场上斩获的战利品。直到后来，蒙古人才有一套专业的装备其军队的体系。

　　第一种观点是基于柏朗嘉宾（John of Plano Carpini）的出使报告。柏朗嘉宾是天主教方济各会修士，13世纪40年代，他曾奉罗马教皇英诺森四世之命，出使蒙古帝国首都哈剌和林。对于这次出使，后文将有比较详细的介绍。柏朗嘉宾在出使报告中如此写道："他们〔指蒙古兵〕至少会携带下列武器：两到三张弓，或至少一张良弓；满满三袋的箭；一把斧子；若干尺用来拖拉战争器具的缰绳。那些富裕的士兵则配备刀剑，他们的战马配有马甲，他们有头盔和胸甲。"①

① Christopher Dawson, *The Mongol Mission: Narratives and Letters of the Franciscan Missionaries in Mongolia and China in the Thirteenth and Fourteenth Centuries*, London:Sheed and Word, 1995.

而依《辽史》记载，每名辽兵要配马三匹，铁甲九件，还要根据自己的能力配备马鞍垫、缰绳、马甲皮、马甲铁；每人要配弓四张，箭400支，长短枪、镧铩、斧钺等各一件，还要准备系马绳200尺。①

相比之下，蒙古兵携带的装备比辽兵要少，看上去有损实力和安全性，但这使他们更加轻便，从而获得更多的机动性。理解这一点至关重要。

武　器

蒙古人使用的主要武器是复合弓。这种弓由木、角、筋、胶、丝等材料制成，其最大射程能达到500米，有效射程为300米左右。这种弓比西欧十字军使用的十字弓要好得多。十字弓虽然穿透力比较强，但有效射程只有75米左右，其最大的劣势是无法兼顾射程和准确度。直至14世纪，威尔士人和英格兰人才制作出可与复合弓匹敌的长弓，其有效射程为220米。

与持长弓和十字弓的弓箭手不同，蒙古人和其他游牧民族，以及中东的弓箭手在拉弓时都会使用扳指，以减轻弓弦对拇指产生的压力。《十字弓》一书作者、19世纪的历史学家、工程师加尔韦（William Payne-Gallwey）说，使用扳指会使拉弓变得更轻松，从而可以加快拉弓的频率。②

复合弓的杀伤力还取决于箭头。制造箭头的材料有铁、钢、动物的角或骨，它们因士兵的经常打磨而锋利无比。箭头的长度在5

---

① 《辽史》卷三四，《兵卫志上》。
② William Payne-Gallwey, *The Crossbow*, Skyhorse Publishing Inc., 1903.

厘米左右，它们都有不同的功能，有的用来射穿盔甲，有的用来发射信号。

复合弓也有缺点，潮湿的天气会降低它的效用。如果在雨天使用，复合弓可能就毁了。因此，如果游牧民族不得不在雨中与农耕民族作战，他们将要么选择混战，要么选择逃走。游牧民族通常会选择撤退，虽然他们的马上骑射功夫了得，但地面的刀枪功夫不如敌人。

由于复合弓的射程远，蒙古人往往用它来震慑敌人，经常制造"箭雨"以破坏敌军的阵型。如果想追求命中率，他们会选择在150米以内射击。

蒙古人也使用标枪、长矛、刀剑、套索等武器，但这些武器并非主要武器，这里不做介绍。

盔 甲

蒙古大军主要是轻骑兵，但他们通常也有盔甲护体。根据柏朗嘉宾的描述，他们的盔甲一般都是用皮革制成。

蒙古骑兵更喜欢穿层状盔甲（lamellar armor），因为这种盔甲制作相对简单，而且比铁甲更能防御弓箭的伤害。英国历史学家大卫·尼科尔（David Nicolle）在一篇文章中写道，"实验表明，铁甲能阻挡一定射程的弓箭袭击，但无法避免遭受伤害。在防御弓箭伤害方面，层状盔甲比铁甲更加有效。"[1]

值得一提的是，蒙古骑兵的后背通常没有盔甲保护，因为这样

---

[1] David Nicolle, *Medieval Warfare Source Book: Warfare in Western Christendom*, London:Arms and Armour,1995.

腋窝的感觉更自在，不会妨碍他们拉弓射箭。有的蒙古骑兵根本不穿盔甲，只穿传统长衫。他们在雨天会穿上经过涂层处理的外套，以免被雨水淋透。他们有用来御寒的风衣。即便是在夏天行军的时候，他们也会携带这些衣物。

蒙古骑兵配备有简单的头盔，一般是铜制或铁制，头盔的两侧配有副翼，以更好地保护耳朵和脖子。

方济各会修士柏朗嘉宾回到欧洲之后，曾建议西欧国家采用蒙古人的装备方式。不过，真正效仿的却是东欧国家。或许是因为经常面临草原民族的威胁，东欧人后来依蒙古标准改革了自己的装备系统，他们还广泛使用了复合弓和层状盔甲。据说，14世纪西欧出现的锁子甲夹克，也是仿效蒙古骑兵衣着的结果。[①]

战　马

蒙古帝国的成功，很大程度上要归功于战马。无论是对军情传递还是对攻城略地而言，战马都是至关重要的。虽然与西欧和中东的战马相比，蒙古马个头更小，但它们更有耐力，更能适应恶劣的环境。

宋朝彭大雅在《黑鞑事略》中如此描述蒙古骑兵的成长过程：

> 骑射，则孩时绳束以板，络之马上，随母出入；三岁索维之鞍，俾手有所执射，从众驰骋；四五岁挟小弓、短矢；及其长也，

---

① Christopher Dawson, *The Mongol Mission: Narratives and Letters of the Franciscan Missionaries in Mongolia and China in the Thirteenth and Fourteenth Centuries*, London: Sheed and Word,1995.

四时业田猎。凡其奔骤也，跂立而不坐，故力在跗者八九，而
在髀者一二。疾如飙至，劲如山压，左旋右折，如飞翼。故能
左顾而射右，不持抹鞦而已。

13世纪时，征战四方的蒙古骑兵，每人都会配备好几匹马，因
为有了替班马匹之后，可以加快并保持行军速度，还可以避免某匹
马体力耗尽。南宋孟珙所撰《蒙鞑备录》有言："凡出师，人有数马，
日轮一骑乘之，故马不困弊。"

这是由草原战争的性质决定的。草原民族擅长的佯攻和佯退战
术，以及为了追求机动性而长时间的奔驰，需要他们在一场战役中
配备多匹战马。正如前文所引用的《辽史》，每名辽国骑兵也都要
求配备三匹战马。

草原民族对战马的重视，从《金史》和《元史》中可以看出。
前者设有《诸群牧马政》章节，后者设有《马政》专篇。金朝专设
了群牧所，元朝设置了太仆寺，专责主管放牧战马的事情。依《元
史·兵志·马政》，"盖其沙漠万里，牧养蕃息，太仆之马，殆不可以
数计，亦一代之盛哉"。

公马养至四岁时，蒙古人会将它去势，使其变得更温顺，更能
胜任战争场面。蒙古人还经常骑着母马上战场，因为它温顺且能提
供马奶。欧洲人的做法则不同，他们都是骑着种马冲锋陷阵。

蒙古人不会放任战马吃草。比如，他们禁止被骑着的马吃草。
只有在马鞍被卸下、体温下降、呼吸恢复正常之后，战马才被允许
吃草。为了在春天养肥战马，蒙古人不会在春天骑马。一旦秋天来
临，战马吃草的时间会缩短，因而会变瘦，变得更有耐力。

蒙古人最喜欢在秋天作战。原因在于，秋天是农耕世界的收获

季节，而战争会毁坏农民的农作物，因而会导致饥荒，削弱敌国的国力，使其有内乱的危险。另外一个重要因素是，在秋收时节，农民不愿离开他们的农田，对抗侵略者的兵力会因此而减少。

美国历史学家史密斯（John Masson Smith）说，蒙古军队的行军速度并不像人们想象中那么快，估计每日行军一般不会超过25千米，因为他们的战马要吃草。[①]但根据马可·波罗的说法，蒙古人只允许战马在晚上吃草，然后次日早上接着骑马行军，到了黄昏再扎营。[②]这两种说法的核心都在于，为了让战马保持最佳状态，蒙古人会选择不紧不慢地行军。当然，如果有必要，蒙古人也会急行军。

征伐过程中的蒙古人总是尽力争夺牧场，因为只有战马有精神，他们才会有战斗力。蒙古人在中亚和中东夺得两块大牧场：一块是在今阿塞拜疆境内的穆甘平原，另一块是在今黎巴嫩境内的比哈河谷。蒙古人的出现自然会引起周边国家的不安，从而会导致冲突，尽管这些冲突并不在蒙古人计划之中。

占据牧场具有重要的战略意义，尤其关乎蒙古人的作战方式是否有效。由于没有足够的牧场，蒙古人无法在叙利亚这样的地方长期驻扎足够的兵力，往往是在资源耗尽后就不得不选择撤离。

[①]　John Masson Smith, "Ayn Jalut: Mamluk Sucess or Mongol Failure", *Harvard Journal of Asiatic Studies*, Vol. 44, No. 2, (Dec, 1984).

[②]　Marco Polo, *The Travels of Marco Polo*, Vol.1, editedy by Henri Cordier, New york: Dover publications, 1993.

第九章　掠夺与后勤

蒙古大军以十户为标准，规定需要携带的食物和炊具。比如，入侵花剌子模帝国期间（1219—1222年），每十户配备的给养物品是：三条或三条半干羊肉，以及一口大铁锅。

毫无疑问，仅凭这些给养是无法满足士兵需要的。要理解蒙古大军的后勤问题，还必须考虑其远征作战的特点，即远征的不仅仅是蒙古大军，还包括军中将士的家眷，以及他们牧养的马、羊等牲畜。

比如，旭烈兀率军西征时（1253年），总共带了15万兵马。而据美国历史学家史密斯估计，每名将士大概有5至6名家眷，于是，随军出征的家眷达75万至90万之众。每家又估计牧有100只羊（或100只羊当量的其他牲畜）和10匹马。羊是主要的食物来源，马则是战马或运输工具。如果以每匹马相当于5只羊计算，随军出征的羊的数量达到2250万只。①

毫无疑问，如此庞大的行军队伍，必然会影响行进速度。比如，小羊羔每天只能走五六千米路程。因此，遇到紧急军情的时候，大军必然会加速先行，家眷及牲畜则只能慢慢尾随。正所谓"远水解

① John Masson Smith, Jr, "Mongol Nomadism and Middle Eastern Geography", *The Mongol Empire and Its Legacy*, Leiden etc. Brill, 1999.

不了近渴"，为了保证有足够的干粮，维持生命和战斗力，蒙古兵必然会频频抢劫。

按照波斯历史学家志费尼的说法，蒙古统治者之所以不让士兵配备足够给养，是因为"狮子只要不饿，根本不去猎取、袭击野兽"，"吃得太饱的狗不猎野兽"，"饿着你的狗，它才跟你走"。正因为他们欣赏这种哲学，如孟珙《蒙鞑备录》所言："〔蒙古人〕凡攻大城，先击小郡，掠其人民以供驱使……每一骑兵，必欲掠十人。"

当然，劫掠平民以保证自己的给养，不只有蒙古军队奉行这样的哲学。比如，依照辽的兵制，辽兵都不配发干粮，但每名辽兵都配有一名"打草谷家丁"，他的职责就是"四出抄掠以供之〔指辽兵〕"。①

据美国历史学家唐纳德·恩格斯（Donald W. Engels）考证，亚历山大大帝时期，马其顿远征军通常会以结盟的方式保证给养，否则也会行劫掠之事，"那些没有在马其顿军队到来前投降的地区被认为是敌人，在这种情况下，需要采取特别的行动来确保军队的粮食供应"②。

而蒙古军队需要的不仅是粮食，还包括牧场。如果有哪个地区拒绝臣服，蒙古军就会将它夷为平地，变成一片牧场。即便选择了臣服，这个地区的良田也经常会被"改造"成为牧场。

蒙古人的膳食结构很简单。方济各会修士柏朗嘉宾说："他们吃所有能吃的东西，他们吃狗、狼、狐狸和马，迫不得已时，还会

---

① 《辽史》卷三四，《兵卫志上》。
② Donald W. Engels, *Alexander the Great and the Logistics of the Macedonian Army*, Berkeley: University of California Press, 1978.

吃人肉以及马的胎衣……我甚至看见过他们吃虱子。他们说，'既然它叮咬我的儿子，吸我儿子的血，我为什么不能吃它们？'我还看见他们吃老鼠。"

乳制品是蒙古人的主食。一匹母马每天能产2.56～2.84升马奶，而每个蒙古骑兵配备五六匹马。南宋孟珙所撰《蒙鞑备录》如此写道："凡一牝马之乳，可饱三人，出入止饮马乳，或宰羊为粮。"现代营养学已经充分证明，马奶中富含的蛋白质和热量，能够保证蒙古兵获得足够的营养。

正因为"吃所有能吃的东西"，恶劣的战争环境不再"恶劣"。根据在1253年访问蒙古帝国的方济各会修士卢布鲁克（William of Rubruck）的说法，战马死于沙场之后，蒙古士兵会立即分割其尸体，把马肉进行腌制，或者做成干肉，或者做成香肠，或者当时食用，或者熏制后留待日后食用。

如果没有马奶和水可以饮用，蒙古士兵会饮马血。现代科学表明，即便是流失体内三分之一的血，也不会危及马的生命和健康。因此，每匹马能提供7.95升血，大约含有2184千卡热量。当然，这只能是权宜之计。实际上，无水渴极之时，汉人骑兵也会刺马饮血。

除了自身携带以及抢劫而来的粮食，蒙古士兵还会通过猎捕获得食物。"如出征于中国，食羊尽，则射兔、鹿、野豕为食。故屯数十万之师，不举烟火。"[1]对喜好围猎的蒙古人来说，这是再正常不过的事情。

由于史料有限，我们很难具体了解蒙古军的医疗组织情况。依常理推断，萨满巫师会在其中扮演重要角色，因为萨满都有比较丰

---

① 孟珙：《蒙鞑备录》。

富的医疗知识。另外，既然天下巧匠都会被蒙古统治者征用，没有
理由医生不会被征用，因为医生和巧匠一样，都能提升或者保持蒙
古大军的战斗力。

第十章　屠城与战术

蒙古大军出征之前，往往已经掌握足够的情报，比如敌方的兵力部署、资源部署、交通路线等，同时保证自身战斗力处于最佳状态。根据南宋孟珙的记载，蒙古"凡征伐谋议，先定于三四月间"，然后在端午宴会之时"共议今秋所向"，而后宗王将领"各归其国，避暑牧养，至八月，咸集于燕都，而后启行"。也就是说，蒙古大军一般选择在八月出兵，此时正好是兵强马壮之时。

美国历史学家西诺尔认为，蒙古军队对作战时间十分慎重，会对即将进行的征伐做出"非常细致的计划"，并会制定"非常刚性的"时间表，而将军们也会严格遵守此时间表。

当然，此处所谓的"非常刚性的"时间表，不可能规定具体战役的作战时间，而是规定诸如大军何时分几路，各路军又在何时何地会合。对于经常横跨欧亚大陆作战的蒙古军来说，这种战略安排是非常重要的。至于具体的战役，蒙古将领往往会根据实际情况，调整作战步骤和具体战术。

他们主要使用下面几种战术。

心理战术

《孙子兵法》有云："不战而屈人之兵，善之善者也。"意思是说，让敌人不战而降，是上上之策。蒙古军队通过屠城或在乡间大开杀戒的方式，实践着他们所理解的这种"善之善者"的战术。

根据13世纪的波斯历史学家志费尼以及同时代俄罗斯的编年史记录者的记载，蒙古军队很少有不屠城的做法。孟珙所撰《蒙鞑备录》写道："城破，不问老幼、妍丑、贫富、逆顺，皆诛之，略不少恕。"

不过，蒙古军屠城并非只是"杀红眼了"，而是有多种战略考虑。比如，后勤上的考虑是，避免有限的资源被城内居民占用，避免他们为敌军制造武器或供给粮食等。但更重要的目的在于，通过屠城制造的恐怖气氛，可以震慑敌国其他地区的平民，动摇敌军的抵抗意志。

美国历史学家托马斯·巴菲尔德（Thomas Barfield）如此写道：

> 蒙古人完全明白其人力和兵力上的不足，因此把"恐怖"作为战争工具，动摇抵抗者的战斗力。投降而后又反叛的城市，比如赫拉特，是蒙古军队祭刀的对象。蒙古人无法派重兵驻守被攻陷的城池，因此，他们将可能制造麻烦的地区夷为平地。农耕国家的历史学家无法理解这种行为，因为农耕国家发动入侵战争的目的，是获得敌国的生产人口，即能创造财富的劳动力。[1]

---

[1]　Thomas Barfield, "The Perilous Frontier: Nomadic Empire and China, 221 BC to AD 1757", *Studies in Social Discontinuity*, Oxford : Blackwell, 1989.

1221年，拖雷曾宽恕巴菲尔德笔下提到的赫拉特城，设置一名地方长官之后，蒙古大军就离开了。不久之后，当地居民发动了起义，并杀掉了蒙古官员。于是，成吉思汗率8万大军再次攻克赫拉特后，将城中几十万居民几乎屠尽，只有40人幸免于难。[①]

蒙古军队还通过夸大兵力以瓦解敌方的军心。比如，1258年蒙哥入侵四川之时，仅率领4万兵马，但是对外则号称10万兵马。有时则通过巧计，使敌军误以为其军力颇壮。南宋彭大雅所著《黑鞑事略》记载了这种巧计："待其兵寡，然后则先以土撒，后以木拖，使尘冲天地，疑兵众，每每自溃。"当然，根据情况的需要，蒙古军有时也会隐藏自己的兵力，使对方因轻敌而上当。

蒙古军队还会使用离间计，破坏敌人内部的团结。1241年4月，蒙古大军入侵匈牙利期间，匈牙利突然有谣言流传，说躲避在其境内的钦察人——寻求匈牙利庇护的蒙古人之仇敌——是蒙古人的间谍。于是，匈牙利人与钦察人的结盟被破坏，这种局面大大有利于蒙古军。

蒙古统治者会通过外交手段，拉拢互相敌对的一方，打击另外一方。正如法兰西骑士乔恩维尔所说，"蒙古人如果想与撒拉逊人交战，他们就会游说基督教国家出兵，如果他们想与基督徒交战，则会游说撒拉逊人作战。"

攻城战术

在蒙古帝国的早期阶段，蒙古军攻城能力比较弱。作为草原民

---

① Michael Prawdin, *Mongol Empire: Its Rise and Legacy*, George Allen and Unwin Ltd., 1967.

族，他们经常因为争夺牧场而与别的草原民族作战，并不经常进攻农耕世界的城市。因此，无论是攻城经验还是攻城武器都不足。不过，随着臣服的农耕人才越来越多，缴获的攻城武器也越来越多，这种不足逐渐得到弥补。

正如孟珙所撰《蒙鞑备录》所言，蒙古军队"凡攻大城，先击小郡，掠其人民以供驱使"。也就是说，先攻打弱小的郡县，获得足够资源之后，再进攻大城市。这里所谓的资源，主要是指劳力和俘虏。

这些劳力和俘虏往往会有数万人。按照十进制的原则，他们每十人分为一组。每个蒙古兵管理一组，指挥他们准备粮草，或者命令他们挖掘土石，填平将要进攻的城市外面的壕沟。如果蒙古兵认为某人工作效率低，就会"杀一儆百"，迫使其他人加快进度。

有的俘虏会被当作"箭头饲料"，用于分散敌人的兵力，以减少蒙古大军进攻时的伤亡。有的俘虏则被要求挖壕沟、建堡垒，或按照工匠们的要求，帮蒙古军队制作攻城武器，比如云梯等。换句话说，这些劳力和俘虏面前只有两条路：要么死于蒙古兵的屠刀下，要么死于守城军的防御中。

除了前文介绍过的抛石机，蒙古军队还会采用火攻之计。比如，拉施特所著《史集》中提到，蒙古军将士"用石炮抛射石头，射箭，抛射装石油的大玻璃瓶，夺得了三只〔巴格达护城河上的〕船"。根据柏朗嘉宾的说法，"他们甚至提取死于他们刀下的死者身上的脂肪，然后溶解它，将它扔进房舍之中，它遇火即燃，难以扑灭"。

1209年，成吉思汗攻打西夏中兴府时，还因地制宜采用了水攻之计。《元史》载："〔进军〕中兴府，引河水〔指黄河之水〕灌之。"最终的结果是，西夏君主李安全送去美女请求和好。

如果敌方城池久攻不下，蒙古军会在城外屯田，准备打持久战。

《黑鞑事略》写道，"相持既久，必绝食或乏薪水，不容不动，则进兵相逼。或敌阵已动，故不遽击，待其疲困，然后冲入"。

蒙古大军攻城战的经典战例，是1238年2月对苏兹达尔公国首都弗拉基米尔的围攻。蒙古军首先是孤立这座城市，在其周围修筑起一道墙，然后用抛石机和弓箭往城内发射石雨、箭雨或火箭，又驱使俘虏扛着攻城槌撞击城门。蒙古军攻入城内后，将王宫付诸一炬。

佯　退

蒙古军队经常使用佯退的战术。派出一支军队与敌人交战，然后佯装败阵而撤退，吸引敌人进行追击。而这支蒙古军会一退千里，以拖垮追击敌军的战斗力。当敌军进入提前设好的埋伏圈时，多支蒙古军突然从侧翼杀入，与佯退的这支军队一起围攻敌军。上当的敌军往往会全军覆没。

在中国历史上，以佯退而取胜的例子比比皆是。比如，1217年，金军攻打襄阳时，南宋将领扈再兴就使用此计，与统制陈祥、孟宗政等分三阵设伏，诱使金军上当而败之。

南宋彭大雅在《黑鞑事略》一文中如此描述蒙古军使用的这种战术："或才交刃，佯北而走，诡弃辎重，故掷黄白，敌或谓是城败，逐北不止，冲其伏骑，往往全没。"

1223年，哲别和速不台率领的3万大军，在第聂伯河一带遭遇钦察人和罗斯国组成的8万联军。于是，哲别和速不台采取了佯退战略，结果联军一路追赶达20天之久。在这年的5月31日，双方在加尔卡河一带交战。此时，哲别和速不台已得到主力部队的支持，结果联军大败。

游击战

采用这种战术的蒙古军队，不会轻易与敌军正面交战，除非他们找到理想的作战地点。在必要的时候，蒙古大军会化整为零，以免被敌军包围，然后又在适当的时机化零为整，发起突然袭击。正如《黑鞑事略》所言："其胜，则尾敌袭杀，不容逋逸。其败，则四散逬，追之不及。"

这种战术能消耗敌军战斗力。在敌军兵力占很大优势时，采用这种战术特别有效。由于担心蒙古军四面出击，敌军总是处于焦虑状态。

公元前217年，古罗马将军费边（Quintus Fabius Maximus Verrucosus）用过这种战术，击败了兵力占优的迦太基军队。这种战术因此也被称为"费边战术"。

合围战术

只要有可能，蒙古军队就会采用合围战术。有时候，蒙古军会通过正面佯攻迷惑敌人，然后主力部队再从敌人后方进攻。这种多方位进攻的方式，会让敌人以为自己被包围。而后，蒙古军会故意放开一条路，于是，慌张的敌军从此路仓皇出逃，蒙古军则利用机会将其歼灭。

《黑鞑事略》如此描述这种战术：

其破敌，则登高眺远，先审地势，察敌情伪，专务乘乱。故交锋之始，每以骑队轻突敌阵，一冲才动，则不论众寡，长驱直入。敌虽十万，亦不能支。不动则前队横过，次队再冲。再不能入，则后队如之。方其冲敌之时，乃迁延时刻，为布兵左右与后之计。兵既四合，则最后至者一声姑诡，四方八面响应齐力，一时俱撞。

1241年，蒙古军与匈牙利军队在绍约河交战时，即采用了这种战术，结果兵力并不占优的蒙古军获胜。

第三篇

入主华夏

朕每议兴兵，皆不得已。古所谓王师如时雨，盖其义也。今亭障无事，但常修德以怀远，此则清静致治之道也。

——宋太宗赵炅

（《续资治通鉴长编》）

美国哈佛大学著名汉学家费正清（John King Fairbank）曾以"中国最伟大的时代"来评价宋朝，因为它在工技发明、物质生产、政治哲学等方面领先全世界，印刷书籍、绘画、文官考试制度等即是实证。但他同时也认为，宋朝存在一种"奇怪的反常现象"，因为"就在如此兴盛的同时，内亚的外族侵略者，渐渐从军事与行政上控制住中国的政府和人民"①。

费正清的观点被记录在《中国新史》一书中。毫无疑问，作为西方最权威的汉学家，他的观点代表着西方学界的主流意见。

显而易见的是，费正清的表述是站在宋的立场，故而才会有"外族侵略者"的提法，而他所提到的"中国"二字，则有着更为复杂的内涵，似乎专指宋政权下的中国，又似乎是泛指地理意义上的中国，也正因为如此，他的后半部分观点容易引起误解。

实际上，"内亚外族侵略者〔其中多数后来已融入华夏民族之中〕渐渐从军事上控制中国的政府和人民"的现象，并非始自宋朝，如果以不太苛刻的标准来衡量，至少从唐代中期就已经开始。而且，在中唐之后，这种趋势因安史之乱、黄巢起义而加剧，到了907年出现第一个高潮：正是在这一年，朱温灭唐称帝，开启了五代十国的局面，而契丹人则在北方建立了辽。

经常被人忽视的一个史实是，相对于辽而言，宋只是一个后来者，它建国的时间要晚五十多年。而唐留下的不幸遗产，比如疆土四分五裂、战略要地丢失、北方游牧民族逐渐强大等，在给宋以建国机会的同时，又使其陷于威胁之中。最明显的一个例证是，因为沙陀人石敬瑭将作为中原防御屏障的幽云十六州送给了契丹人，宋

① 《费正清论中国：中国新史》第1卷第4章，台湾正中书局，1994年。

自建国的第一天起，就时刻处于北面辽的威胁之下。

待党项人逐渐强大并建立西夏之后，宋还得应付来自西北面的威胁。而西夏之所以能强大起来，重要原因之一在于，它控制了河套地区。这块地区处于东西方贸易的要道上，极具经济价值；它的战略价值则在于，它有着宋做梦也想拥有的资源：大牧场。唐本来拥有这块要地，但因为战略上的失败，这块地区先后被吐蕃人和党项人占领，数百年与汉人政权无缘。

待女真人于12世纪兴起，建立金并迅速灭辽之后，宋在北方面临的威胁更为严重。金并非一般人想象中的那么野蛮、愚昧和落后，实际上，其统治者的学习能力和治国水平相当高超。因此，作为后起之秀的金，立国仅十年之后就消灭了辽，隔两年又终结了北宋，掳走北宋徽宗、钦宗二帝，以至宋廷偏安于临安（今杭州），不得不与金划淮河而治。

当然，除却这些客观上的不利因素，宋在政治、军事、外交等方面政策的失败，使其居于全球领先地位的经济与技术实力无法转换成相应的综合国力，这是导致费正清所谓"奇怪的反常的现象"出现的重要原因。

最值得深思的问题在于，在一个多世纪的时间里，尽管金与西夏的汉化程度逐渐加深，与南宋在文化上共性不断增多，但三国彼此之间的猜疑和成见却并没有减少，而蒙古的威胁越来越严重，宋、金、西夏之间却仍在互相消耗。最终，在13世纪的六七十年时间里，它们被蒙古帝国各个击破。

第十一章　除西夏

初露锋芒

蒙古人对西夏的入侵始于1205年，当时成吉思汗尚未统一蒙古诸部落。《元史》有载："岁乙丑〔即1205年〕，帝〔指成吉思汗〕征西夏，拔力吉里寨，经落思城，大掠人民及其橐驼而还。"

特别值得一提的是，这是成吉思汗第一次对外征伐。史料中提到的"力吉里寨"，有学者认为位于今宁夏中卫，也有学者认为位于内蒙古居延海附近。至于所谓"落思城"，则位于今内蒙古临河。

成书于元代的《圣武亲征录》对此事也有记载，并且细节与《元史》的记载完全一致。波斯历史学家拉施特所著《史集》对这次出征也有记载，但没有提及"落思城"一事。《蒙古秘史》则索性没有记载此事。

至于成吉思汗出兵西夏的原因，《元史》等史料并没有直接交代。不过，《元史·太祖本纪》提供了相关线索。

据载，1203年王汗兵败成吉思汗之后，与儿子桑昆一起逃亡，结果"〔王汗〕路逢乃蛮部将，遂为其所杀"，桑昆则逃入西夏，但他并没有因此而安分守己，而是"日剽掠以自资"，最终"为西夏所攻走，至龟兹国，龟兹国主以兵讨杀之"。

所谓"日剽掠以自资"，意思是说，每天抢劫以维持生计。至少从字面上判断，桑昆在西夏停留了一段时日。因此，成吉思汗很可能认为西夏在有意庇护仇敌桑昆，故而才出兵讨伐。

前文提到过蒙古人的复仇传统，凡是为敌人提供庇护的人或国家，都将被蒙古人视为仇敌，必然要起兵灭之。尽管西夏后来将桑昆驱逐出境，但这种做法并不足以影响蒙古人的态度。

当然，成吉思汗也可能是以寻仇为借口出兵，意在探察西夏的虚实。我们必须考虑到的因素是，1205年，成吉思汗治下的蒙古已接近统一，其势力范围已与西夏接壤。对于好战的蒙古人来说，要了解邻国的实力，兵戎相见是最简单的途径。与此同时，战争也不失为一种有效的外交方式。

正如本书第二篇提到过的，成吉思汗出兵之前的习惯是，收集尽量多的关于敌人的情报。因此，他出兵时必然已经知道，西夏是一个立国接近两百年的国家。

对于新兴的蒙古政权而言，初试锋芒便能击败一个成熟的国家，无疑具有极其重要的意义。这种意义并不在于劫得的平民和骆驼的数量，而在于它极大提升了蒙古人的信心，在于促进了蒙古诸部落的团结。

符合逻辑的一种判断是，至少在首战击败西夏之前，成吉思汗不太可能有称霸天下的想法，因为其时蒙古诸部尚未完全统一，而周遭的国家已经雄立至少百年，其战备和资源十分强大，似乎很难与之抗衡。不过，1205年的初战告捷，很可能成为一个刺激性因素，促使成吉思汗制定更大胆的战略。

而成吉思汗的幸运之处在于，他初试锋芒的对手西夏，在与他交手的时候已经老朽了。

大唐遗产

西夏是党项人建立的国家。《旧唐书》有载："党项羌……汉西羌之别种也。魏、晋之后，西羌微弱，或臣中国，或窜山野。自周氏灭宕昌、邓至之后，党项始强。"①也就是说，党项人是汉代西羌人的后裔，其民族在魏晋之后大为衰弱，有的臣属于中原，有的则逃亡山野。在鲜卑人建立的北周政权（557—581年）灭了宕昌、邓至之后，党项人开始逐渐强大起来。

党项人与蒙古人有不少相似之处。比如，他们的兵力也以骑兵为主，党项人起初也分属很多个部落，大的部落有一万多骑兵，小的有几千骑兵，而且大小部落各自独立，不互相统辖。

党项人也十分重视复仇。在除掉仇人之前，"必蓬头垢面，跣足蔬食"，即过着蓬头垢面、赤脚行路、粗食淡饭的生活，除掉仇人后才可恢复正常。

在《旧唐书》编撰者后晋刘昫等人的笔下，党项人"不事产业，好为盗窃，互相凌劫"。在《新唐书》编撰者北宋欧阳修等人的笔下，党项人"俗尚武，无法令……然好为盗，更相剽夺"。党项人尚武好利的特点，有助于我们理解其对唐、宋、辽、金等政权时降时叛、反复无常的态度。

在北周（557—581年）及隋（581—618年）时，党项人的活动范围"东至松州，西接叶护，南杂春桑、迷桑等羌，北连吐谷浑"，即今四川西北部及青海湖一带。他们以放牧牛、马、驴、羊为生，不从事耕种业。他们有时候反叛朝廷，有时候则投诚归顺，不时制造一些边患。

---

① 《旧唐书》卷一九八，《西戎列传》。

党项人在唐朝获得了更多的机会。唐太宗贞观三年（629年），党项多个部落相继归附唐朝。唐太宗在党项设置了四个州，分别拜授各部首领为刺史。在唐代，刺史是从三品，级别比现在的副部级稍低。后来，唐朝在党项地区设置了32个州，大约有34万党项人处于唐朝统治之下。

不过，在唐高宗统治时期（650—683年），由于采取了姑息吐蕃——唐代青藏高原一带的少数民族政权——的政策，使吐蕃势力不断壮大，乃至最终吞并了所有党项人的领土。因此，从692年开始，有20万党项人内迁唐境，武周朝廷不得不设置朝州、吴州、浮州、归州等10个州县进行安顿，灵州（今宁夏灵武）、夏州（今陕西横山）等州也有不少党项人散居。

安史之乱期间（755—762年），党项人经常与吐蕃人勾结，不时发动反叛。到了765年，吐蕃已经完全占据陇右（河西与甘肃东部）。眼见党项人的威胁越来越大，贞元三年（787年）十二月，唐朝禁止国内商人"以牛、马、器械于党项部落贸易"。

799年，六州党项从石州（今山西吕梁）逃往河西。他们之所以出逃，是因为不堪忍受唐朝永安镇（今山西汾西）守将的骚扰，那里的守将无休止地向他们求取骆驼和马匹，而朝廷又不制止。而守将之所以无休止地索取，是因为党项人所在的地区，极适合牧养牛、马、羊等牲畜。这块地区还极方便进行贸易，以至于当时远近的商人，都携带商品物资前来与他们交换羊马。

到了唐文宗当政时期（827—840年），藩镇统领贪婪横行，有的强买党项各部羊马，却不支付相应的报酬，导致党项部落困苦不堪。为了报复，党项人在吐蕃的帮助下，侵扰夏州、盐州（今陕西定边）等唐朝边境州县。由于当时党项人兵器钝劣，畏惧兵器精良的唐军，因此，他们用良马换取铠甲，用好羊交易弓箭，以至于宰相李石向唐文宗提议，禁止唐朝商人把甲胄及兵器带入党项部落。

至唐文宗开成年间（836—840年），党项部落更加繁盛，与此同时，藩镇统领也更加贪婪，以至于党项各部相继叛乱，致使夏州、盐州道路不通。唐宣宗大中四年（850年），党项贼寇入境抢掠邠州（今陕西彬县）和宁州（今甘肃庆阳）。唐宣宗李忱（846—859年在位）派兵征讨党项贼寇，不出一月便将贼寇剿灭。

不过，唐朝并不排斥所有党项部落。黄巢起义期间（875—884年），唐僖宗李儇年幼（生于862年），宦官田令孜把持朝政。朝廷想倚重党项人的力量平叛，于是任命党项平夏部拓跋思恭为左武卫将军，权知夏州、绥州（今陕西绥德）、银州（今陕西米脂）节度使。

尽管拓跋思恭被黄巢击败，882年，唐僖宗仍下诏任命他为京城四面都统、检校司空、同中书门下平章事。不久后又晋升他为京城四面都统，权知京兆尹。"贼平，〔拓跋思恭〕兼太子太傅，封夏国公，赐姓李。"[1]

895年左右，拓跋思恭去世，朝廷让他的兄弟拓跋思谏继承他的头衔和指挥权，并委任他的另外一个兄弟拓跋思孝担任保大节度使，以及鄜州（今延安富县）、坊州（今陕西黄陵）等州的观察使，并兼任检校司徒、同中书门下平章事。至此，唐朝对党项平夏部的恩宠到了无以复加的地步。

在党项势力逐渐强大的同时，吐蕃的势力则在逐渐衰败。唐宣宗大中三年（849年），唐军大败吐蕃军队。之后，吐蕃王朝深陷内乱之中，以至走向全面崩溃。于是，吐蕃原先占领的河西地区，又

---

[1] 《新唐书》卷二二一上，《西域列传上》。

重新回到党项人手里。

在唐朝得到发展机会的，除了党项人，还有沙陀。大中元年（847年），吐蕃、党项与回鹘大肆劫掠河西，于是，唐朝讨伐盐州。在这次讨伐战役中，沙陀首领朱邪赤心受命担任前锋。868年，朱邪赤心又帮助唐朝镇压了庞勋起义。之后，唐懿宗赐他李姓，于是改名李国昌。

923年，李国昌的孙子李存勖建立了后唐政权。之后的后晋、后汉政权也都由沙陀人所立。换句话说，统治中原的"五代"（后梁、后唐、后晋、后汉、后周）之中，有三个政权是由沙陀人建立的。

937年，沙陀人石敬瑭当上后晋皇帝。为了得到契丹人的支持，他竟然将幽云十六州割让给契丹（947年改国号为"辽"）。没有幽云十六州作为北面的防御要塞，是北宋受制于辽的最为重要的客观原因。

北宋怀柔

五代时期（907—960年），党项人势力继续壮大。他们控制下的河套地区所产马匹，源源不断地给他们带来财富。《新五代史》写道："〔后唐〕明宗时，诏沿边置场市马，诸夷皆入市中国，而回鹘、党项马最多。"[1]

通过马匹贸易牟利的同时，在灵州、庆州之间活动的党项人还经常犯边，劫掠财物。他们经常劫掠经过其部落去中原朝贡的回鹘人，有时甚至将抓获的回鹘使臣卖给其他部族，以交换牛马。

---

[1] 《新五代史》卷七四，《四夷附录第三》。

尽管对回鹘人的态度很恶劣，党项人却十分谨慎地处理着错综复杂的外交关系，包括与后唐、后晋、后汉等沙陀政权，与耶律阿保机于907年建立的辽，以及与赵匡胤于960年建立的宋。

得益于党项首领出色的外交能力，在五代相继灰飞烟火之后，党项人的势力不仅没有被削弱，反而得到进一步加强。宋太祖乾德五年（967年），拓跋思恭家族的后人李彝兴去世，朝廷授之以"夏王"的谥号。

李彝兴之所以能得到宋太祖器重，是因为他充分把握了机会。

宋朝初年，天下仍处于混乱之中。北汉仍然对中原虎视眈眈，睿宗刘钧（沙陀人）勾结代州（今太原西北）北面沙陀各部，入侵麟州（今陕西神木北）。李彝兴命党项军与宋军联合抵御，击退了北汉军队的进攻。

史载，为了讨宋太祖欢心，李彝兴还向宋朝献马三百匹。宋太祖十分高兴，于是找来党项使者问道："你们的主帅腹围有多大？"使者回答说："李彝兴腰腹甚大。"太祖说："你们的主帅真是有福之人！"随后赏赐给李彝兴一条玉带。

尽管宋太祖已经在乾德元年（963年）夏四月下诏，"禁泾〔今甘肃泾州〕、原〔今宁夏固原〕、邠〔今陕西彬县〕、庆〔今甘肃庆阳一带〕等州补蕃人为边镇将"[1]，即禁止非汉人担任这几个边境州的守将，但在李彝兴去世后，太祖仍然任命了他的儿子李光叡执掌夏州的军政大权。

978年，李光叡去世，其子李继筠嗣位。两年后，李继筠去世。由于李继筠的儿子年幼，他的弟弟李继捧接掌权杖。此时，党项平

---

[1]《宋史》卷一，《太祖本纪》。

夏部存在两股势力：以李继捧为首的能够容忍或支持汉化的势力，以及以李继捧的堂弟李继迁为首的反对汉化的势力。

981年，李继迁阴谋叛乱。失败后，他在宋朝官员的帮助下，携部下逃到夏州东北方牧场。次年，李继捧向宋朝称臣，并将夏州、绥州、银州、宥州（今陕西靖边县东）献给宋太宗。

983年某月某日，夏州知州尹宪与都巡检曹光宝夜袭李继迁，"斩首五百级，焚四百余帐"，并俘获李继迁的母亲与妻子，但李继迁和他的弟弟躲过一劫。①

此时，李继迁年仅二十岁。他是一个有勇有谋的人物。通过与党项南山部联姻，并利用党项各部之间、党项与宋朝的矛盾，李继迁的力量逐渐壮大。然后，他又与辽皇室建立了联姻关系。989年，辽将义成公主嫁给李继迁，并在次年册封他为"夏国王"。在辽的支持下，李继迁部多次入侵宋朝，与宋军及李继捧部交战，双方各有胜负。

991年冬十月，李继捧归顺辽国，被授予开府仪同三司、检校太师兼侍中，封为西平王。

994年，李继迁突然向宋朝献马谢罪，还让弟弟李廷信也献上马和骆驼。于是，宋太宗放松了对他的警惕。没想到，两年之后，李继迁竟然抢了朝廷40万石粮草。宋太宗震怒，亲自部署将帅讨伐，但没有取得实质性胜利。

998年，宋太宗去世，其子赵恒即位，是为真宗。宋真宗即位后不久，李继迁再次上表归顺。真宗显然没有经受住政治考验，他犯下了最愚蠢的一个错误：非但委任李继迁为夏州刺史、定难军节

---

① 《宋史》卷四八五，《外国列传一·夏国上》。

度使，还委任他为夏州、银州、绥州、宥州、静州等州的观察使、处置使等职务。

李继迁很快又反叛了，并于1001年攻破定州、怀远、永州、清远等战略要地。次年，再攻陷灵州。1003年，李继迁在灵州建都。正在专心应对辽的宋真宗派人与之议和，并将河西鄂尔多斯地区的银州、夏州等五州割让给他。就这样，宋朝丧失了这块可以牧养战马的战略要地。

正是在这一年，李继迁去世，其子李德明即位，并延续与辽交好的政策。1004年，辽封李德明为西平王，六年后封他为"夏国王"。不过，随着实力不断增强，党项人对辽的态度逐渐强硬。为了争夺回鹘和吐蕃人手中的甘州（今甘肃张掖）、沙州（今甘肃敦煌）和凉州（今甘肃武威），党项人与辽人的矛盾逐渐加深，但双方通过联姻的方式缓解了矛盾。

1028年和1032年，党项先后攻克了甘州和凉州。1032年，李德明去世，二十八岁的儿子李元昊即位。此前一年，辽将兴平公主下嫁李元昊。1038年，李元昊正式称帝，国号"大夏"，史称"西夏"。

内忧外患

大概从11世纪70年代开始，沙州已处于西夏的统治之下。到了12世纪30年代，西夏已占领青唐地区（今青海西宁）。在将鄂尔多斯五州割让给西夏后，青唐成为宋朝战马的重要来源地。因此，对青唐的占领，意味着西夏掌握了宋朝需要的战略资源，这让它在随后与宋朝的贸易往来中占据优势。

在李元昊治下，西夏颁行了自己的文字，在此之前，党项人只能"候草木记岁"。[1]李元昊还推行了军事与行政改革。重要的措施包括：贯彻文官、武官分开任命的制度，笼络汉族精英担任文职，武职则由党项豪族担任；在全国划定12块军事区域，设立12个监军司分别进行管辖，以提高军事和行政效率；规定十五岁至六十岁的男性都有服兵役的义务。这些措施提升了西夏的国力。

根据《宋史》的记载，在李元昊统治的鼎盛时期，西夏兵力已达50万之众。这些兵力主要用来保卫边境和内部战略要地。比如，在黄河以北设7万兵力以防备辽兵，在黄河以南洪州、盐州等地设5万兵力以防备宋军，在甘州设3万兵力以防备吐蕃和回鹘，在灵州、兴庆府设数万兵力作为镇守。

1044年，西夏打败入侵的辽军。得知消息后，宋于当年冬天与西夏达成和约，承认西夏政权，并"赐对衣、黄金带、银鞍勒马、银二万两、绢二万匹、茶三万斤……金涂银印，方二寸一分，文曰'夏国主印'"。[2]

1048年，李元昊去世，长子李谅祚即位时年仅一岁，于是国政由外戚操控。1061年，十四岁的李谅祚致信宋仁宗，"自言慕中国衣冠"，即表示喜欢中原汉族文化。尽管皇太后极力拥护党项礼仪，年轻的西夏国主却依然故我。这表明西夏亲汉派力量有所增长。

然而，1067年发生的事件，对西夏亲汉派是个打击。这一年，宋朝边将夺取了绥州，导致西夏与宋朝之间矛盾加剧。与此同时，辽对吐蕃更有兴趣，与西夏的关系逐渐冷却。

1068年，李谅祚去世，其子李秉常即位。秉常即位时年仅七岁，于是，其母梁太后摄政。西夏与宋继续交恶。宋神宗熙宁年间（1068—

---

[1] 《新唐书》卷二二一上，《西域列传上》。
[2] 《宋史》卷四八五，《外国列传一·夏国上》。

1077 年），双方进行了多次攻防战。

为了与依赖党项武将的母亲梁太后抗衡，成年之后的李秉常与汉族官员越走越近。1081 年阴历四月，陕西籍的将军李清劝说李秉常将河南以南土地归还给宋。梁太后得知这个消息之后，诛杀了李清，并夺去了李秉常的政权。于是，宋神宗趁着西夏内乱的机会，以李秉常被囚禁为借口，大举征讨西夏。

根据《宋史》的记载，从 1068 年至 1082 年，宋从西夏夺回米脂、吴保、义合等六个地区，但付出了惨重的代价。仅在灵州、永乐两地的战役中，官军、熟羌、义保战死者就达到 60 万，花掉的钱、粟、银、绢等物资更是不可胜计。"帝〔指宋神宗〕临朝痛悼，而夏人亦困弊。"于是，双方达成和解。

1085 年宋神宗去世，其子赵煦即位，是为哲宗。次年六月，西夏请求归还兰州、米脂等地。尽管很多官员表示反对，哲宗还是听取了苏彻、司马光、文彦博等人的意见，口头上答应了西夏的请求。不过，哲宗实际上并没有将这些地区归还。一个月后，年仅二十五岁的西夏国主李秉常去世，将皇位留给了三岁的儿子李乾顺，其母梁氏摄政，依然与宋时战时和。

从 1088 年阴历三月开始，西夏加大了侵宋的力度。元祐六年（1091 年）九月，"〔西夏〕围麟、府三日，杀掠不计，鄜延都监李仪等尽没"。在此之后，宋开始反攻西夏，并取得辉煌的战绩，攻克了天都、会州等地，扩大了在青海的势力范围。元符二年（1099 年）闰九月，宋攻克青唐，并将青唐改名为鄯州。此后 30 年，宋一直与吐蕃和西夏争夺青海地区的控制权。

面对宋的攻势，西夏想借助辽的力量进行抵御。《辽史》有载，西夏先后在大安八年（1093 年）六月、寿隆三年（1097 年）六月、寿隆四年（1098年）六月多次向辽请援。从结果上看，辽显然没能对宋施加足够的压力。1104年，辽将成安公主嫁给李乾顺。

1125年和1127年，辽和北宋政权被灭后，西夏处于金的威胁下。至于金夏两国关系，下一章将有详述。

由于李乾顺长期在位（1086—1139年），其子李仁孝也在位长久（1140—1193年在位），西夏政局得以稳定。李仁孝去世后，其子李纯佑即位（1193—1206年在位），而后继任者是李安全（1206—1211年在位）。从李纯佑执政末年开始，西夏处于蒙古的威胁之下。

执杀国主

1205年对西夏的胜利，加快了蒙古诸部的统一进程。次年，成吉思汗召集诸王群臣，在斡难河之源树起了"九斿白旗"，"诸王群臣共上尊号曰成吉思皇帝"。

1207年秋，成吉思汗再次出征西夏，攻取了位于今包头市南、黄河沿岸的重镇兀剌海城。在党项语中，"兀剌海"的意思是"穿越长城的通道"，换句话说，是通往中原的要道，极具战略价值。这是蒙古军第二次攻城之战，由于缺乏攻城利器，历时四十多日才攻下这座城市。

与此相关的一桩悬案是，攻取兀剌海城之后，成吉思汗没有继续攻伐，也没有马上率军离开。《元史》的记载是："三年（即1208年）戊辰春，帝至自西夏。"意思是说，他直到第二年春天才从西夏返回蒙古。

广为流传的一种说法是，蒙古军坚守兀剌海城五个月，最终因缺粮而不得不撤退。然而，这种说法成立的前提是，率军坚守城池的是其他将领，而不是成吉思汗。理由很简单：身为大汗，成吉思汗不会死守一座城池，做一件本该由守将做的事。因此，这种说法不能解释成吉思汗在西夏长时间停留的原因。

符合常理的可能性是：大汗选择在这座城市过冬，同时进一步了解西夏国情，筹备下一次的入侵。

一年之后的春天，成吉思汗再度征讨西夏，并入侵了河西地区。这次出征具有里程碑式的意义。蒙古帝国对外侵略的阵营里，首次有了非蒙古族势力的加入。这股势力是主动归附的畏兀儿人。元代所谓的畏兀儿人，即是《宋史》里的回鹘人。如前文所述，党项人曾经常劫掠回鹘人，双方还经常为争夺对青海一带的控制权而大动干戈，这些都是畏兀儿人仇恨党项人的理由。

当然，畏兀儿人并非仅为了复仇而归附蒙古，而是有更深的苦衷。

辽灭亡前夕，契丹皇族耶律大石预见形势不妙，于是从南京（今北京）出发，率部西征，希望能在新疆和中亚地区碰碰运气。大概在1124年前后，这支契丹势力在中亚建立西辽，也被称为黑契丹或哈剌契丹。高昌（今吐鲁番附近）、别失巴里（新疆吉木萨尔附近）等地的畏兀儿人承认了西辽的宗主权。然而，西辽派驻高昌的监国"骄恣用权，奢淫自奉"，让畏兀儿人不堪忍受。他们一直希望出现另一股强大的势力，可以借以制衡西辽的势力。

成吉思汗正是他们苦苦寻觅的靠山。《元史》载："岁己巳〔1209年〕，〔高昌国主亦都护〕闻太祖〔指成吉思汗〕兴朔方，遂杀契丹所置监国等官，欲来附。未行，帝遣使使其国。亦都护大喜，即遣使入奏曰：'臣闻皇帝威德，即弃契丹旧好，方将通诚，不自意天使降临下国，自今而后，愿率部众为臣仆。'"①

　　畏兀儿人主动归附的时候，成吉思汗正在讨伐乃蛮部太阳汗。太阳汗的儿子脱脱被射杀，脱脱的四个儿子本想投靠亦都护，于是先派使者前去接洽，结果亦都护将使者斩杀以示诚意。而后亦都护又与脱脱四子交战。他最终赢得了成吉思汗的信任和赏识，并跟随参与了攻打西夏的战役。

　　西夏国主李安全派太子率军迎战，结果被打败，副元帅高令公还成为蒙古大军俘虏。蒙古军再度攻陷兀剌海城，并俘虏了西夏太傅西壁氏，以及将领嵬名令公。而后蒙古军进逼西夏国都中兴府（今宁夏银川），采用了引黄河水淹城的战术。不过，因为堤坝缺口导致大水外流，蒙古军放弃围城并退兵。退兵之前，成吉思汗派西壁氏入城谈判，与西夏订立了城下之盟。

　　1211年，成吉思汗征讨金。在得胜回撤的路上，再次向西夏进军。

　　根据《蒙古秘史》记载，西夏国主李安全很快就臣服了，并把一个名叫察合的女儿献给了成吉思汗。李安全对成吉思汗说道："听见成吉思可汗的声名，我已经害怕。如今你这有灵威的人亲身莅临，因敬畏你的灵威，我们唐兀惕人愿做你的右翼。"但他同时又说："我们是定居的，是筑有城郭的，即便做伴，在疾速的行军中，在锐利的厮杀中，既追不上疾速行动，又做不到锋利厮杀。"因此，他希望能够经常进献骆驼、毛布和鹰鹃。他很快就实践了部分承诺，"从唐兀惕百姓手里科敛骆驼，拿来呈献，多得都赶不动了"。②

　　1219年，动身征讨花剌子模帝国之前，成吉思汗想起了李安全说过的话，于是派使者赶赴西夏，要求国主李遵顼（1211—1223年

①　《元史》卷一二二，《巴而术阿而忒的斤列传》。
②　《蒙古秘史》第249节。

在位）兑现前国主的承诺，一起出兵征讨花剌子模。[1]

使臣转述成吉思汗的话："你曾说过'愿做你的右翼'，如今，回回[2]截断我黄金缰辔，我要出发前去折证，你做我的右翼出征。"李遵顼还没来得及作声，西夏权臣阿沙敢不[3]讥讽道："如果实力尚且不足，何必做可汗呢？"总之，西夏不肯出师援助，打发使臣离开。成吉思汗十分恼怒，他说："怎能让阿沙敢不这样说！马上计划去征讨他们又有何难？但是正在指向着他人的时候，姑且作罢。若蒙长生天保佑，紧握黄金缰辔，胜利归来，那时再做计较！"

1225年冬，成吉思汗结束西征，凯旋还朝。他很快就出兵西夏。关于这件事情的细节，主要有两个版本。

根据《元史》的记载，1226年正月，由于西夏庇护成吉思汗的仇人，即蒙古乃蛮部屈律罕的儿子，并且不派遣王子去蒙古做质子，成吉思汗亲率兵马进行讨伐。在秋天之前，大军接连攻克了黑水、甘州、素州、西凉府、搠罗、河罗等地。之后成吉思汗大军进抵灵州。西夏国主李德旺（1223—1226年在位）因惊惧而死，帝位由其近亲李睍继承。十一月，在黄河边再次战胜嵬名令公大军后，成吉思汗率部攻克灵州，然后驻扎在盐州川。

1227年春，成吉思汗留下一支部队包围西夏国都中兴府，然后率军继续征讨西夏尚未归附的西部地区，相继攻克积石州（今青海贵德）、临洮府、洮州、河州、西宁、德顺（今甘肃静宁）等地。同年六月，中兴府被围困半年之后，西夏国主李睍出城投降。西夏

---

[1] 征讨花剌子模之事，详见本书第五篇。

[2] 回回：此处特指花剌子模人。

[3] 阿沙敢不：藏语，贤人或长老之意，是唐兀惕的权臣，主张对蒙古态度强硬。就《秘史》的记载来看，此人为唐兀惕贺兰山以西游牧地区领袖。按西夏朝中，时有主张汉化与反汉化的摩擦。阿沙敢不应属后者。

灭亡。

另一个版本更具戏剧性。根据《蒙古秘史》的记载，1226年的秋天，成吉思汗率军征讨西夏，随军出行的有后妃也遂夫人。在出征的路上，蒙古军围猎了许多野马。不幸的是，因为坐骑被野马群所惊，成吉思汗被摔了下来，而且伤得十分严重。于是大军在当地过了一夜。

次日早晨，也遂夫人说："皇子们、将军们自行商议事务吧，大汗夜间发了高烧，已经睡着了。"于是，皇子们和将军们开始商议接下来的行程。其中有位将军说："唐兀惕人的城池和房屋又跑不掉，我们可以等大汗痊愈了再行征伐。"他的建议得到全体皇子和将军们的一致赞成。

待成吉思汗睡醒后，也遂夫人将部下的意见告诉了他。成吉思汗说："唐兀惕人必会说我们胆怯了。我们要派使臣前去。我就在这里养伤，等问明白他们的回话后，我们再考虑是否撤兵吧！"

于是，使臣前去传话西夏国主："以前，你们的国主曾经说过，'我们唐兀惕人愿做你们的右翼。'因为你们做过这个承诺，所以，当回回不肯议和之时，我派人去叫你们出兵，你们却不肯实践诺言。你们非但不出兵，还以言语讥讽。当时因为另有所图，我决定以后再向你们对证。蒙长生天庇佑，现在征讨回回的事情已了结，已经将回回百姓纳入正轨，现在来向你问个明白。"

西夏国主李德旺回答："我没有说过讥讽的话！"阿沙敢不则挑衅地说："讥讽的话是我说的。你们蒙古人惯于厮杀，如果你们想与我厮杀，我在贺兰山住帐篷毡房，那里有骆驼，你们可以来贺兰山找我，我们在那里厮杀！如果你们想要金、银、缎匹、财物，你们可以指向宁夏西凉！"

　　使臣将这些话一一据实回报。此时，成吉思汗的发烧症状尚未好转，他说："好！人家说出这样的大话，我们怎可撤退！死也要去对证这句大话。长生的上天啊，由你做主吧！"于是成吉思汗亲自率领大军进抵贺兰山，在那里与阿沙敢不展开厮杀，最终擒获并处决了后者。

　　成吉思汗下令将贺兰山所有的帐篷、毡房、百姓等一概"如扬灰一样地摧毁"。他下旨："把那些勇猛健壮的唐兀惕人统统杀掉，军士们可以捉捕其余各色的唐兀惕人收为己有！"

　　在此之后，成吉思汗又率军攻克兀剌海城和灵州城。大军进驻灵州城之后，西夏国主李睍前来拜见成吉思汗，并献上九类金银器皿各九件、九九八十一名童男童女、八十一匹骟马骆驼以及其他九九之数的宝贝。西夏国主拜见之时，只能立于成吉思汗房间的门外，门帘一直是闭着的。

　　成吉思汗对部下说："因为敌人口出恶言，我们才督师前来。蒙长生天增加力量，我们终于把敌人征服，冤仇得报！"

　　《元史》和《蒙古秘史》都没有交代西夏国主李睍以及中兴府的命运。根据瑞典人多桑（Abraham Constantine Mouradgea d'Ohsson）所著《多桑蒙古史》，成吉思汗病逝于西夏投降之前，即1227年阴历六月之前。他在弥留之际曾嘱咐诸将，死后要秘不发丧，待西夏国主出城来谒时，"执杀之，并屠其城民。后诸将果如命而行"[1]。

---

① 多桑：《多桑蒙古史》，冯承钧译，上册，第153页，中华书局，2004年。

第十二章　灭　金

血海深仇

成吉思汗对金的入侵，是以复仇为初始目的。《元史》载："元年丙寅〔1206年〕……帝始议伐金……帝欲复仇。"

正如前文所说，复仇是草原民族的本能，是维护尊严的需要。如果某人有仇不报，或者没有能力复仇，他一定会被同族耻笑和离弃。在环境恶劣、危机四伏的大草原之中，这意味着将无法生存。

对于以复仇为生命的民族而言，是否复仇完全不是问题，问题是复仇的方式。他们多数人不会考虑结果，至少不会全面地考虑，只会不顾一切地去证明。但对成吉思汗而言，复仇不仅是维护尊严的需要，更是一种战略安排：他不仅要实现复仇本身，还要借此团结部族，扩大利益。

与许多温和而容易健忘的民族不同，那个时代草原民族的传统是，仇恨会世代相传。因此，我们完全可以想象，当成吉思汗还是幼童的时候，他的长辈们会不停地给他讲述这么一个故事：

> 成吉思汗的曾祖父，即爷爷的父亲，是曾经统一全蒙古的合不勒可汗。他虽然有七个儿子，但在他去世之前，却将汗位

传给了堂兄弟俺巴孩。那时候，在蒙古大草原东面的呼伦湖附近（今呼伦贝尔市），是塔塔儿部族的势力范围。不知从什么时候开始，这个部族臣服于金。

俺巴孩把自己的女儿嫁给了这个部族。在亲自护送女儿去塔塔儿部的路上，俺巴孩遭到塔塔儿部主因人的劫持。主因人是金边防军的一部分。他们将俺巴孩交给了金帝。在被押往金廷之前，俺巴孩派人给合不勒可汗的儿子忽图剌以及他自己的儿子合丹带话："我身为万民的可汗，国家的主人，竟然因为亲身去送自己的女儿而被塔塔儿人擒拿。你们要以我为戒！你们就是把自己的手指甲磨掉，哪怕是把自己的手指磨断，也一定要尽力为我报仇！"[1]

俺巴孩可汗的最终命运是，被金人钉在木驴之上，受尽折磨而死。

自俺巴孩可汗遇难之日开始，这件事在草原上逐渐流传开，到了窝阔台当政时期，正式被《蒙古秘史》记录在案。不过，这则广为流传的故事中的一些疑点，比如，俺巴孩为什么要与塔塔儿部族结亲，塔塔儿的主因人为什么要劫持俺巴孩，金帝为什么要处死俺巴孩等，《蒙古秘史》并没有做出交代。

根据瑞典人多桑所著《蒙古史》的解释，蒙古与塔塔儿部的交恶，是源于这么一件事情：合不勒可汗的妻弟患上了某种疾病，请塔塔儿部的萨满巫师进行治疗，结果"不效而死，其亲族追及萨满，杀之"。于是，恼怒的塔塔儿部起兵复仇。合不勒可汗诸子助其母族与之战，

---

[1] 《蒙古秘史》第48、52、53节。

但胜败不详。①

即便如此，仍然存在的一处疑问是：蒙古人既然已与塔塔儿部族结仇，俺巴孩为何要将女儿嫁给仇人？因为从事件发生的时间上判断，合不勒亲族与塔塔儿结仇，与俺巴孩嫁女应该是在同一时期。和亲，或许是俺巴孩的理由。

无论整件事情的经过到底如何，俺巴孩可汗遇难后，蒙古失去了统一局面。因此，在成吉思汗家族看来，无论是站在国家或民族的角度，还是站在家族的角度，塔塔儿部与金都是自己的仇人。

不过，成吉思汗显然具有隐忍的品质。

1196年，塔塔儿部首领篾古真反金，金右丞相完颜襄率军追击。成吉思汗得知消息后主动出兵，与金军夹击塔塔儿部，最终活捉并诛杀了篾古真。他之所以这么做，除了可以借机复仇，还希望与金建立良好关系，使其不干涉自己的统一大业。

完颜襄对成吉思汗的回报是，封他为"札兀惕忽里"。尽管这是一个"从四品"以下的官职，但它有助于提高成吉思汗在草原部落中的威信。②不过，它同时也意味着成吉思汗承认了自己对金的藩属地位。一位参与围剿篾古真的蒙古克烈部首领则被赐以"王"的称号，他就是开篇提到过的王汗。

成吉思汗统一蒙古各部之后，觉得复仇时机基本成熟。此前一年对西夏的小胜，已极大提升蒙古人的士气。正在这个时候，"金降俘具言金主〔完颜〕璟肆行暴虐"。也就是说，金廷内政不稳。于是，

---

① 多桑：《多桑蒙古史》，冯承钧译，上册，第38页，中华书局，2004年。
② 完颜襄也认识到"札兀惕忽里"这个官职太低，他向成吉思汗承诺将为他争取"招讨"一职。据《金史》卷五七《百官三》："招讨司。〔三处置，西北路、西南路、东北路。〕使一员，正三品。副招讨使二员，从四品。"

成吉思汗下定决心要进行讨伐。不过，他不愿意轻易发动进攻。

女真崛起

金是女真人创立的。在中原汉地史书中，女真的先祖先后有过"肃慎""勿吉""靺鞨"等称谓。9世纪前后，女真之名才确立下来。在辽统治之下，为了避兴宗耶律宗真名讳，女真又被称为"女直"。本书则统称女真，以免这些细节影响读者阅读。

与众多其他边疆民族一样，女真人——不管其祖先如何称呼——虽然早在商周时期就与中原汉地有过往来，不过，在其成为引人注目的力量之前，中原史料对他们的记载并不完备。

在《新唐书》中，"〔女真〕人劲健、善步战"，"性忍悍，善射猎，无忧戚，贵壮贱老"；在《旧唐书》中，女真人"俗无文字。兵器有角弓及楛矢"。此种"楛矢"的箭头由尖石制成，长度大约两寸。①

朱温灭唐，开启五代之前，女真基本属于中原政权藩属。唐代开元年间（713—741年），朝廷曾设黑水府（今黑龙江省内）以治理女真，任命女真首领担任都督、刺史之职，并曾赐女真首领李姓。

据北宋欧阳修考证，女真首领最后一次"请命于中国"，是在后唐长兴三年（932年），"后遂不复见云"。女真首领之所以不再来中原"请命"，即请求册封官职，是因为当时中原政权更迭太过频繁。从907年至950年，短短四十多年的时间里，中原地区竟先后出现了五代政权。

---

① 《新唐书》卷二一九，《北狄列传》；《旧唐书》卷一九九下，《北狄列传》。

边疆民族首领之所以"请命中国",是为了提升其在部族中的声望。如果中原政权本身都摇摇欲坠,那么,它赐予的官职是没有多少说服力的,或许还会适得其反,被本族和邻近部族耻笑。因此,在契丹人建立强大的辽之后,女真首领不再向中原政权称臣,而是希望得到辽的承认。

这其实是再正常不过的事情。对于任何一个国家或民族而言,相邻国家或民族的影响力,永远是最先被考虑的。反过来也是如此:任何一个国家或民族的价值,首先会体现在相邻国家或民族的外交政策之中。

自10世纪开始,女真分为两个部分:南部女真属于辽的版籍,被称为熟女真;北部不属于辽版籍的,被称为生女真。毫无疑问,在1125年推翻辽统治的,主要是生女真。据《金史》载,生女真生活的地域是"混同江、长白山,混同江亦号黑龙江,所谓'白山、黑水'是也"。[1]

女真人过着一种既不同于北方游牧民族,也不同于中原汉地农耕民族的生活。按照《剑桥中国史》的说法,他们的生活与经济方式根据环境而定:在森林中,占优势的是渔猎;在平原上,则是饲养牲畜或从事农耕。女真人饲养马匹,甚至还输出马匹,但他们主要的家畜是牛。[2]

很难说是这种生存方式——包括政治意义上的与经济意义上的——支配了女真人,还是女真人支配了这种生存方式,总之,他们世世代代以这种方式存在。在强大的契丹人的统治或威胁之下,

① 《金史》卷一,《世纪》。
② Herbert Franke and Denis C. Twitchett, *The Cambridge History of China, Vol. 06*, Cambridge University Press, 2008.

这种生存方式似乎要延续下去。然而，从11世纪中后期开始，女真人逐渐偏离传统的轨迹。

与所有民族崛起的方式相同，连续几位出色的领袖人物的出现，使女真人变得越来越强大。

完颜乌古乃（1021—1074年）治下的生女真完颜部，已开始有意识地防止辽"尽得〔女真〕山川道路险易"。他以巧计阻止辽兵在其境内搜索反叛的百姓；又用计谋使辽主帮助自己统一其他部族。

最能体现完颜乌古乃智慧的是，他从辽帝手中得到生女真部族节度使一职，同时又说服辽帝不迫使其加入辽籍。他充分利用节度使的权威，在生女真部逐渐建立起纲纪法度，又充分利用职权便利，帮助本族购买铠甲、头盔和铁，"得铁既多，因之以修弓矢，备器械"。他还在任职期间研习了辽的行政制度和兵制。总之，生女真的力量因此逐渐增强。其结果是，来归附的部族越来越多。

1704年，完颜乌古乃的儿子完颜刻里钵（1039—1092年）接替节度使职位，生女真在他的治下"变弱为强……基业自此大矣"。1092年完颜刻里钵去世后，承袭节度使职位的是他的弟弟完颜颇剌淑（1042—1094年），他"尤知辽人国政人情"。在他去世后，节度使一直由其弟完颜盈歌担任（1053—1103年）。在这个时期，生女真开始建立起自己的甲兵，统一了各部落的号令牌子。

从完颜乌古乃到完颜盈歌，经过两代人四个族主约五十年左右的统治，女真结束了散乱分离的局面，各部听从统一的号令。女真从此真正兴盛起来。

在完颜乌雅束（1061—1113年）统治期间，高丽"以兵数万来攻"，结果却被女真击败，表明女真已经具备了相当的实力。他去世两年后，即1115年，他的弟弟完颜阿骨打建立了金。

十年灭辽

完颜阿骨打（1068—1123年）是完颜刻里钵的次子，据说降生之前，"有五色云气，屡出东方"。他自幼举止端重，气力过人，深得父亲喜爱。在他还不到十岁的时候，完颜刻里钵已从他身上看到女真的未来，惊喜道："此儿长大，吾复何忧！"待其长大之后，完颜刻里钵曾郑重交代弟弟完颜盈歌："惟此子足了契丹事。"

阿骨打十分重视荣誉。据说，有一位辽官员想赠他一副铠甲，但是他拒绝接受，因为他认为披着别人的铠甲而战，战胜的荣誉会被归于别人所赠的铠甲。

与成吉思汗不同，阿骨打从不滥杀，他说："财者，人所致也。"即财富是人生产出来的。因此，在看到百姓因拖欠赋税而卖儿卖女的惨况时，他向兄长乌雅束提议减免了三年赋税。他的名言"骨肉之爱，人心所同"，让远近百姓"闻者感泣"。

当女真人逐渐走向强大时，辽正陷于内外交困之中。来自西夏和宋的威胁，使其不断增加军备开支。因无法忍受官府的横征暴敛，很多地方都爆发了起义或叛乱。在某种程度上，女真人对辽的反叛，也是因为辽"使者贪纵，征索无艺，公私厌苦之"。

由于辽最后几位皇帝政才平庸，偏信奸臣，好色酗酒，这种内忧外患的交困局面越来越严重。辽天庆四年（1114年）六月，阿骨打决定征辽，命属下"备冲要，建城堡，修戎器，以听后命"。然后派官员赴辽索要女真叛将，实际上是去观察形势。得知辽刚刚开始准备防范，他对左右诸将说："辽人知我将举兵，集诸路军备我，我必先发制之，无为人制。"

同年九月，阿骨打正式征辽。一个月后攻下宁江州（今吉林扶余）。宁江州被困时，辽天祚帝（1101—1125年在位）还在庆州（今吉林珲春）射鹿，得知消息后，竟然毫不重视，随便调兵遣将以应对。阿骨打则乘胜降服了原先归附辽的其他女真部兵将。十一月，阿骨打以一万兵力大胜辽十万大军。

次年正月，阿骨打正式称帝，定国号为大金。辽的局势自此急转直下。次月，饶州、渤海（熟女真）、古欲等地反叛，其首脑自称大王。九月，女真人攻陷黄龙府（吉林农安）。十月，辽耶律张奴阴谋反叛。十二月，辽锦州刺史耶律术者叛变。同月，阿骨打以两万兵马大败天祚帝亲率的数十万大军，"辽师败绩，死者相属百余里"，缴获的军需物资及马牛不计其数。金赢下这场大决战之后，"四方来降者众"。

经过十年的征战之后，1125年，金终于灭辽。阿骨打没有亲眼看到辽灭亡，但对此早有预料。在以一万兵力对阵辽二十万骑兵、七万步兵时，阿骨打曾如此告诫手下将士："辽兵心贰而情怯，虽多不足畏。"[1]

具有讽刺意味的是，两百年后，元朝脱脱等人在编修《金史》时，也曾感叹道，金军力之所以日趋疲弱，是因为"〔金〕自患其宗族国人之多，积其猜疑，卒自戕贼，遂致强本刊落，醇风锲薄，将帅携离，兵士骄惰。迄其亡也……向之所谓志一而力齐者，不见可恃之势焉。"[2]他们将金败亡的原因归于其内部诸势力之间的猜忌和自相残杀。

---

[1] 《辽史》卷二八，《天祚皇帝本纪二》；《金史》卷二，《太祖本纪》。
[2] 《金史》卷四四，《兵志》。

三国困境

随着辽被金取代，原先困扰辽的问题，即如何处理与宋和西夏的关系，现在摆在金帝面前。宋与西夏也面临同样的外交困境。在很大程度上，三国间的外交关系问题决定了辽的灭亡，同样也是这个问题，决定着西夏、金、南宋三方一百年之后的生死。

在推翻辽的过程中，宋与金有过短暂的联盟。

北宋政和七年（1117年）十二月，宋朝派登州（今山东半岛）防御使马政给完颜阿骨打带去国书，内容大概是：太阳出来的东方之地，诞生了圣人；听说他征辽，多次打败了强大的敌人；要是将来灭辽，希望将五代时陷入契丹的汉民地区——幽云十六州——还给鄙国。

第二年，金派使者回访宋朝，并呈上国书："所请之地，今当与宋夹攻。"但金不愿将幽云十六州无条件归还宋朝，认为应该"得者有之"，即谁攻占了这些地方就归谁占有。

两国都比较恪守联盟承诺。金天辅七年（1123年）四月，金将燕京、涿州、易州、檀州、顺州、景州、蓟州归还宋朝，作为回报，宋支付金一定数额的岁币作为几州的代租钱。不过，在将燕京归还宋朝之前，"燕之职官、富民、金帛、子女先为金人尽掠而去"。[①]

同年八月，金太祖完颜阿骨打去世，其弟吴乞买即位，是为金太宗（1123—1135年在位）。十一月，金又将朔州（今山西朔州）、武州（今山西大同）交归宋所有。有大臣建议金太宗不要将此二州归还，太宗说："这是先帝〔阿骨打〕之命也，其速与之。"[②]

同年十二月，金太宗派官员到宋廷祝贺新年。次年正月某日，

---

① 《宋史》卷二二，《徽宗本纪》。
② 《金史》卷三，《太宗本纪》。

宋徽宗为悼念阿骨打而停止朝会，还派了一个四品官前往吊祭。两国似乎十分享受这种和谐互利的外交关系。

然而，在金俘获辽天祚帝之后，宋金之间的联盟关系很快瓦解。掌握主动权的金率先挑起战事。

天会三年（1125年）十月，金太宗号令各路将领伐宋，迅速夺回燕京、涿州等地。两年后，金俘虏了宋徽宗、宋钦宗二帝。北宋时代结束。宋廷偏安杭州，南宋时代开始（1127—1279年）。

金太宗本想一鼓作气拿下江南，但考虑到中原地区秩序不稳、百废待兴，而且南下战事的推进也不太顺利，屡败于南宋抗金将领岳飞、韩世忠等人统辖的军队，于是他决定先稳住中原地区，来日再图江南。1142年，在岳飞以"莫须有"罪名被害之后，南宋接受了屈辱性的条件，与金达成和约。

金之所以能够消灭北宋，重要原因之一在于，他们学会了汉人的攻城技术。比如，在攻打太原的过程中，金军动用了30架抛石机、50辆用生牛皮和铁皮覆盖的车，用于将军队运到壕沟。在攻打北宋都城开封时，金军动用了无数可移动的、高过城墙的楼车，这些楼车用于向城中发射燃烧弹。

最具戏剧性的事件是，12世纪60年代初期至80年代末期，南宋与金各出现了一位明君，使两国国力维持了一种均势。作为这种均势的结果，两国多年没有爆发大规模的战争。不过，更大规模的冲突终究没有避免，而且被蒙古人所利用。

南宋出现的明君是宋孝宗（1162—1189年在位），金出现的明君是金世宗（1161年—1189年在位）。两位明君的即位与退位时间几乎完全相同。

宋金两国的史官对各自的明君都青睐有加。在《宋史》中，宋孝宗赵昚出生之时"红光满室，如日正中"。在《金史》中，金世宗完颜雍"胸前有七子，如北斗形"，"一日方寝，有红光照室，及黄龙见寝室上"，其即皇帝位的前一月，"复有云来自西，黄龙见云中"，即位之日，"〔吉〕庆云见"。①

两位明君的即位方式也颇为另类。宋孝宗由宋高宗（1127—1162 年在位）禅位而登大宝，金世宗则是推翻海陵王完颜亮（1149—1161 年在位）②，然后被拥立为帝。

宋孝宗登基之后不到三个月，就"追复岳飞原官，以礼改葬。是夜，地震，大风拔木"。与此同时，他提拔主战派代表张浚为少傅、江淮宣抚使，将其封为魏国公。再三个月之后，又授予岳飞之孙六人官职。他一方面整顿吏治，任贤用能，压缩行政开支，另一方面又积极赈济灾民，安抚江北归来的忠义军，并提高将士因战伤亡的体恤标准。这些施政举措极大振奋了士气和民心。

金世宗登基之后也勤于政事。他告诫宰相要"进贤退不肖"，即提拔贤臣，辞退无能臣子，并确定官员的考核标准，将官员分为廉能（廉洁能干）、污滥（贪污冗滥）、不职（不称职）三等，或降或升，或罚或赏；又敦促群臣"有言即言，毋缄默以自便"；同时还减轻赋税和徭役，积极安抚流民，他说："〔流民〕流散逐食，甚可矜恤"，"并令归业，及时农种"。这些善政使其获得"小尧舜"的美誉。③

宋孝宗和金世宗当政的初期，两国经常爆发边境冲突，1165 年

---

① 《宋史》与《金史》都是元代脱脱等人依据两国国史编撰而成。
② 海陵王（1122—1161 年）：皇统七年（1147 年）任尚书左丞相，皇统九年发动宫廷政变，杀熙宗，自立为帝。海陵王登基后穷兵黩武，导致金朝内乱频发。
③ 《金史》卷六，《世宗本纪上》。

签署和平协议之后，两国边境有四十年烽烟未起。

世宗于1189年去世后，性格温和的完颜璟即位，史称金章宗（1189—1208年在位）。此后，金内政日趋不稳，叛乱此起彼伏，天灾也频频作祟。《宋史》写道："〔1203年〕十二月丙辰……是冬，金国多难，俱朝廷乘其隙，沿边聚粮增戍，且禁襄阳榷场。边衅之开，盖自此始。"

作为伐金的前兆，次年四月，宋廷"立韩世忠庙于镇江府"，次月又"追封岳飞为鄂王"。开禧元年（1205年）六月，"命诸路安抚司教阅禁军"。次年四月，"追夺秦桧王爵"。五月，宋宁宗（1194—1224年在位）下诏伐金，"以伐金告于天地、宗庙、社稷"。自1206年至1208年，宋金大战两年，双方都损失惨重。

金与西夏的关系也阴晴不定。1124年，西夏抛弃与辽结盟的政策，"以事辽之礼"向金称臣。在此后37年的时间里，两国基本都恪守各自的义务。1161年，西夏乘海陵王征战南宋的机会，夺取了金夏边境若干城寨。金世宗即位之后，西夏很快将这些城寨归还，不过在归还之时，这些城寨中的富商、财物、牲畜已被西夏掠夺一空，与金归还燕京前的所作所为同出一辙。

尽管如此，金世宗仍然尽力与西夏保持友好关系。世宗去世之后，两国关系很快就紧张起来。1191年，因西夏人在金边境州县随意放牧，两国爆发了军事冲突。1210年，西夏入侵金葭州（今陕西佳县）。次年，与蒙古签署城下之盟后，西夏对金的骚扰力度加大，两国关系急剧恶化。

成吉思汗对金的征讨正是在这样的背景下进行。

末主自缢

泰和八年（1208年）十一月，金章宗去世，五十六岁的完颜永济即位，史称卫绍王。《金史》对他的评价是"柔弱鲜智能"，意思是性格懦弱，智力低下，一点都没留情面。对金来说，他是一个不吉之人：在他即位后第二个月，天际滑过一颗火红色的流星；第三个月，太白星在白天出现；十二个月后，平阳地震。大安二年（1210年）正月，天际再现一颗其大如盆的绿色流星；六月大旱，地震；七月地震；八月地震；九月地震；十二月日食。大安三年（1211年）二月，通玄门和东华门的重关断折；三月，大悲阁发生火灾；"有黑气起北方，广长若大堤，内有三白气贯之，如龙虎状"。[①]就在此月，成吉思汗率大军征讨金。

经过五年时间的准备之后，成吉思汗认为时机已经成熟。在这五年里，他已经震慑住西夏，可以确保在攻打金的时候，西夏不会出兵救援；他还得到畏兀儿人的支持；此时，蒙古军已积累不少攻城战的经验和资源。

在逐渐强大的成吉思汗眼中，卫绍王根本不值一提。两年多之前，从金使那里得知完颜永济登位的消息后，成吉思汗向金的方向吐了一口唾沫，说："我原以为中原的皇帝是天上人来做，没想到这等平庸之辈也能当君主！"[②]

通过1211年的征伐之战，成吉思汗证明自己是对的。

两军尚未交战，金就派西北路招讨使赴成吉思汗帐中求和。金显然无法满足蒙古人提出的条件。蒙古军很快就攻取了抚州（今河

---

① 《金史》卷十三，《卫绍王本纪》。
② 《元史》卷一，《太祖本纪》。

北张北）、丰利等县。九月，蒙古军已攻下宣德府（今河北宣化）和居庸关，直逼金中都（今北京）。至十月，蒙古军又拿下德兴府、昌平、丰润、密云等战略要地。

攻打居庸关的军队由哲别率领。看到金人龟缩不出，哲别采用了佯退战术，诱使金军追击，最终将此山关险要拿下。

遭到蒙古入侵之前，有官员建议将桓州、昌州、抚州的百姓迁移到内地，但卫绍王没有采纳，待蒙古军拿下这三州之后，"上悔之"。这个官员后来又提议在东京（今辽阳）设置行省事，但卫绍王担心"无故遣大臣，动摇人心"，在哲别率领的蒙古军占领东京之后，"上乃大悔"。

由于担心中都安危，卫绍王从陕西抽调兵马以加强防守，其结果是，崇庆元年（1212年）三月，葭州再度遭到西夏的进攻。十二月，西夏攻克了甘肃泾州。次年六月，西夏先后攻克保安州（今陕西志丹）和庆阳府（今甘肃庆阳）。

两个月后，金发生宫廷政变，卫绍王被杀，金宣宗完颜珣即位（1213—1223年在位）。宣宗即位不久，丞相完颜襄上奏："蒙古人来得很有威力，把我们勇猛的契丹人、女真人、主因人（糺军）等主要军队战败杀绝，又夺取了赖为屏障的居庸关……倘蒙皇帝恩准，我们不妨暂与蒙古可汗议和。如蒙古接受和议，退兵，等他们撤退之后，再（有）别的打算，我们那时还可计议……要是把女儿（嫁）给他们的可汗，拿出金银、缎匹、物资，重犒士兵，怎能知道我们这个和议不被接受呢？"[①]

金宣宗同意完颜襄的意见。贞祐二年（1214年）三月，宣宗将卫绍王的公主嫁给成吉思汗，试图化干戈为玉帛。但蒙古军并未停

---

① 《蒙古秘史》第248节。

止征伐，于当月攻下岚州（今山西岚县）。此时，除若干州县，山东、河北各郡都被蒙古大军拿下。将领们请求成吉思汗乘胜攻取中都，成吉思汗不听，派使者与金商量议和。①

得到金支付的大量金银财宝、五百名童男童女以及三千匹马之后，成吉思汗退兵，中都之困得以解除。但西夏在西面的威胁并未消除。同年八月，西夏入侵庆原、延安和积石州三地，十一月再入侵兰州。

成吉思汗大军撤退后，金宣宗开始巡视南京（今开封），并在南京下诏训练军队，又派官员购买西域的马匹。

这些举动被蒙古人看作战争的准备。于是，木华黎率蒙古军再次向中都进军，并在贞祐三年（1215年）五月攻破中都。金朝的一位尚书右丞相、一位户部尚书，以及大兴府知事都在战役中遇难。正在桓州凉泾避暑的成吉思汗，命令畏兀儿首脑亦都护等人清点中都国库中的财物。

1216年秋，蒙古军攻陷河南汝州，直抵开封之后又退兵。次年夏天，又在攻陷武平、霸州等州县后退兵。

正如前文提到过的，蒙古军每次战胜之后，都会将战败方军队整编，以充实自己的军力。可以想见，经过这几年的胜利，蒙古军已经有了相当的规模。正因为如此，蒙古大军的战线得以全面展开。

贞祐五年（1217年）八月，成吉思汗命木华黎率领由蒙古人、契丹人、汉人组成的军队南征，攻下遂城、蠡州和大名府，又平定了山东淄州、登州、莱州等州县。一年之后，蒙古大军又攻入河东，夺取太原、平阳、忻州等州府。

1219年，成吉思汗率军西征花剌子模帝国，木华黎则继续征讨

---

① 这些事件发生的时间与先后次序，《金史》与《元史》的记载并不一致，本书采纳的是《金史》的记载。

金和西夏。自1219年至1223年，木华黎大军继续横扫河西、河东、中原及山东各州县，真定（今河北正定）、绛州（今山西新绛）、彰德、磁州、东平、河中府等州县或者被攻克，或者被屠城，或者主动献降。1223年春，木华黎去世。

同年十二月，金宣宗去世，哀宗完颜守绪即位（1223—1234年在位）。此时，金的领土已经被局限在河南以及山东、陕西的部分地区，黄河以北的所有疆土已经全部落入蒙古人手中。

哀宗显然已经没有选择的余地了。1224年，金与南宋议和，以放弃对岁币的要求权换取南面疆土的安宁。同年，又与西夏议和。西夏已经成为金唯一的马匹来源。次年，两国签订和约，成为兄弟之国。但金始终没能从西夏获得所需的战略资源以及援助，因为西夏两年之后就亡国了。

除了忙于应对蒙古人、西夏人以及宋人（下一章详细介绍）的威胁，金帝还得处理此起彼伏的叛乱。

崇庆元年（1212年）正月，耶律留哥乘乱在隆安（今吉林农安）反叛，自称都元帅，并派使者向成吉思汗致归附之意。次年春天，耶律留哥自称辽王，改年号元统。1214年，金派兵镇压，但是没有成功。1215年，耶律留哥觐见成吉思汗，被赐予金虎符，保留辽王的称号。耶律留哥在东北的反叛，断绝了金皇族的后路。

受到耶律留哥叛乱的激励，贞祐三年（1215年）十月，金宣抚使蒲鲜万奴在辽东反叛，自称天王，立大真国。一年后，蒲鲜万奴投降成吉思汗，并留下儿子帖哥为人质。但他不久后再次叛变，自称东夏国王。①

---

① 1233年，蒙古军讨伐高丽的过程中，一举攻下大真国。

1227年，成吉思汗去世。由于迟迟未能选出大汗，蒙古帝国对金的攻势有所减缓。1229年，窝阔台当上大汗之后，对金展开了新一轮的进攻。值得注意的是，此时的蒙古帝国已经不可同日而语。它占据了中亚大片土地，具有足够多的战略资源。与此同时，赋税制度也逐渐完善。

正大七年（1230年）七月，窝阔台亲自领军南征，皇弟拖雷、皇侄蒙哥率军跟随。尽管在潼关、蓝关（今西安蓝田）等要地遭到金军的顽强抵抗，蒙古军还是在次年二月攻下凤翔、洛阳、河中等城池。正大九年（1232年）三月，速不台兵围南京（今开封）。次月，窝阔台出居庸关避暑，留下速不台驻守河南。九月，拖雷去世，窝阔台返回蒙古。

天兴二年（1233年）正月，金哀宗逃往归德（今河南商丘），金元帅崔立献上南京投降。次年正月，金哀宗将皇位传给完颜承麟，他说："朕之所以将皇位传给你，是迫不得已的。我身体肥重，不便骑马奔突。而你平时身手矫健，又懂谋略，万一得以逃脱，皇嗣不绝。这就是朕的意愿！"待承麟即位之后，金哀宗自缢身亡。但承麟最终也没能成功逃脱，而是被乱兵所杀。金灭亡。

第十三章　平南宋

唇亡齿寒

对于南宋的命运，金哀宗早有预言。

天兴二年（1233年）八月某日，在其自缢前约五个月，哀宗完颜守绪悲愤地说道："（蒙古）已经灭了四十个国家，几年前轮到西夏，西夏亡了又轮到了我国，我国亡了就必然要轮到宋。正所谓唇亡齿寒，这是很自然的道理。"

这番话的听者是曾主管蔡州军务的皇族阿虎带。两个月前，哀宗已从南京（今开封）逃到蔡州。尽管知道金大势已去，他不愿意束手待毙。由于战火连年，蔡州邻近州县已经废耕了很长时间，存粮很少。他正要派阿虎带去宋廷筹借粮饷，准备与围攻的蒙古军长久周旋。

哀宗接着对阿虎带说："如果宋与我国联合，所有对我国有利的事情，必然也对宋有利。你可以把这个道理讲给他们听，让他们明白其中的利害关系。"阿虎带将这些话带到南宋，却没从南宋带回一粒粮食。

南宋并不缺粮。就在八月，宋理宗（1224—1264年在位）还下诏让江淮制司调拨一百万石米麦救济归附的军民。南宋有的是对金的刻骨仇恨：自金太宗入侵北宋，致宋廷有"靖康之耻"、淮北沦丧，此国仇家恨已经持续百年，虽在宋孝宗治下蛰伏有年，但一旦感觉到有机可乘，宋廷就会毫不犹豫地去报复。

金哀宗对这种仇恨并非不知。

正是为了减少来自南宋的威胁，哀宗继承皇位后的第三个月，即正大元年（1224年）三月，就派官员李唐英去滁州（今属安徽）与南宋通好。可是，南宋官员讨论了十几日后，"和事竟不成"。六月，又派官员到淮河岸边的光州（今河南潢川），告谕金宋边界的军民再也不会南伐。而后宋军对金攻势有所收敛。①

至少从金史资料上看，金哀宗对两国和好颇有诚意。正大二年（1225年）十月某日，他对官员们说："如果真能与宋和好，让我的百姓过上安定的生活，你们还想对宋用兵吗？你们应该明白朕的意思。"

然而，哀宗的觉醒为时过晚。就在他说这番话的当月，就在曾经诏告边民再也不会南伐的光州，金军与宋军展开了一场厮杀，金军"获马数千，杀人千余而还"。

哀宗显然低估了两国之间的仇恨，尤其低估了南宋对金的仇恨。

事实上，宋金在13世纪初——蒙古入侵前夕——的首场战争，就是南宋挑起的，时间是在开禧元年（1205年）三月。南宋之所以主动挑起战事，是因为看到金朝多难：旱灾、洪灾、蝗灾等天灾不断，因民族矛盾激化而内乱频仍。宋军在当月攻入金的秦川（今秦岭以北）。这场战争结束了两国自1164年达成和议以来保持了四十余年的和平关系。之后，在同年的五月、九月和十一月，南宋又多次入

---

① 《金史》卷六二，《交聘表下》；卷一七，《哀宗本纪上》。

侵金的郡县。

泰和六年（1206年）正月，金章宗正式做出回应，谴责南宋撕毁了四十二年前达成的和议。章宗或许根本没有认识到，两国对和议的理解完全不同。对金来说，这份和议当然是公平并且合适的；但对于南宋来说，这份和议不仅不公，还意味着奇耻大辱。因为根据和议，南宋除了要向金缴纳若干岁币，南宋皇帝还要对金帝称"侄"。

毫无疑问，金章宗不会觉得这种称呼有何不妥，实际上，他正是以"叔辈"自居而对南宋进行谴责："大定初年（1164年），世宗皇帝答应宋世代为侄国的请求……近来群臣多次提到你国背叛了盟约，朕考虑两国和好的时间已经很长，因此委曲涵容。可能侄宋皇帝对此了解得不够详细。要是还是像以前那样侵犯不停，朕的臣下或许又有话说……"

金章宗说这番话的时候是三十八岁，被他称为"侄宋皇帝"的宋宁宗赵扩也是三十八岁。我们不难理解后者听到这番话时的心情。正是在这个羞辱性称谓的刺激下，四个月之后，宋宁宗"以伐金告于天地、宗庙、社稷"。

当然，金世宗——宣宗的爷爷——不太可能认识到，他在1164年与南宋达成的和约，虽然使金继续获得可观的财政收入，并且享有外交关系上的优越性，然而，从长期来说却并非金之福。原因在于，要确保在内容上明显不公平的和约具有长期效力，金必须在国力对比上长期占有绝对优势，而事实上金只具有相对优势。因此，一旦其内政外交出现任何问题，都会被南宋认为是翻盘的机会，从而进行军事上的试探。

金世宗效仿的是他的叔公金太宗。如前文已经提到的，辽灭亡之后，金太宗号令诸将伐宋。宋靖康元年、金天会四年（1126年）正月，金兵围困宋的都城汴京（今开封）。根据两国达成的和议：宋同意割让太原、中山和河间三镇（今属河北）；同意每年上贡白银30万两、绢30万匹、铜钱100万贯；两国约为伯侄关系，金为伯，宋为侄。[①]

对宋廷而言，签署这种和约实属无奈，是权宜之计，并非甘心臣服于金。汴京之围解除后仅一个月，宋将姚平仲就率40万大军进行了反扑，虽然最终兵败，但足以反映出这种和约的脆弱性。在南宋初期，1126年签署的这份和约起到激励军心的作用，使南宋得以抵挡金朝一波接一波的攻势。

需要指出的是，与1126年的和约相比，在1164年的和约中，宋廷的地位已相对提高，因为金已由"伯"降为"叔"，而且岁币数量也有所减少，这在一定程度上反映出金的实力在相对下降。

1206年，宋宁宗下诏伐金之后，两国交战了两年，结果证明南宋军力仍然处于弱势。1208年，两国又签署了一份和约，其内容与1126年那份基本相同。毫无疑问，对南宋来说，这是难以忍受的耻辱。

金章宗完颜璟肯定不会想到，正是这份在他看来很"公平的"和议，会使金哀宗在关键时候找不到盟友。

南宋一直希望扭转局面，蒙古帝国的出现似乎是一个机会。

最迟在1205年，成吉思汗大军初胜西夏之后，南宋已经注意到这股北方的力量。四年之后再听到西夏大败的消息后，南宋朝廷已经感受到蒙古人的威胁，并命令边境诸军帅臣进行戒备。不过，对

---

① 《金史》卷六〇，《交聘表上》。

于此时的南宋朝廷而言，来自金与西夏的威胁，远比来自蒙古的威胁更现实，蒙古对金和西夏的入侵，也更像是一件好事而不是坏事。1211年，得知金首都中都被蒙古人围困的消息后，南宋开始考虑如何与蒙古联合，以报世仇。

在与蒙古正式结成同盟之前，南宋利用前者入侵金的机会，从1214年开始重新对其世仇发动攻势，企图夺回淮河以北以及陕西等路的失地。但宋军的进展并不顺利，与金军交战往往是败多胜少。

对于宋金两国间的恩怨嫌隙，成吉思汗自然知之甚详。嘉定七年（1214年）正月，蒙古曾派三名特使赴濠州（今安徽凤阳），试图与南宋联合夹攻金，但是遭到当地守将的拒绝。随着蒙古军的声势日益浩大，南宋朝廷也越来越希望与蒙古结盟。1218年，成吉思汗派葛不罕出使南宋。①三年后，南宋派苟梦玉出使蒙古。

成吉思汗对与南宋结盟抱有很高期待，他在弥留之际最后曾说过，金的精兵驻守潼关，以南面的群山和北面的大河为天堑，难以迅速攻破。如果向宋借道，以宋金之间的世仇来看，一定会答应，让我们的军队借道唐州（山西临汾）、邓州（位于河南西南），直捣大梁（即金的南京，今河南开封）。金陷入危机之中，必然会从潼关调兵。然而，以数万之众，千里赴援，人马必定都疲劳困乏，即便他们的兵马能赶到，也不会有战斗力，因此一定可以打败他们。②

窝阔台让弟弟拖雷负责具体实践父亲的遗言。正大八年（1231年）五月，拖雷率军从凤翔渡过渭水，然后经宝鸡穿过小潼关，准备从那里向金的南京（今开封）进军。他派特使前去南宋州郡借道过兵，同时约请一起出兵攻金。然而，或许是担心蒙古军对自己不利，

---

① 《新元史》卷一四三，《石珪列传》。
② 《元史》卷一，《太祖本纪》。

或许是因为与临安存在矛盾，或许是与金达成了某种协议，或许是蒙古特使过于粗鲁无礼，总之，南宋地方将官把拖雷的特使杀掉了。

拖雷得知消息后大怒，说："他们以前还派苟梦玉前来通好，怎么这么快就食言背盟了呢？"于是分兵攻打南宋的城池。蒙古军长驱直入，占领汉中（陕西西南部），进而袭击四川，攻下阆州（今四川阆中）之后才返回。

这是蒙古军与南宋军第一次交锋，也是蒙古入侵南宋的一次预演。毫无疑问，南宋官员斩杀蒙古特使一事，加深了蒙古对南宋的敌意。不过，为了得到南宋朝廷的支持，蒙古人将这种敌意压制了下来。

最迟在绍定五年（1232年）十二月，蒙古与宋朝达成盟约，因为正是在这个月，宋蒙军队联合攻打了南京（今开封）。次年五月，南宋军队（很可能有蒙古军参与）攻克了邓州，三个月后又攻克了唐州。

正是唐州沦陷当月，身在蔡州的金哀宗派阿虎带前去南宋借粮。从史料的记载来看，在阿虎带出发之前，哀宗尚未得到唐州沦陷的消息，他收到的是另一个让他担心的情报：蒙古派了特使王楫去了南宋，而后宋廷派了军队护送王楫回国。

但哀宗不知道的是，王楫去南宋主要是办两件事，其一是商量合攻蔡州，其二也是向南宋借粮。三个月后，在荆鄂都统孟珙的押送下，30万石军粮送到围攻蔡州的蒙古军中。孟珙还率两万兵马与蒙古军合攻蔡州城。次年正月，蔡州城被攻破。据投降宋军的人说，彼时蔡州已断粮三个月，马靴破鼓都被煮烂吃了，"且听凭老弱互食，诸军日以人畜骨和芹泥食之，又往往斩败军全队，拘其肉以食"[1]。

---

① 《宋史》卷四一二，《孟珙列传》。

诚如金哀宗所言：唇亡齿寒。在西夏和金灭亡之后，南宋距离亡国之日也不远了。

太祖之忧

在《宋史》的记载中，宋朝的创立过程，与后周——被宋取代的政权——的创立过程并无本质的区别，都是国中大将推翻前朝皇帝，然后另立国号，两者唯一的区别是，后周太祖郭威攻入开封，杀掉后汉皇帝刘承祐，用武力的方式终结了后汉的统治，宋太祖赵匡胤夺取后周天下的方式则相对和平。

显德六年（959年）六月，后周世宗柴荣（921—959年）去世，他的第四个儿子柴宗训即位，是为恭帝。由于恭帝即位时只有七岁，因此国政由宰相范质等人把持。次年正月某日，北汉勾结契丹入侵后周，归德军（今河南商丘）节度使赵匡胤受命出兵抵抗。数日后，大军在陈桥驿（今河南封丘）扎营。次日黎明时分，赵匡胤被众将士拥立为天子。与众将约法三章（不得侵犯后周的皇室、公卿及朝廷府库）之后，赵匡胤率军进入后周国都开封。宰相范质等人很快就表示臣服，恭帝则取出玉玺，在禅让诏书上盖了章。就这样，赵匡胤登基为帝，改国号为"宋"，封恭帝为郑王，封恭帝之母符后为周太后。

当上皇帝后不久，宋太祖担心武将反叛的事情发生在自己身上，重蹈五代覆辙，很快就采取措施削弱了武将的兵权。

乾德（963—968年）初年某日，宋太祖趁晚朝与石守信等人一起饮酒，酒酣之时，太祖感叹道："如果没有你们，我就没有现在的地位。但我当了皇帝却远不如当节度使快乐，我整个晚上未曾安枕而卧过。"

石守信等赶忙磕头问道："现在天命已定，谁敢再有别的念头呢？陛下何出此言？"

宋太祖说："人谁不愿意富贵，一旦有人把黄袍披在你的身上，虽然你不愿意当皇帝，可你推脱得了吗？"

石守信等谢罪道："臣下愚钝，没有考虑到这些，希望陛下怜悯我们。"

宋太祖说："人生如白驹过隙，你们不如多赚钱，给子孙买田置产，闲来听曲看舞，以享天年。君臣之间坦然相处，无所猜嫌，不是很好吗？"

石守信等拜谢道："陛下为臣等想到这些，真可谓恩重如山！"

次日，石守信等纷纷称病，请求解除自己的兵权，皇帝依了他们，给了他们丰厚的赏赐，让他们以散官回家。

这就是著名的"杯酒释兵权"的故事。[1] 在此之后，宋太祖逐渐收回了地方将领的兵权，建立了独具宋朝特色的兵制。

根据《宋史·兵志》的记载，宋朝的军队主要分为禁军、厢军和乡兵三种。其中，禁军是皇帝的卫兵，职能是"守京师，备远征"；厢军是各州的镇兵，职能是从事劳役；乡兵的职责是防守本地。代表宋朝军事实力、在前线打仗的主要是禁军。

禁军由殿前、侍卫二司统领。为了使禁军保持最佳战斗力，禁军统领经常会进行测评，"老弱怯懦，置剩员以处之"，然后又让各地招募精兵以充实禁军。只有符合禁军统领规定的标准，并且在当

---

① 《宋史》卷二五〇，《石守信列传》。

地训练精熟的士兵，才有资格被送往都城，加入禁军序列。那些达不到禁军标准的士兵，就留在各州加入厢军。①

宋太祖鉴于藩镇弊端，分派禁军戍守边城，并确立"更戍法"。所谓"更戍"，就是频频更换戍边的禁军士兵。比如，今年戍守某边城的是A组禁军，明年就换成B组，A组调往其他边城去戍守，总之，戍边将领一般固定不变，麾下士兵却不停地更换。"更戍法"的目的是，使禁军"习勤苦、均劳逸"，同时，使边疆将领无法与士兵建立感情。淳化（990—994年）、至道（995—997年）之后，这个制度被严格执行，禁军不再有"难制之患"。

但这个制度颇有矫枉过正之嫌，使得"兵不知将，将不知兵"，遇到紧急情况，很难充分发挥禁军的战斗力。用北宋名相王安石的话说，当朝兵制的弊端之一在于，"兵士杂于疲老，而未尝申敕训练，又不为之择将而久其疆场之权。宿卫则聚卒伍无赖之人，而未有以变五代姑息羁縻之俗"②。

宋神宗（1067—1085年在位）即位之后，任用王安石进行变法，兵制改革是其中的重要内容。朝廷在各路部署将兵，让将兵对禁军加强训练，使双方有足够的时间互相了解，希望借此提升军队的战斗力。

然而，地方州县的战斗力问题仍然存在。州县所辖只有厢军与乡兵，而这两种军队几乎没有战斗力，屯守州郡的禁军又只听将官调动，而将官大多又与州郡长官不和，因此，万一有地方强盗起事，州郡长官很可能无法应对。

1086年，司马光建议完全罢免各路将官，将禁军委派给州郡长官及相关官吏，"使州郡平居武备有余，然后缓急可责以守死"。不

---

① 《宋史》卷一八七，《兵志》。
② 《续资治通鉴》卷六六，"神宗熙宁元年"条。

幸的是，司马光在提出建议后不久就去世了，其"全部罢免各路将官"的建议没有付诸实施。不过，在谏议大夫孙觉等人的建议之下，仍旧让将官兼任州郡都监的职务，使其对地方防御担负起责任。

但这种做法不久之后又被废止了。宋哲宗绍圣年间（1094—1098年），枢密院上奏，州县行政官员对军事干预过甚，应该让将官自行裁断。结果皇帝听从了这个意见。于是，"州县一无关预，兵愈骄，无复可用矣！"①

到了宣和年间（1119—1125年），兵制再次出现变动，宋徽宗听从婺州知州杨应诚的建议，命令各路屯守部队隶属于州郡长官。可是，不久之后又下诏："将兵遵循将官条令，废除先前隶属州郡长官的命令。"此后，江苏、浙江一带强盗起事，攻下许多州县，而东南地区的将兵"望风逃溃，无复能战"。

宋朝兵制改革上的反反复复，无非遵循两个原则：其一，防止大将有自己的亲军；其二，防止地方有自己的军队。设定这些原则的目的，无非是防止藩镇之弊，为此甚至不惜牺牲禁军的战斗力。

与这种将军权集中在中央——在都城集中和调配禁军——的兵制相适应，宋朝确立了相应的财税制度，其中最重要的一条即是，将地方税赋收入也集中到中央，然后再由中央进行分配。在这个制度之下，地方的防御力日趋薄弱。

富弱之叹

这种军权和财权收归中央的制度，对皇帝的才能是巨大的挑战。

---

① 《宋史》卷一八八，《兵志》。

只有当皇帝具有政才且知人善用，这个制度的优势才能得以发挥；如果皇帝政才平庸，这个制度将成为供其挥霍的资本；如果大权旁落于权臣，这个制度能否发挥积极作用，则取决于权臣的政才和用心；如果权臣无才，或者有才而私心过重，都会导致灾难性的危险；如果权臣之间存在激烈的党争，形成所谓"朋党之祸"，如王安石与司马光两派之间的争斗，则会致使各种制度存废无常，形同虚设，徒耗国力而难以发挥其效能。

然而不幸的是，在两宋三百年共计18位皇帝中，除太祖、神宗、孝宗等几位，剩下的几乎都是庸才。

自宋真宗咸平年间（998—1003年）之后，武备逐渐松懈；仁宗时期（1023—1063年在位），威胁多来自东北面，而西边军队招募太多，以至"将骄士惰，徒耗国用，忧世之士屡以为言，竟莫之改"。神宗在位时（1067—1085年），"奋然更制……虽不能尽拯其弊，而亦足以作一时之气。时其所任者，王安石也"；哲宗在位期间（1086—1100年），仍然遵守旧法；到了徽宗时期（1100—1125年在位），士兵的数量一天天增加，却始终缺少精锐士卒，"故无益于靖康之变。时其所任者，童贯也"。①

根据枢密院的奏章，宋太祖开宝年间（968—976年），军籍共计37.8万人，其中，禁军马步兵19.3万。到了宋仁宗庆历年间（1041—1048年），军籍已达到125.9万人，其中，禁军马步兵82.6万。在80年左右的时间里，宋朝兵力增加了3倍。

庞大的兵力意味着庞大的军费。宋仁宗宝元二年（1039年），太子中允、直集贤院富弼上疏直言："天下财货所入，十中八九赡军。"②

---

① 《宋史》卷一八七，《兵志。》
② 《续资治通鉴长编》卷一二四，"仁宗宝元二年"条。

曾在英宗朝管理财政的三司使蔡襄在一篇奏章中提到："天下六分之物，五分养兵。"[1]宋神宗时，知谏院陈襄上奏："臣观治平二年天下所入财用大数，都约缗钱六千余万，养兵之费约五千万，乃是六分之财，兵占其五。"[2]可见，宋朝岁入的绝大部分都用于军费开支。

而宋朝经济实力为当时世界最强。在生产力水平比较低下的古代，人口数量是衡量一国经济实力高低的最重要依据。宋朝的人口规模位居世界第一，占当时世界人口总数的20%以上，北宋人口最多时达到1.25亿，南宋最多时也有8000万。在城市规模方面，宋朝更是遥遥领先。北宋都城开封以及南宋都城临安（今杭州），都是人口超过百万的城市，而当时欧洲最富裕的城市，例如威尼斯、热那亚等，人口只有10万左右。

上面这些数字从侧面说明，宋朝的军费支出高到何种程度。然而，庞大的兵力，以及巨额的军费开支，并没形成相应的战斗力。

在与宋朝联手夹攻辽的过程中，金曾依约将幽云十六州中的燕京、涿州、易州、檀州等六州二十四县交给宋朝，但宋军实在太过孱弱，最终竟不能将这些战略要地守住，两年之后又拱手送还给了金。

根据《宋史》的记载，1227年北宋灭亡、建炎南渡之后，南宋的兵力起初甚至不到一万。对比宋仁宗庆历年间的兵力，我们不难发现，其兵力损失是何等惨重，其兵制又是何等荒谬。正如富弼在奏章中所感叹的："军可谓多矣，财可谓耗矣。今始用武，遽称乏人。即不知向时所赡之军何在，所耗之财何益。"[3]

南宋并未从北宋的灭亡中吸取教训。

---

① 《蔡忠惠公集》卷十八，《国论要目·强兵》。
② 《历代名臣奏议》卷二二〇。
③ 《续资治通鉴长编》卷一二四，"仁宗宝元二年"条。

　　刚开始的时候，朝廷起用张俊、韩世忠、刘锜、岳飞等人为将领，军威逐渐得以振奋，军力逐渐得以壮大。到了宋高宗绍兴十一年（1141年），江东刘光世、淮东韩世忠、湖北岳飞、湖南王燮等四军兵力已达19.16万。

　　然而，这些大军并没有固定的屯驻之地。比如，岳家军有时屯驻宜兴，有时屯驻蒋山（今江苏江宁）。1141年，秦桧、范同等人"以诸将握兵难制"警告宋高宗，以至皇帝接连征召张俊、韩世忠、岳飞等人进京觐见，命他们将所辖军队一概交出，由枢密院统一调配。这等于是回到北宋走过的老路。

　　1142年，为了与金求和，宋高宗与秦桧等人又不惜诬陷岳飞谋反，并将其杀害。于是，南宋军队的士气一落千丈。

　　宋宁宗时期（1194—1224年在位），杀将求和这一幕再次上演。开禧三年（1207年）十一月，韩侂胄以"轻启兵端"的罪名被枭首示众。[①] 为与金求和，次年三月，朝廷将韩侂胄的首级送到金。[②]

　　正如南宋国史院编修官、实录院检讨官吕祖谦所言："然文治可观而武绩未振，名胜相望而干略未优，故虽昌炽盛大之时，此病已见。"大概意思是说，南宋在文治方面虽然可观，武治却未能振兴，朝廷中虽然名流众多，但基本都是名不副实，没有高明的才干和谋略，因此，虽然国家经济文化昌盛，却总是有外患之痛。[③]

　　《宋史》则如此总结南宋在兵制上的失败：自秦桧主张与金国议和之后，"士气遂沮"，因此，宋孝宗虽有志光复，却不能实现。光宗、

---

① 韩侂胄（？—1207年）：相州安阳（今河南安阳）人，是一位有争议的历史人物，被列入《宋史·奸臣列传》。

② 《宋史》卷三九，《高宗本纪六》。

③ 吕祖谦（1137—1181年）：婺州（金华）人，北宋宰相吕蒙正之后。此处引用见《宋史》卷四三四，《儒林列传四》。

宁宗以后，虽然招募了很多兵勇，国土却一天天缩减。"上无驭将之术，而将有中制之嫌"，即皇帝不能知人善用，也没有驾驭将领的本事，将领则被朝廷猜忌，受制于朝廷的弊患，最终"相与维持至百五十年而后亡"。①

千年哲学：内乱重于外患

宋朝兵制是对唐末藩镇之乱和五代更替经验的总结，同时也是"内乱重于外患"的千年哲学的体现。实际上，在宋朝之后，这个哲学仍然在深刻地影响着明清诸代。对于专制者来说，与外患相比，内乱是近忧。既然是近忧，解决的需求就更迫切。要是他们还有其他选择，哪怕是让利于外患，也要先解决内乱。

这套哲学可上溯西汉时期。

汉高祖刘邦在"楚汉争霸"过程中，分封了七位异姓王，即楚王韩信、梁王彭越、淮南王英布、赵王张耳、燕王臧荼、长沙王吴芮、韩王信。夺得天下之后，刘邦先后灭掉燕王臧荼、楚王韩信等六位异姓王的势力，汉文帝时期，长沙王国也因无嗣而被废除。

灭掉异姓王势力之后，刘邦将全国54郡中的39郡分封给九位同姓王。这些藩王各自为政，拥有很大的自主权。归中央统治的郡只有15个。到了汉景帝刘启时期，藩王的势力越来越强，中央的威信却越来越弱。与此同时，匈奴造成的边患越来越严重。

面对这种情形，大将军窦婴认为应团结藩王，合力解决外患，御史大夫晁错则认为要解决外患必须先解决内忧，建议削藩。景帝接受

① 《宋史》卷一八七，《兵志一》。

了晁错的建议，下诏削去赵王刘遂以常山郡，削胶西王刘昂以六县，削楚王刘戊以东海郡，削吴王刘濞以会稽等郡。藩王们自然极为不满。

公元前154年，吴王刘濞、楚王刘戊、赵王刘遂等联合其他四位同姓藩王以"诛晁错，清君侧"为名，发动叛乱。这就是著名的"七国之乱"。为了赢得平叛的时间，景帝将晁错腰斩于市，七国之乱最终得以平定。其结果是，景帝将军权、财权、行政权等都集中到中央，极大增强了国力，为汉武帝追剿匈奴创造了条件。

宋太祖正是想效仿汉景帝，将兵权收归中央，为子孙消灭契丹、党项等外族奠定基础。然而，宋太祖没有汉景帝那么幸运。汉景帝的继承人汉武帝刘彻极具政才和野心，最终消灭了匈奴之害，开创了西汉盛世局面；宋太祖的后人则大多是平庸之辈，即便出现一两位具有政才的皇帝，例如北宋神宗、南宋孝宗，也由于前辈的基础太过薄弱，恶习难除，最终未能成大器。

在宋朝皇帝与大臣的交流中，这种哲学的痕迹无处不在。比如，宰相赵普在呈给宋太宗的奏章中，就提到"中国既安，群夷自服。是故夫欲攘外者，必先安内"。

宋太宗本人对此哲学的思考，在《续资治通鉴长编》中亦有体现。淳化二年（991年）八月某日，宋太宗对近臣说："国家若无外忧，必有内患。外忧不过边事，皆可预防。惟奸邪无状，若为内患，深可惧也。帝王用心，常须谨此。"[1]在他看来，只要宋朝施行"德政"，解决外患并非难事。《续资治通鉴长编》记载的一次对话可以说明这一点。

淳化四年（993年）十一月某日，太宗对宰相吕蒙正说："朕自

---

① 《续资治通鉴长编》卷三二，"太宗淳化二年"条。

即位以来，用师讨伐，盖救民于涂炭，若好张皇夸耀，穷极威武，则天下之民几乎磨灭矣！"

吕蒙正回应道："前代征辽，人不堪命。隋炀帝全军陷没，唐太宗躬率群臣运土填堑，身先士卒，终无所济。"

太宗道："炀帝昏暗，诚不足语。唐太宗犹如此，何失策之甚也。且治国在乎修德尔，四夷当置之度外。朕往岁既克并、汾，观兵蓟北，方年少气锐……往则奋锐居先，还乃勒兵殿后，静而思之，亦可为戒。"

吕蒙正道："兵者伤人匮财，不可屡动。汉武帝及唐太宗俱英主，然用兵皆不免于悔，为后世非笑。陛下及其未有悔也，而早辩之，较二王岂不远哉。"

太宗道："朕每议兴兵，皆不得已，古所谓王师如时雨，盖其义也。今亭障无事，但常修德以怀远，此则清静致治之道也。"[①]

于是，"攘外必先安内"的哲学与作为统治方式的"德政"结合在一起，其结果是，通过解除诸将兵权，掏空地方财政，把军权和财权集中到中央之后，中央却无法充分发挥这些资源的效用，以至于最终被外患所吞噬。

显然，这种保守的国家政策，与中央集权制自相矛盾。宋立国之时，先机已失。作为长城内险的幽云十六州，拥有在战略上至关重要的优等牧场资源，却已经被契丹人和党项人占据。宋唯一的机会是采取积极防御的政策。比如，宋可以先稳住契丹人，然后主动出击，夺回被党项人占据的河套牧场，并以此为基础增强自己的骑兵力量。在骑兵为王的冷兵器时代，非如此不能与契丹、女真以及

---

① 《续资治通鉴长编》，卷三四，"太宗淳化四年"条。

蒙古人抗衡。

然而，宋却采取了纯粹防御的国防政策。正如历史学家钱穆先生在《中国历代政治得失》一书中所言："就国防根本条件论，只有主动地以攻为守，先要大大地向外攻击，获得胜利，才能立国，才能再讲其他制度。现在是以防御来保国家，而且是一种劣势的防御，迟早总要失败，再迁就这一形势来决定其他制度，自该是一无是处了。其实中国自古立国，也没有不以战斗攻势立国的。（即便拥有万里长城）也该采取攻势防御，所以终于逼出了汉武帝开塞出击。所以整个宋代，都是不得不用兵，而又看不起兵，如何教武人立功？结果宋代成为一个因养兵而亡国的朝代。"[①]

无助的儒学

另一个值得注意的现象是，在与西夏和金周旋的过程中，宋的文化优势没有发挥积极作用，换句话说，它并未享受到儒家文化带来的好处。面对蒙古人的威胁时，南宋与在一定程度上已经汉化的金和西夏之间，非但没有彼此结成可靠的联盟，甚至还陷入长期的内耗之中，以至于让蒙古人有机可乘，最终被各个击破。

在李元昊统治时期（1032—1048年），西夏已开始逐渐引入儒家经典。李元昊本人自幼就"通蕃汉文字"。他于1036年颁行西夏文字之后，命人"译《孝经》《尔雅》《四言杂字》为蕃语〔西夏文〕"。

在国主李谅祚（1048—1067年在位）治下，西夏的汉化程度进一步提高。如前文所述，1061年，李谅祚本人曾上书宋仁宗，请求

---

① 钱穆：《中国历代政治得失》，三联书店，2005年。

恩准"去蕃礼，从汉仪"，"自言慕中国衣冠"。[①]第二年，又上表求宋太宗御制的诗章隶书石本，又进献良马五十匹，求赐《九经》《唐史》《册府元龟》等典籍。

之后登基的李秉常（1060—1086年在位）也赞成推广汉人礼仪。值得一提的是，李谅祚和李秉常登基时分别只有一岁和八岁，他们成年之后倡导儒家文化，作为抗衡西夏保守势力的手段，但最终都以失败告终。

在李乾顺（1086—1139年在位）、李仁孝（1139—1193年在位）统治时期，西夏的汉化进程并未停止。

李乾顺"建国学，设弟子员三百"。李仁孝尤其尊崇儒学。人庆二年（1145年）八月，他下令创建了"大汉太学"。他还广建孔庙，尊崇孔子为文宣帝，正式施行儒家的祭礼。[②]不过，这并不妨碍两位皇帝采取联辽抗宋的外交战略。

金立国之后，很快便提倡儒学。天眷三年（1140年）十一月，金熙宗完颜亶（1135—1149年在位）"以孔子四十九代孙孔璠袭封衍圣公"。皇统二年（1142年）二月，熙宗亲祭孔子庙。他对左右侍臣说："孔子虽无位，其道可尊，使万世景仰。大凡为善，不可不勉。"他本人熟读《尚书》《论语》等儒家经典著作。[③]

1156年，海陵王完颜亮（1149—1161年在位）下诏修筑孔庙。金世宗完颜雍在位期间（1161—1189年），继续施行尊孔的政策。1180年，他授予孔子后人孔摠兖州曲阜令一职，同时保留其衍圣公爵位。

---

① 《宋史》卷四八五，《外国列传·夏国上》。
② 《宋史》卷四八六，《外国列传·夏国下》；《西夏书事》卷三六。
③ 《金史》卷四，《熙宗本纪》。

明昌元年（1190年）三月，金章宗完颜璟（1189—1208年在位）下诏修复曲阜孔子庙学，次年四月又授予衍圣公孔元措以四品官秩。两年后又亲祭孔子庙。金宣宗时期（1213—1223年在位），孔元措被授予太常博士一职。

从金廷与曲阜孔庙的关系中，我们不难得出这样一个结论：在划淮河而治的政治现实之下，控制儒学圣地曲阜的，已经不再是汉人的政权，而是女真人建立的金。换句话说，与南宋相比，金似乎更代表儒学的正统。对南宋而言，这无疑是极大的讽刺。这也正是南宋理学得以发展的重要背景。

不过，南宋失去了代表儒学正统的地位，并不能解释儒学世界——假设它客观存在——缺乏凝聚力的原因。事实上，代表儒学正统的金，也没有因此而增强其凝聚力。或许儒学本身可以帮助我们找到答案。

如果我们抛开现代儒学的概念，我们不得不承认，儒学的核心教义，对皇帝而言就是行"仁政"。同时，如果我们能够客观地评价历史，我们将会发现，在实施"仁政"方面，金帝的表现并不比宋帝逊色，甚至在很多方面做得更好，因此，尽管金并非汉族政权，却仍能得到儒士及百姓的支持。

下面举几个金哀宗的事例。

他登基之后不久，曾下诏让朝臣讨论修复河中府一事。礼部尚书赵秉文等人上奏，陕西百姓穷困疲敝，无力承受工役。于是，哀宗放弃了这个想法。另一件体现哀宗"仁政"的事情是，他下诏刑部、登闻检院、登闻鼓院，让他们不要锁门闭户地拒防百姓，要听任有冤屈的人来陈诉。

1233年底，眼见蔡州将被蒙宋军队攻破，哀宗对左右侍臣们说：

"我做金紫光禄大夫十年，太子十年，君主十年，自觉没有大的罪过，虽死而无恨！让我感到遗憾的是，祖宗所传皇位上百年，到我这里断绝了。自古亡国君主多为荒淫残暴之辈，如今我却面临和他们同样的处境，只有这件事让我心里不安！"

对臣民百姓而言，儒学的核心教义就是"忠君"。无论是西夏的儒学，还是金的儒学，提倡的都是让本国子民忠于本国的皇帝，而不是南宋，更何况后者已经失去代表儒学正统的资格。而且在西夏和金的地理范围之内，已经有数百年的民族融合，夷夏之别的观念已经淡漠。在这种情况下，三国在文化价值核心上的趋同性，无法减轻国家利益方面的冲突。

如果我们将儒学称为儒教，那么，这种宗教显然更具有政治性，而没有超越国家和民族性。正是在这一点上，儒学——或者说儒教——与基督教、伊斯兰教等宗教不同。后两者的教义已经超越国家，超越地理界限，所以在面对异教徒的入侵时，不同国家和民族的基督徒和穆斯林可能结成联盟，儒教徒则很难做到这一点。

因此，在面临共同的敌人——蒙古人——的时候，南宋、金和西夏不会因文化价值上的趋同性而结盟。就南宋而言，朝廷根本不会考虑文化上的共性，它想的只是与蒙古人联合，以雪国仇家恨。于是，当金哀宗与窝阔台都派人向南宋借粮时，南宋没有考虑"唇亡齿寒"的后果，而是站在蒙古人的一边。

就整体而言，在与金之间的战争中，南宋并没有获得更多舆论上的支持，尽管它可能得到更多的同情。然而，当朝廷因腐败而日趋没落之后，这种同情的分量也越来越少。对南宋而言，最具讽刺性的是，在联合蒙古灭掉金之后，它在失去光复希望的同时，并没有找回文化上的正统地位。

在元朝一统天下之后的很长一段时间里，作为代表失败者文化的儒学，并没有真正受到统治者的重视。从在元朝传播的角度看，儒学（儒教）在与其他宗教如伊斯兰教、藏传佛教竞争的过程中，几乎败下阵来。

元英宗的一纸诏书可为佐证。延祐七年（1320年）十一月某日，英宗"诏各郡建帝师八思巴殿，其制视孔子庙有加"。[①] 诏书提到的八思巴（1235—1280年），是西藏喇嘛教萨迦派首领，他帮助忽必烈创立了蒙古文字，1270年被封为"帝师"。英宗所下诏书的意思是，让各郡建造八思巴庙，规格要高于孔庙。

当然，元朝统治者并非认识不到儒教在维护统治秩序上的诸多妙处。举一个例子：大德十一年（1307年）八月，中书右丞将蒙文版《孝经》进献元武宗，武宗阅后即下诏，"此乃孔子之微言，自王公达于庶民，皆当由是而行"，并下令让中书省刻版模印，"诸王而下皆赐之"。[②] 尽管忽必烈之后的诸代皇帝几乎都不通汉语，多倚重蒙古本族和穆斯林官员——元朝的财税大权几乎完全被穆斯林官员掌控，压制汉族官员，却沿袭了善待孔子后人的政策。

到了14世纪30年代，在国内民族及阶级矛盾日益激化之时，为了争取汉人儒士的支持，元朝统治者对这项政策做了新的发挥。在忽必烈时代，朝廷的恩泽仅针对孔子后人，而到了文宗至顺元年（1330年），则"加封孔子父齐国公叔梁纥为启圣王，母鲁国太夫人颜氏为启圣王夫人，颜子兖国复圣公，曾子郕国宗圣公，子思沂国述圣公，孟子邹国亚圣公"，甚至宋朝名儒程颢与程颐也分别追授"豫国公"和"洛国公"的称号。然而就总体而言，儒学和儒士们在元

① 《元史》卷二七，《英宗本纪一》。
② 《元史》卷二二，《武宗本纪一》。

朝是颇不得志的。

临安梦碎

端平元年（1234年）四月某日，南宋都城临安，朝廷张榜，公告一件大事：圣上要用金主完颜守绪的遗骨祭告太庙。

告示一经公布，临安城百姓奔走相告：看来敌国真的是灭亡了，再也不用跟他们打仗了，朝廷应该不会加重赋税，要是圣上大发慈悲，赋税或许还会减轻些，无论怎么样，终于可以过一段安生日子了。只有少数消息灵通的人仍然忧心忡忡，因为他们知道，朝廷很可能还要再开战端。

攻克金蔡州城的前一个月，即绍定六年（1233年）十一月，宋理宗召见兵部侍郎赵葵，询问联蒙灭金的事情。赵葵回答："现在国家的兵力还不充足，姑且与蒙古结盟，等到国力强大之后，再雪二帝之耻，光复中原。"

赵葵入宫觐见理宗的前三天，赵葵之兄、工部尚书赵范上奏，徽宗宣和年间（1119—1125年），朝廷曾与金订立海上之盟，刚开始时金还遵守盟约，后来却出兵侵宋，"其事不可不鉴"。[①]赵氏兄弟的言下之意是，朝廷现在不得不与蒙古结盟，但必须提防蒙古人背约，待条件成熟时，应该主动出击，光复中原，不能再犯与金结盟的错误。理宗对赵氏兄弟的进言十分嘉许，并责令赵葵加强防御力量。

1234年，金亡，宋蒙依盟约划分疆界，陈州（今河南淮阳）、

---

① 《宋史》卷四一，《理宗本纪一》。

蔡州以南归南宋，以北归蒙古。而后，窝阔台率军返回蒙古，速不台奉命镇守河南。

宋理宗十分高兴，对有功之臣大加封赏，对有过之臣网开一面，即便是对弃城逃跑的官吏，比如德安县三关使彭哲，也只是削官两级、勒令停职了事。君臣相贺达三个月之久。同年四月的某一天，监察御史洪咨夔进言："金虽然已经灭亡，蒙古却越来越强大，加强边防都怕来不及，怎能在此时忘情相贺呢？"

洪御史本意是提醒理宗要勤于政务，理宗却想起光复中原之事。于是，君臣就此事讨论了很长时间。

到了六月，赵葵认为光复时机已经成熟，于是上奏皇帝请求出兵。理宗大喜，加授他京河制置使、知应天府、南京留守等职务，让他与关陕制置使、知河南府、西京留守全子才一起出兵，夺回旧都汴京（今开封）。

当月，赵葵率军自滁州（今安徽滁县）往北进发，攻陷泗州（今江苏盱眙）后，西向直指汴京。全子才则率军由陕西往东直逼汴京。汴京守将投降。两路兵马在汴京会合。然而，由于汴京黄河堤坝决口，"水潦泛滥，粮运不继"，而收复的州郡都是空城，根本无法提供军粮，而蒙古兵已南下渡河，并重拾水淹中兴府的旧计，打开黄河水坝，水淹汴京城，"〔宋〕兵多溺死"，在内外交困之下，"遂溃而归"。[①]

事后，赵范主动上表请求弹劾赵葵，言其出兵过于轻率。其结果是，赵葵与全子才各降一级，赵葵仍主管河南、京东营田边备。

之所以在这里重点提及此事，因为它可以说明两件事：其一，宋理宗空有抱负，只是个机会主义者，在完全不知两国军事实力差

_____

① 《宋史》卷四一七，《赵葵列传》。

距的情况下，妄想收复汴京，可谓"无知者无畏"；其二，南宋的军事实力太弱，竟然不知所攻州郡都是空城，以至于粮草无着，不得不狼狈而回。这些都是不妙的信号。

这件事加强了窝阔台入侵南宋的决心。之所以说"加强"，是因为拖雷特使被杀一事，早已引起蒙古大汗的不满。

1234年，窝阔台召开库里台大会，讨论亲自领兵伐宋的相关事宜。由于赤老温等大将主动请缨，窝阔台放弃了御驾亲征的打算。

1235年至1237年，蒙古分三路进攻南宋：西路攻打四川，中路攻打湖北，东路攻打黄淮一带。三路大军皆所向披靡。枣阳、成都、襄阳、光州、随州、黄州等州县都一一被蒙古大军攻克。1237年冬，"宋惧，请和"，蒙古军班师回朝。次年夏天，襄阳别将刘义叛蒙降宋，南宋重新夺回襄樊要地。[①]

蒙古人在西路和中路的入侵，并非以扩大疆土为目的，而是承袭千年的老路数——劫财。比如，端平二年（1235年）十月，蒙古大军攻陷枣阳、襄阳、邓州、郢州等地后，"掳人民牛马数万而还"。他们之所以执行这种策略，可能是因为缺乏足够的行政管理人才，但更可能是厌恶这些地区的地形。相比之下，地形平坦的中原地区对他们更具吸引力。次年七月，窝阔台将中原各州分封给了诸王贵戚。其中，长子贵由分得大名府，兄弟察合台分得太原府，侄子拔都分得平阳府。

值得一提的是，窝阔台当政的中后期（1235—1242年），南宋并非蒙古帝国的唯一目标，东面的高丽，西面的阿塞拜疆（中国古

---

① 《元史》卷二，《太宗本纪》。

籍中称"阿哲儿拜占"）、亚美尼亚、波兰、匈牙利，还有罗斯国、布加里亚等国都是蒙古人入侵的目标。

1241年，窝阔台去世。在此后四年的时间里，政权被窝阔台的皇后乃马真，以及权臣镇海所把持。1246年，四十一岁的贵由当选大汗，但他的统治只延续了两年，因为他两年之后就去世了。经过三年的权力真空期之后，1251年，拖雷的长子蒙哥当选大汗（1251—1258年在位）。从窝阔台去世到蒙哥上台，在十年的时间里，蒙古停止了对南宋的大规模入侵，只是断断续续地劫掠若干州县。

蒙哥上台之后着重做了两件事情：其一是大力栽培同母弟忽必烈和旭烈兀，其二是完善了灭亡南宋的国策。

成吉思汗去世前，曾询问金国降将郭宝玉夺取中原的策略，郭宝玉回答："西南诸蕃勇悍可用，宜先取之，借以图金，必得志焉。"[1] 受到这个思路的启发，蒙哥的灭宋之策正是先取四川，再取湖北荆襄之地，然后沿着长江由西向东进军，与自北向南进攻的大军合攻临安。

1252年阴历七月，蒙哥命忽必烈征讨大理和四川，并诏谕南宋"荆南、襄阳、樊城、均州诸守将"，让他们投降。次月，忽必烈命人修筑利州城（今四川广元），以此作为攻取四川的准备。次年，平定大理。[2]

1257年阴历九月，蒙哥命宗王塔察儿率领各军南征，围攻樊城。然而，他们遇上了连下一个月的大雨，最终不得不退兵。

次年二月，蒙哥率军南征。大军从鄂尔多斯南下，在黄河边扎营。此时黄河水已封冻，大军在河面撒土过河。而后蒙哥亲征四川，

---

[1] 《元史》卷一四九，《郭宝玉列传》。
[2] 《元史》卷三，《宪宗本纪》。

忽必烈奉命征湖北，塔察儿受命攻荆山，以分散南宋的兵力。总的来说，这次出征赢得无数场战役，虽然都不是决定性的，但为日后忽必烈灭宋打下了扎实的基础。在这个过程中，忽必烈积累了对宋作战的宝贵经验，蒙古军也加深了对南宋地形的了解。

1259年阴历七月，蒙哥崩于钓鱼城（今重庆合川）。两个月后，亲王穆哥派出的使者从钓鱼城赶到湖北，向忽必烈报告蒙哥去世的消息，并请他北归以谋大汗之位。但忽必烈说："我奉命南征，岂可无功遽返？"他本想攻克鄂州之后北撤，然而，南宋援军不断，且粮草充足，围攻两个月仍未能破城。正在此时，忽必烈又收到消息，多位大臣谋立阿里不哥——忽必烈同母弟——为大汗，于是，他不得不率军返回蒙古，去角逐汗位。[①]退兵之前，他接受了正在鄂州督战的南宋右丞相兼枢密使贾似道私下开出的请和条件。

1260年阴历三月，忽必烈在开平（今内蒙古多伦附近）登大汗之位。次月，蒙古信使翰林侍读学士郝经、副使翰林待制何源、礼部郎中刘人杰等带着大汗的书信出使南宋，重申两国和好的意愿，同时征收贾似道许诺的岁币。

然而，贾似道不仅向朝廷隐瞒了私下请和的事情，还让廖莹中等人写了《福华编》，以歌颂自己在鄂州的功劳。由于担心蒙古特使的到来会揭穿谎言，贾似道密令淮东制置司在真州（今江苏仪征）拘留了郝经等人。[②]为了激起战事，以掩盖私下求和真相，贾似道还调动兵马，并放出消息说，将要进攻涟州（今江苏涟水）。

同年六月，得知南宋准备进攻涟州的消息后，蒙古江淮大都督

---

① 《元史》卷四，《世祖本纪一》。
② 《宋史》卷四七四，《奸臣列传四》。

李璮下令加强防备。八月，宋军逼近涟州。李璮请求兵渡淮河，主动出击，但忽必烈以为郝经等人还在南宋，两国仍有通好的希望，因此没有同意他的请求。九月，李璮再次请求进攻南宋，忽必烈还是没有同意。

中统二年（1261年）正月，南宋军围攻涟州，但被李璮的军队击败。四个月后，忽必烈派崔明道、李全义为详问官，去南宋淮东制置司查问郝经等人下落，并责问南宋朝廷扣留信使、侵扰边境的理由。七月，忽必烈下诏举兵攻宋。诏书写道：

> 朕即位之后，深以戢兵为念，故年前遣使于宋以通和好。宋人不务远图，伺我小隙〔乘着我们内部有些小矛盾〕，反启边衅，东剽西掠，曾无宁日。朕今春还宫，诸大臣皆以举兵南伐为请，朕重以两国生灵之故，犹待信使还归，庶有悛心，以成和议，留而不至者，今又半载矣。往来之礼遽绝，侵扰之暴不已。彼当以衣冠礼乐之国自居，理当如是乎？曲直之分，灼然可见。今遣王道贞往谕。卿等当整尔士卒，砺尔戈矛，矫尔弓矢，约会诸将，秋高马肥，水陆分道而进，以为问罪之举。尚赖宗庙社稷之灵，其克有勋。卿等当宣布朕心，明谕将士，各当自勉，毋替朕命。①

接下来的四五年时间里，两国战事主要集中在黄淮一带，蒙古人并没取得压倒性的胜利。但随着忽必烈笼络民心的政策的颁布和执行，蒙古人的优势越来越明显。这些笼络民心的政策包括：提拔

---

① 《元史》卷四，《世祖本纪一》。

多名儒士担任官职；宽待入境南宋私商，如有货物被封者，返还其货物，安排他们在专营场地进行贸易；禁止蒙古官兵侵扰农户；诏谕官府自行转运田租，"不可劳民"；淘汰老弱士兵之后，继续安抚接济他们的家庭；"官民所贷官钱，贫不能偿，诏免之"；免除受战争蹂躏地区的租赋，等等。

1267年是重要的转折点。

在这一年十一月的朝会上，南宋降将刘整向忽必烈进言："南宋君主幼弱，大臣无道，这是上天赐予的良机，圣上应该乘势一统天下。臣愿效犬马之劳，先攻打襄阳，摧毁其屏障。"但多数大臣都不同意他的建议。于是，刘整接着说："从古至今的帝王，如果不统一四海，就算不上正统。我朝已经夺取天下的十之七八，为何不攻下南宋，实现皇朝正统呢？"听了刘整这番话之后，忽必烈的雄心壮志顿时被激发起来，说："朕〔南伐之〕意决矣！"

刘整原在宋将孟珙麾下效力，有勇有谋，曾率十二勇士夜擒信阳太守而名噪一时。因不堪忍受吕文德、俞兴等人的陷害，1261年，在潼川安抚使、知泸州军州事的任上，刘整带领30万户百姓向忽必烈投诚。

正是从1267年开始，蒙古不再在黄淮与南宋周旋，而是重回蒙哥时代的既定战略：先取荆襄，再图临安，一统天下。

次年正月，忽必烈敕令陕西五路、四川行省造战舰五百艘交付刘整。八月，升任刘整为都元帅，与都元帅阿术同议军事。九月，两位都元帅奉命统帅各路兵马围攻襄阳。他们在鹿门堡及白河口筑城，做长期围攻的准备。刘整统帅五万兵马，在沿江诸郡强取掠夺，俘虏了八万百姓。可是襄阳城坚粮足，一时难以攻克。

刘整将攻城不利的原因归结为水军实力不够。至元七年（1270年），他向忽必烈进言："蒙古骑兵所向无敌，唯独水战不如宋。学到宋的长处，造战舰，习水军，大事就成了！"得到大汗的许可后，造得战舰五千艘。刘整每日演练水军，大雨天不能出船时，则画地为船而习之，最终得水军精兵七万。①

为增强蒙古军的攻城力量，至元八年（1271年），忽必烈向同母弟、伊儿汗国可汗旭烈兀求援，请其代为寻找几位制炮大师。因为他曾听旭烈兀提过，西亚有一种配重抛石机，是特别厉害的攻城武器。

看到前景越来越明朗，同年十一月，忽必烈下诏，取《易经》中"大哉乾元"之意，立国号为"大元"。

次年三月，刘整大军攻破樊城的外城，但内城仍然难以攻克。几个月之后，刘整得到一个好消息：西域制炮大师亦思马因已造好回回炮。至元十年（1273年）正月，刘整水军船载回回炮，在城下直轰樊城，终得攻破。全城军民尽皆被屠。一个月后，在刘整的劝降之下，襄阳知府吕文焕献城投降。

三月，忽必烈同意刘整所请，命其教练水军五六万，并让兴元、金州、洋州、汴梁等州县造船两千艘。四月，朝中大臣皆请求传檄讨伐南宋。忽必烈征求姚枢、许衡、徒单公履等谋臣的意见。徒单公履回答："乘破竹之势，席卷三吴，是时候了！"忽必烈认为他说的有道理，开始着手考虑统帅人选。

至元十一年（1274年）正月，忽必烈任命伯颜为统帅，诏令中书省征调十万兵马，兵分三路直指南宋都城临安。七月，南宋度宗

_____

① 《元史》卷一六〇，《刘整列传》。

去世。在奸臣贾似道的扶持下，年仅五岁的赵㬎登基，是为宋恭帝，其祖母谢太后、母亲全太后摄政。十二月，伯颜大军已进驻汉口，攻陷鄂州等州县。

至元十二年（1275年）正月，元军先后攻克黄州、涟州、蕲州、江州等州县。与此同时，忽必烈同意枢密院的建议，下诏招降嘉定、重庆、江陵、郢州、涟海等拥兵自守的州县。

同年二月，贾似道欺君罪行大白于天下。南宋宰相陈宜中请求诛杀贾似道，谢太后说："贾似道勤劳辅助三朝，怎么忍心因一朝之罪，失去对待大臣的礼仪？"谢太后本打算只罢免他几个官职了事，后来见群臣激愤，不得已才贬他为高州（今广东茂名）团练使。贾似道最终死于漳州县尉郑虎臣之手。至于蒙古国信使郝经，在无辜被囚十五年之后，终于重获自由，但不幸的是，次年便离开了人世。

同年十二月，江西、安徽、江苏基本被元军攻陷，浙江嘉定府献城投降，对临安的合围之势已成。蒙古伯颜大军进驻平江府（今江苏苏州）。当月庚子日，南宋恭帝派遣尚书夏士林、右史陆秀夫带着书信称侄求和。

德祐二年（1276年）正月，南宋恭帝派遣其宗室保康军承宣使尹甫、和州防御使吉甫等人带着传国玉玺及降表至伯颜军中。恭帝在降表中称臣，请求削去皇帝称号，并将两浙、福建、江东、江西、湖南、湖北、两广、四川等尚属南宋管辖的州郡全部献给元朝，"欲望圣慈垂哀……不忍臣祖宗三百年宗社遽至殒绝"。①

至此，南宋基本灭亡。两年后，流亡皇帝端宗病逝。1279年，右史陆秀夫背着幼主赵昺投海自尽。南宋正式消融在历史长河中。

---

① 《元史》卷九，《世祖本纪六》。

第四篇

东 征

朕闻汉人言，取人家国，欲得百姓土地，若尽杀百姓，徒得地何用？又有一事，朕实忧之，恐卿辈不和耳！

——元世祖忽必烈在元军

第二次征日前夕对诸将的训话

（《元史》）

根据《元史》的记载，日本进入蒙古帝国大汗的战略视野，最早是在至元二年，也就是1265年。当年，高丽人赵彝等谏言忽必烈"日本国可通"，于是，大汗开始考虑出使日本的适当人选。

次年八月，礼部侍郎殷弘与兵部侍郎黑的奉旨出使。比照元朝（当时忽必烈尚未立国号"大元"）百官级别设置，兵部侍郎、礼部侍郎都是正四品，要是换成现在的官阶，比正厅级稍高，比副部级稍低。安排两位正四品官员出使，算是比较给一向被称为"倭国"的日本面子了。

由于之前从未与日本打过交道，不熟悉那里的政治地理情况，忽必烈给高丽国王王禃下了一道圣旨，要求他选派合适的向导，协助蒙古特使出访日本。忽必烈在圣旨中警告王禃："勿以风涛险阻为辞，勿以未尝通好为解……故托卿之忠诚。"[1]至于蒙古与高丽的关系，后文将有专节交代。

在这两位侍郎出发之前，忽必烈交给他们一封信，让他们转交日本国王。这封国书原文如下：

> 皇帝奉书日本国王：朕惟自古小国之君，境土相接，尚务讲信修睦。况我祖宗受天明命，奄有区夏，遐方异域畏威怀德者，不可悉数。朕即位之初，以高丽无辜之民，久瘁锋镝，即令罢兵，还其疆场，反其旄倪。高丽君臣，感戴来朝，义虽君臣，而欢若父子。计王之君臣，亦已知之。高丽，朕之东藩也。日本密迩高丽，开国以来，时通中国，至于朕躬，而无一乘之使以通和好。尚恐王国知之未审，故特遣使持书布告朕志，冀自

① 《新元史》卷二五，《外国列传·日本》。

今以往，通问结好，以相亲睦。且圣人以四海为家，不相通好，岂一家之理哉？以至用兵，夫孰所好，王其图之。[①]

翻译成现代文之后的大概意思是：自古以来，小国之君尚且追求与邻邦和睦相处、互通往来，更何况朕！朕的祖宗承受天命，现在是整个华夏的主人，遐方异域，无数国家已经臣服。朕即位之初，见高丽无辜百姓遭遇战争之苦，所以就命令停止战争，退还其疆土，释放其俘虏。高丽君臣感恩来朝，现在名义上是君臣，实际上相处很愉快，就像父子一样。估计你们君臣都知道这些事。高丽是朕在东面的属国，而日本靠近高丽。自日本开国以来，一直与中国通好，可到了朕这一代，却没派过一个使臣前来通好。因为担心你们对这些情况不太了解，特派使臣持朕的书信转达心意。希望从今往后，两国互通往来，好好相处。圣人认为四海都是一家人，我们不互相通好，岂是一家人的道理？至于兵戎相见，有谁喜欢呢？大王认真考虑一下吧。

这封书信的字里行间透露了忽必烈的不快：你们日本自开国以来，便与中国往来甚密，汉唐之时还经常纳贡，而我蒙古帝国承天授命，开疆拓土更甚前朝，你们反而不过来朝觐，这不是瞧不起朕吗?!这位大汗要表达的意思很清楚：如果日本向元朝称臣，元朝会像对待高丽一样，与日本国愉快地相处，就像父子一样；如果日本不向元朝称臣，元朝必然起兵讨伐之，届时，日本人所遭遇的痛苦，就会像之前反抗的高丽人一样。

两位出使日本的侍郎先取道高丽。在那里，高丽国王王禃已经

---

① 《元史》卷六，《世祖本纪三》。

选好了向导:枢密院副使宋君斐,以及礼部侍郎金赞等人。在这些向导的帮助之下,殷弘、黑的一行人前往日本。按照《元史》的记载,这次出访的结果是"不至而还",也就是说,没有到达目的地就回国了。①

在呈给忽必烈的奏章中,宋君斐解释了"不至而还"的原因:"〔黑的一行人等〕至巨济县,遥望对马岛,见大洋万里,风涛蹴天,意谓危险,若此,安可奉上国使臣冒险轻进?!"②意思是说,大海风高浪急,不敢让蒙古使臣冒险轻进,所以才放弃了出使日本。

但在忽必烈看来,这次出访之所以"不至而还",是因为高丽人没有尽力。于是,至元四年(1267年)六月,又派黑的、殷弘等人去高丽,诏谕王禃通使日本事宜,说是"以必得要领为期"。但王禃认为海道多有险阻,不能让蒙古特使受委屈,于是,在九月派其起居舍人潘阜等持忽必烈书信前往日本。《元史》写道,潘阜等人在日本逗留了六个月,"亦不得其要领而归"。

但《元史》的记录并不完整。据日本东京大学历史学家石井进考证,潘阜等人抵达了九州岛,并进了太宰府——九州的管理机构,还将书信转交给了太宰府官吏,时间是在1268年1月。不过,在进一步介绍之前,有必要先交代一下蒙古与高丽的关系。

---

① 《元史》卷二〇八,《外夷列传一》。
② 郑麟趾:《高丽史》卷二六,《世家》第二六。

第十四章　军事基地高丽

反复无常的国王

《元史》所谓"高丽"，指的大致是今天朝鲜半岛地区，而这块地方本是"箕子所封之地"。根据成书于西汉初年的《尚书大传》的记载，箕子本是商朝纣王的重臣。周武王打败纣王之后，释放了被囚的箕子，但箕子不愿意为周之臣仆，于是出走朝鲜，"武王闻之，因以朝鲜封之"。

《尚书大传》所谓"朝鲜"，指的是今天辽东半岛的东部，以及朝鲜半岛的北部。箕子后代在朝鲜称王有四十多代。秦末汉初，天下大乱，燕、齐、赵等地（今山东河北一带）有数千人移居朝鲜。

公元前193年，箕氏的最后一个国王箕准，被燕人卫满篡了位。后来，箕氏逃亡到半岛南部，又在南部立国两百年，之后又被百济所灭。[①] 再后来，高氏统一了新罗、百济和高句丽，迎来所谓"高氏高丽"时代。668年，"高氏高丽"时代结束。918年，王建创立"高丽国"（918—1392年）。大概在10世纪中期，"王氏高丽"已基本统一了朝鲜半岛。

---

① 详情见朝鲜王朝史学家安鼎福所著《东史纲目》。

王氏高丽本是宋朝的藩国，993年，遭到辽入侵之后，高丽又向辽俯首称臣。辽被金所灭之后，高丽又成为金的附属国。

1212年，金境内耶律留哥（1165—1220年）起兵反叛，并于1215年谒见成吉思汗，打算与蒙古结盟抗金。正当耶律留哥谒见成吉思汗之时，其部下契丹人金山、六哥等乘机率军反叛。随后，在蒙古大军和耶律留哥的打击之下，9万叛军东逃高丽，攻占其重镇江东城。

1218年，成吉思汗以追击契丹叛军为借口，派札剌等大将率军前往高丽。看到蒙古大军入境，高丽国王王皞（1213—1259年在位）十分高兴，拿出好酒好肉犒劳，并派枢密院使、吏部尚书、上将军、翰林学士承旨赵冲带兵马共同讨伐，最终消灭了契丹叛军。

经此一役，札剌与赵冲惺惺相惜，约为兄弟。但亲兄弟也得明算账。既然札剌帮了大忙，赵冲总得有所表示。于是，赵冲代表朝廷"请岁输贡赋"；札剌体谅他："你们国家距离我们太遥远了，走一趟很不容易，每年派10名使者来我朝纳贡吧。"①

次年正月，高丽国王王皞派出特使，将结盟和好的牒文送至札剌行营，札剌也派遣使臣进行回访。高丽正式成为蒙古的附属国。

但高丽纳贡并不十分积极。从1220年到1224年，蒙古曾八次遣特使前往高丽，催促他们及时纳贡。据15世纪朝鲜王朝学者郑麟趾所著《高丽史》，高丽纳贡的东西并非昂贵物品，多数是诸如獭皮、绀苎、龙团墨这样的土特产。

即便是这样，高丽国仍然不堪重负。1221年，高丽国王王皞召集四品以上官员上殿，问道："是否可以拒绝蒙古特使的要求，不

---

① 《元史》卷二〇八，《外夷列传一》。

向蒙古缴纳贡品？"结果高丽群臣都回答："蒙古人多，高丽人少，如果不好好招待蒙古特使，他们必定会入侵高丽，我们怎么能以寡敌众、以弱敌强呢？"

根据《元史》的记载，1224年阴历十二月，蒙古派往高丽的特使着古与被"盗杀之于途"，从此两国连续七年断绝信使往来。而据《高丽史》记载，蒙古特使是在1225年正月，于回国途中被盗贼所杀，蒙古人怀疑是高丽政府所为，因此，高丽主动与蒙古断绝了往来。

对高丽国王王皞来说，向蒙古纳贡就等同于被勒索，心里原本就不乐意，早就有拒绝继续上贡的打算，如今发现蒙古已然对自己起了疑心，这意味着他们迟早会来进犯，不如索性横下心先与蒙古断交。

从王皞拿出酒肉犒劳蒙军，到派遣使臣呈上通好文牒，到召集群臣商议是否拒绝纳贡，再到后来主动与蒙古断交，我们不难看出这位国王的性格特点：幼稚、冲动、轻率、反复无常。

但王皞的运气确实不错，终究过了几年太平日子。而蒙古之所以没有来进犯，主要是因为两个原因：其一是忙于西征；其二，成吉思汗于1227年去世之后，他四个儿子的关注点都在争夺汗位之上。

1231年阴历八月，蒙古大汗窝阔台下令远征高丽。当撒礼塔大军抵达高丽境内时，高丽人洪福源率编民1500户来军中迎降，附近州郡还有不少人来从军。

洪福源的先祖是中原人。唐朝曾派遣八位才子去高丽执教，其先祖即是其中之一。1218年，蒙古军第一次入侵高丽时，洪福源的父亲、高丽麟州都领洪大宣曾出迎投降。[①]

---

① 《元史》卷一五四，《洪福源列传》。

洪福源投诚之后，立即与撒礼塔一起攻打其他州郡。高丽国王王皞见势不妙，派他弟弟淮安公王侹前来请和。窝阔台同意了。

但蒙古并没有轻易撤军。他们在高丽的京、府、县设置了达鲁花赤（即地方军政长官）72人，以监督高丽政事，然后才班师回朝。同年十一月，窝阔台还派蒲桃、唐古等人领兵到高丽京城。王皞再次拿出酒肉犒劳。同年十二月以及次年三月，王皞多次派使臣携带礼物送到撒礼塔屯兵驻所。

但不久之后，这位国王的性格特点再次显露出来。1232年阴历六月，王皞下令将蒙古设置的72名达鲁花赤全部杀死，事后率领京城及诸州县的百姓窜入江华岛。八月，撒礼塔再次率军前来讨伐，与洪福源的军队会合。在一次攻城作战中，撒礼塔身中流矢而死，征讨大军由洪福源统领。十月，王皞再次请和，派将军金宝鼎、郎中赵瑞章上表蒙古朝廷陈述内情。

1233年阴历四月，窝阔台下诏让王皞来朝悔过，并历数其五条罪行：平定契丹贼寇之后，未遣一人来朝觐，此罪一；逐回蒙古使者，此罪二；谋害蒙古使者着古与，还谎称是万奴民户所为，此罪三；不听号令，抗拒上旨，窜入江华岛，此罪四；尚未调查清楚民情，就妄言上奏，此罪五。[1]

王皞不服。同年十月，他率军再次袭击蒙古军队，并劫走洪福源家眷。于是，窝阔台再次讨伐之。王皞势弱，1238年阴历十二月，派将军金宝鼎、御史宋彦琦等人奉表入朝。

1239年阴历五月，窝阔台命王皞亲自入朝，后者以母亲去世为由推辞。六月，王皞再派使者奉表入朝。十月，窝阔台再次下诏，

---

[1]　郑麟趾：《高丽史》卷二三，《世家》第二十三。

命王皞次年亲自入朝参拜。十二月，王皞派遣148名使臣奉表入朝，进献贡品。次年，王皞仍未亲自入朝，只在三月和十二月遣使入朝参拜。

于是，蒙古大军继续攻打高丽州郡。1241年，王皞想出一个主意，以为既能平息蒙古大汗的怒火，又能保全自己的颜面与性命：将族人之子王綧当作自己的儿子送入蒙古朝廷为人质，侍奉天子。

可是，与此同时，王皞竟又慢待上贡之事，"当定宗、宪宗之世，岁贡不入"，因此，在贵由和蒙哥当政时期，蒙古曾先后四次征讨高丽，共攻占其十四座城池。1259年阴历四月，王皞不得不把嫡长子王倎当作人质送入蒙古朝廷。

《元史》记载，1260年阴历三月，王皞去世。《高丽史》则载，1259年阴历六月，即王倎入质蒙古两个月之后，王皞就去世了，享年六十七岁，在位时间长达四十六年。由于太子还在当人质，于是，国事暂由王倎之子王谌代理。

元朝驸马

1260年阴历三月，在廉希宪、赵良弼的建议下，刚登上大汗之位的忽必烈下诏，"命〔王〕倎归国，为高丽国王，以兵卫送之"，并且大赦高丽国土，"罪无轻重，咸赦除之"。他们认为这样做可以"不烦兵而得一国"。

1260年，忽必烈四十五岁，王倎四十一岁。两个人的命运都在这一年改写，似乎意味着两国关系将有一个新的开始。赦免王倎及高丽百姓的诏书写道：

凡属国列侯，分茅锡土，传祚子孙者，不啻万里，孰非向
之劲敌哉！……重念岛屿残民，久罹涂炭，穷兵极讨，殆非本
心……世子其王矣，往钦哉，恭承丕训，永为东籓，以扬我休命。[①]

意思是说，凡是蒙古的属国列侯，原来都是劲敌，现在都分封
赐爵，疆土不止万里，你这次回国为王，是皇帝派遣的，所以，回
去一定要听话，要永远当好东藩属国，以弘扬我朝美好的事业。

一个多月之后，忽必烈召回了驻高丽大军。六月，王倎派他的
儿子永安公王僖、判司宰事韩即赴蒙古朝廷贺拜忽必烈登位大喜，
忽必烈则将国王封册、王印以及虎符赐予王倎。次年三月，王倎派
使者入朝进献贡品，并在四月亲自入朝参拜。六月，王倎改名王禃，
并派嫡长子王谌奉表上报。

从《元史》的记载上看，王禃在位期间（1260—1274 年），几
乎每个正月和八月（忽必烈生日）都会遣使或亲自入朝参拜。之所
以如此殷勤，是因为他逐渐认识到，与蒙古交好便于镇压叛乱，有
利于维持其统治。高丽与蒙古（1271 年后为元朝）的关系进入了相
对稳定与和平的时期。

1270 年，王禃赴大都觐见忽必烈。这一次，他提出了和亲的请
求："降公主于世子，克成合卺之礼，则小邦万世求倚，供职惟谨。"
三年后，忽必烈将女儿忽都鲁揭里迷失公主下嫁给高丽世子、未来
的高丽国王王谌。其后，元朝有八位公主先后下嫁高丽王室。

自 1273 年至 1368 年元朝灭亡，高丽先后登台的七位国王中，
有五位是元朝驸马。而下嫁给高丽王的元朝公主，都被册封为正

① 《元史》卷二〇八，《外夷列传一》；郑麟趾：《高丽史》卷二五，《世家》第
二五。

宫娘娘。因此，从王禎之子忠宣王王璋开始，高丽各王——除恭让王——都带有蒙古血统。随着两国关系日益亲近，元朝放松了对高丽的控制。

需要指出的是，在成吉思汗时期与忽必烈时期，高丽对于蒙古的价值完全不一样。成吉思汗并没有深刻认识到征服高丽有多大的战略意义，忽必烈则不同，随着征服南宋进程的发展，高丽的战略价值日益明显。正如《元史》所言："自耽罗〔今济州岛〕海道往南宋、日本甚易。"正是出于征伐南宋和日本的战略目的，1273年，元朝在耽罗设置了达鲁花赤。[①]

而且在归附蒙古之前，高丽虽未与南宋建交，双方的贸易往来却比较频繁。因此，要是能控制高丽，就能从经济上打击南宋。另外，高丽的造船业比较成熟，熟悉水战的士兵也不少，这些都是蒙古梦寐以求的资产。于是，高丽就不仅仅是单纯的附庸国，而是蒙古或元朝的军事基地了。

---

① 郑麟趾：《高丽史》卷二七，《世家》第二七。

第十五章　日本：空白的情报

倭　国

至元三年（1266年）八月，当蒙古礼部侍郎殷弘与兵部侍郎黑的踏上出使日本之旅的时候，日本早已不是他们从《汉书》《后汉书》《宋书》等古书上了解的日本了。

汉武帝元丰三年（公元前108年），西汉在朝鲜半岛设置玄菟、乐浪等郡，自此之后，朝鲜与日本才出现在中国的史书上。

公元1世纪由班固编写的《汉书》中，有关日本的情况被记录在《地理志》中："乐浪海中有倭人，分为百余国，以岁时来献见云。"[①]也就是说，当时日本列岛上有一百多个国家，都定期遣使向汉朝朝贡，他们被称为"倭人"。

南北朝时期由范晔编写的《后汉书》中，日本的情况被记录在《东夷列传》，以与"西域""南蛮"相对应。书载："建武中元二年，倭奴国奉贡朝贺，使人自称大夫，倭国之极南界也。光武赐以印绶。"[②]这段史料的意思是，公元57年，倭奴国使者到东汉首都洛阳朝贡，光武帝赐其官爵名分。

① 《汉书》卷二八，《地理志》。
② 《后汉书》卷八五，《东夷列传》。

《东夷列传》还记载，东汉桓、灵二帝期间（146—189年），"倭国大乱，互相攻伐，历年无主"，后来，出现了一位奇女子，能"事鬼神道，能以妖惑众"，于是，被拥立为倭国之王。

南北朝时期由沈约编写的《宋书》中，日本的情况被记录在《夷蛮列传》。书载：

> 倭赞万里修贡……赞死，弟珍立，遣使贡献……〔太祖元嘉〕二十年，倭国王济遣使奉献，复以为安东将军、倭国王……济死，世子兴遣使贡献。世祖大明六年，诏曰："倭王世子兴，奕世载忠，作籓外海，禀化宁境，恭修贡职。新嗣边业，宜授爵号，可安东将军、倭国王。"兴死，弟武立，自称使持节、都督倭百济新罗任那加罗秦韩慕韩七国诸军事、安东大将军、倭国王。[①]

这段文字是说，从5世纪初开始约百年的时间里，日本先后有赞、珍、济、兴、武等五王向南朝"万里修贡"，并以获得南朝官爵和封印为荣，因为来自大陆帝国的承认，有助于稳定他们在日本的统治。

直到元朝，即殷弘、黑的两位侍郎第一次出使日本之后，关于日本的信息仍然极少。元朝周致中所写《异域志》可以证明这一点。书载：

> 在大海岛中，岛方千里，即倭国也。其国乃徐福所领童男女始创之国。时福所带之人，百工技艺、医巫卜筮皆全。福因

---

① 《宋书》卷九七，《夷蛮列传》。

避秦之暴虐，已有遁去不返之意，遂为国焉。而中国诗书遂留
于此，故其人多尚作诗写字。自唐方入中国为商，始有奉胡教者，
王乃髡发为桑门，穿唐僧衣。其国人皆髡发，孝服则留头。

《元史》本身也可以证明这一点。在《外夷列传》中，除交代
元日交战之事，关于日本最新的内容是，宋代雍熙元年（984年），
有一位日本僧人带着五个徒弟来到中国，还带来一些铜器等物，后
来，又来了一位叫寂照的僧人，书法非常不错。"至熙宁〔1066—
1087年〕以后，连贡方物，其来者皆僧也。"[1]

值得一提的是，《元史》的编著者是明代宋濂等人，也就是说，
直到明代，中国对日本了解都非常少。之所以出现这种情况，除了
因为相隔遥远、对日本不够重视，政府对商业及商人的忽视，政府
与佛教界人士疏远，恐怕是最为重要的原因，因为往来大陆与日本
的商人、僧人其实不在少数。

对日本政治、经济、社会等方面信息的缺乏，必然会导致大陆
政权在战略上的判断失误。蒙元就是一个例子。当然，对于前人而
言，后人所有的评论，都仅仅是事后诸葛而已。或许真应了那句古话，
当局者迷。

被搁置的国书

再回到日本文永五年（大元至元五年，1268年）正月。

潘阜等人抵达九州岛后，拜访了九州的管理机构太宰府。太宰

---

[1] 《元史》卷二〇八，《外夷列传》。

府现在是一个旅游景点，距离福冈约三十分钟车程。当时，主管太宰府的人是守护（地方军事长官）武藤祐吉。忽必烈写给日本国王的那封信，首先交到了武藤祐吉手上，而后武藤又马上交给了镰仓幕府。

藤原家族是九州的大家族。1019年，在中国东北及日本海沿岸居住的女真人，曾经突袭过壹岐、对马和九州北部，其结果是，在太宰府藤原隆家等人的抵抗之下，女真人最终败走。日本史书把这件事称为"刀伊入寇"。可以想象，这场胜仗极大地增强了日本的自信。

文永五年（1268年）二月，即收到蒙古大汗书信一个月后，镰仓幕府将其送至京都。毕竟，这封书信不是写给幕府的，而是写给日本国王的。尽管幕府在当时已掌握国家实权，但能代表日本外交权威的只有日本国王。不过，或许是遵照幕府的意思，龟山天皇收到这封书信之后，却没有做出任何回应。

日本天皇的实权，是在12世纪末期被幕府夺走的，而幕府夺权的种子，却是在四百多年前由天皇朝廷自己埋下。

奈良时代（710—794年），日本仿效中国唐朝的做法，改革土地制度，推行所谓的"班田收授法"，目的是加强中央集权的统治。班田制的主要内容是，凡六岁以上的日本人，区分性别与身份，由政府分配口分田；这些田地不允许买卖，受田者死亡后由国家收回。

但这项制度并没有达到预期的效果。因为土地不能私有，所以没人愿意垦田，也就是说，田亩的总量没有增加，而与此同时，由于六岁以上就能受田，因而人口大量增加。更加严重的是，贵族与官吏利用职务之便，将大量公田变成自己的私田。于是，国家最终没有公田可以维持班田制。

为了鼓励垦荒以增加国库收入，723年与743年，日本先后颁布《三世一身法》和《垦田永世私财法》，在一定程度上允许土地私有化。但这两项土地制度的最大受益者，仍然是地方贵族与官吏。他们利用自己的权势、财富以及精良的生产工具，大肆垦殖扩大领土，促进了庄园的发展。

而为了继续扩大并保护庄园，同时也为了免交赋税，庄园主在形式上将庄园献给更有权势的大贵族，也就是所谓的"领家"。庄园主每年都向"领家"上贡，当然，这种上贡远比上交赋税划算。不过，这种做法被朝廷识破，随后出台了更严厉的管理措施。于是，"领家"又将庄园献给更有特权的人，比如皇族或高官，这就是所谓的"本家"。最终，谁最享有特权，谁就拥有了最多的土地收益。到了11—12世纪，天皇中央集权的经济基础逐渐被彻底侵蚀了。

关于庄园制的发展对日本政治经济的影响，美国著名历史学家罗兹·墨菲（Rhoads Murphey）在其著作《亚洲史》中写道：

> 庄园主开始向中央政府主张真正的独立性，声称自己应不受政府审查或管辖……随着时间的推移，庄园开始拥有大片宜农土地……（大庄园）支配了全部社会和政权，以为它们的所有者成为地区主要掌权人。甚至在约占全部土地一半仍属国有的土地上，作为当地官员的贵族们，也在很多方面成为类似的庄园主，他们的地位也逐渐变成世袭。到12世纪，从中央统治的效能来看，日本的制度实际上已经崩溃。[①]

中央朝廷显然不会甘心自己的权力被侵蚀，它们一直试图将已

---

① 　罗兹·墨菲：《亚洲史》，海南出版社，三环出版社，2004年。

经私有化的土地重新收归公有。于是，天皇与贵族、贵族与贵族、朝廷与地方、地方与庄园之间的冲突越来越激烈。为了抵制中央朝廷，保卫自己的庄园，庄园主组织了自己的武士集团。在相互斗争与融合的过程中，这些武士集团逐渐壮大，最终成为控制某一片地区的武士集团。

11世纪的时候，日本形成了两大武士家族：平氏家族和源氏家族。最终，源氏家族在源赖朝将军（1147—1199年）的领导下，战胜了平氏家族，并在今东京南郊的镰仓地区建立了幕府政权。幕府时代就此开始。不过，幕府虽然掌握了统治日本的实权，其合法性却需要天皇认可。

源赖朝于1199年去世之后，在他的妻子北条政子的帮助下，岳丈北条时政掌控了镰仓幕府，由此开始了北条氏掌权时代。由于天皇拒绝给予北条氏将军身份，所以，北条氏只能以"执权"身份掌权。1268年，当蒙古侍郎殷弘、黑的到达日本时，镰仓幕府的执权是十七岁的北条时宗（1251—1284年）。

第十六章　禅师的影响

毫无疑问，对于镰仓幕府来说，如何回复忽必烈的书信是一个难题。这位蒙古大汗的语气似乎比较平和，而且他想要的是和平，而不是战争。高丽国王王禃随附的一封书信也强调，忽必烈的目的是增强国威，而不是征服日本，臣服只是一个形式而已。

不过，敏感多疑的幕府已然意识到，忽必烈看似平和的语气下，很可能隐藏着某种威胁，因此，他们不得不仔细斟酌。而幕府之所以如此谨慎，还有一个重要的原因，即他们对中国大陆知之甚少。

看到唐朝日渐衰微之后，日本逐渐对中国失去兴趣，从9世纪末期开始，日本不再往中国派遣唐使。虽然双方继续维持着商业关系，但官方往来的停止，意味着日本政府难以全面了解中国的政治、经济和军事情况。这意味着在与蒙古人的沟通中，日本难以获得足够的主动权。

日本当时的情报来源只有两个：其一是往来南宋与日本之间的商人，其二是往来南宋与日本之间的僧侣。而这些人对蒙古的成见很深，因为蒙古军队的残忍让他们厌恶，蒙古的入侵影响了他们的生活。

北条家族笃信佛教，尤其欣赏中国的禅宗。北条时赖（1246—

1263年执权）就是兰溪道隆（1213—1278年，即大觉禅师）的虔诚信徒。1246年，这位禅师从南宋来到日本，并在镰仓修建了建长寺。禅宗提倡的质朴寡欲的生活，恰好符合镰仓武士的作风，禅僧对戒律的遵从，也为幕府所倡导。

北条时赖和北条时宗十分欣赏的兀庵普宁禅师（1197—1276年），以及无学祖元禅师（1226—1286年，谥号佛光国师），都是蒙古入侵南宋的受害者。这些禅师肯定会反对蒙古大汗的臣服要求。

南宋的贸易商是另一股反对力量。自日本废止遣唐使之后，尤其在五代时期，中日之间的贸易大为减少。12世纪初，中日之间的商船往来几近绝迹。在南宋之前，中国前往日本的商船，大多以高丽作为中转站，后因高丽内乱频发，政治腐败，盗贼肆虐，勒索抢夺无所不为，中日贸易商的积极性大受打击。

而南宋造船技术的发展，给了两国商人以新的机遇。南宋制造的大型楼船，不必借助桨橹之力，就可以直达日本港口。根据南宋周去非所著《岭外代答》，当时的海船舵长数丈，可载几百人，积一年粮食，甚至还能在船上养猪、酿酒。再者，指南针已经在海船上得到应用。

绍兴三年（1133年）八月，从宁波出发的南宋商船第一次抵达日本，开启了中日贸易的新纪元。南宋的丝织品、香料、书籍、陶瓷、药材、茶叶等商品，源源不断地运往日本。日本的珍珠、硫黄、水银、沙金等也大批运往南宋。

毫无疑问，蒙古入侵给南宋带来的灾难，影响了中日贸易商的利益。蒙古人的暴行，一定会通过往来中日的贸易商传到天皇朝廷以及镰仓幕府。

台湾东吴大学历史学家汪公纪在《日本史话》一书中，以幕府将军源实朝为例，说明南宋的经济文化对日本的影响：

> 经过将近一百五十年文化经济的交流接触，日本和南宋之
> 间，可以说十分融洽，南宋高度的文风，吸引了日本的知识阶层，
> 幕府三代将军实朝，甚至想过放弃他在镰仓的荣华，而去建造
> 一条大船，到文化大国的南宋去终老。〔这件事〕说明了当时
> 日本朝野对南宋真挚的盛情。①

正是因为上述原因，幕府选择不做回应，同时积极备战。正如
前面已经提到的，虽然幕府不知道此举会有什么后果，但两百多年
前"刀伊入寇"事件的胜利，已经极大增强了日本的自信心。据《剑
桥日本史》记载，1268年的某一天，幕府曾经致信四国岛赞岐市守
护："我们最近得到消息，蒙古人已经变得邪恶，并正准备攻打日本。
赶快通知你们的御家人（即与将军直接保持主从关系的武士），保
证国家防务的安全。"②

符合情理的设想是，九州岛的守护应该也收到了同样的命令。
至于幕府到底是在何时又是从何处得知蒙古准备要攻打日本的消
息，至今仍是待解之谜。总之，这条消息是准确的：蒙古确实在做
攻打日本的准备。

《元史》载，至元五年（1268年）六月，高丽国王王禃派遣使
臣崔东秀向蒙古大汗忽必烈汇报，说是准备了一万人的军队，建造
了一千艘战船。随后，忽必烈还派了一位都统领去检查。这位都统

---

① 汪公纪：《日本史话》，广西师范大学出版社，2006年。
② Kozo Yamamura, *The Cambridge History of Japan*, Vol.3, Medieval Japan, Cambridge University Press, 1990.

领还草草视察了通往日本的海道。另外，忽必烈还命令躭罗（今济州岛）建造百艘战船待用。

高丽国王遣使汇报的时间是1268年年中，此时一千艘战船已经造好，而根据当时的人力及技术条件，造这么多战船至少也需要半年时间，也就是说，最迟在1267年底，蒙古就有了攻打日本的想法。

第十七章　外交努力

　　蒙古大汗并未放弃外交努力。毕竟，攻打日本需要耗费大量资源，而且当时蒙古最艰巨的任务是攻打南宋。忽必烈心里十分清楚，要是能说服日本称臣，得其相助攻打南宋，当属上上之策。

　　前文已述，《元史》提到潘阜等人的出访，是以"不得其要领而归"作为结论。至元五年（1268年）九月，忽必烈再命殷弘、黑的持国书出使日本。这一次，二位侍郎抵达了对马岛①，但日本人拒绝接纳他们，于是，他们捉了两个日本平民——塔二郎和弥二郎——回国交差。

　　两个平民显然不会有什么战略价值。次年六月，忽必烈让高丽国将他们送回日本，并让中书省就这件事情致信日本，但日本方面仍然没有回应。十二月，忽必烈又命秘书监赵良弼出使，同时写信警告日本国王：

　　　　……日本素号知礼之国，王之君臣宁肯漫为弗思之事
　　　　乎？……特命少中大夫秘书监赵良弼充国信使，持书以往。如

---

① 位于日本与朝鲜之间的朝鲜海峡，今属日本长崎县。

即发使与之偕来，亲仁善邻，国之美事。其或犹豫以至用兵，
夫谁所乐为也，王其审图之。[①]

意思是，日本素来号称知礼之国，王之君臣怎么能随便做出这
种不加思量的事情来呢？……（再次）特派少中大夫秘书监赵良弼
担任国信使，持书前往。如果你国能派使者随赵良弼来我朝，咱们
做个亲善邻邦，这将是国家的美事。要是你国仍是犹豫不定，导致
兵戎相见，就没意思了。大王好好考虑一下。

这个赵良弼是一个非常谨慎的人。出发之前，他还特地请忽必
烈拟定与日本国王相见的礼仪。不过，忽必烈及参与廷议的群臣都
认为，蒙古与日本的上下关系还没有确定，因此没有礼数可言。

由于高丽国内发生了叛乱，王禃被权臣林衍赶下王位，赵良弼
的出使拖了整整一年。关于这次叛乱，后文将有专节进行介绍。总之，
高丽叛乱平定之后，于至元七年（1270年）十二月，忽必烈下诏给
复位的高丽国王王禃，命他一定要派人护送赵良弼，而且这次一定
要到达日本。于是，王禃先是派将军洪茶丘等人护送赵良弼去海港，
再另派向导驾船送赵良弼去日本。这一次出使仍然无功而返。

然而，赵良弼并没有放弃。终于，至元八年（1271年）九月，
在一位高丽官员的引导下，他的出访终有所获。日本派了一位叫弥
四郎的使者来蒙古作了回访。但双方会面的细节至今都是一个谜。
《元史》仅仅简单作了一笔交代：忽必烈热情款待了弥四郎一番后，
又派赵良弼把他送回了日本。

同年十一月，忽必烈将国号定为"大元"。次年二月，赵良弼

① 《元史》卷二○八，《外国列传·日本》

派人给忽必烈带回这样一条情报：赵良弼与弥四郎一起回到日本后，太宰府西守护所接待了他。守护所的官吏还说，高丽人曾经欺骗日本人，说是蒙古将讨伐日本，想不到蒙古皇帝如此厌恶战争，还派使臣带来国书。不过，京都距离太宰府太遥远了，所以太宰府愿意再派使臣，随同蒙古使臣一起回访。[①]

不久之后，随赵良弼出访的元朝使臣张铎，带着二十六名日本使者到京城觐见皇帝。但忽必烈对日本国情了解太少了，以至于认为，这些使者很可能是日本国王所派，而不是由太宰府派来的。他对自己的判断并不十分肯定，于是又征求姚枢、许衡等博学多才的大臣们的意见。结果姚枢、许衡等人都回答，事实肯定如皇帝所猜测的，日本因为害怕我朝施加重兵，所以才派这些人来刺探我朝虚实。他们建议皇帝不要召见这些日本使者。忽必烈听从了他们的建议。

日本使者在京城待了一个月后，皇帝就下了诏书，让中书省迅速把这些使臣送回日本去。就这样，镰仓幕府派来的庞大使团，与之前蒙古派往日本的使臣一样，都是两手空空地回了国。最有意思的事情是，至元十年（1273年）六月，赵良弼又出使日本，抵达太宰府之后，无功而返。日本的强硬路线让蒙古人最终认识到，武力是实现其外交目标的唯一途径，除此之外别无他法。

我们可以想象一下，如果蒙古大汗忽必烈知道，日本的实际统治者不是王室，而是幕府的将军或执权，不知他会做何感想，又会采取怎样的策略：他还会写信给日本国王吗？或者努力与镰仓幕府达成某种默契？又或者秘密联络日本国王，说服日本国王与自己联

---

① 《元史》卷二〇八，《外国列传·日本》。

手，先帮王室除掉镰仓幕府，再控制日本国王，然后再联合日本攻打南宋？

　　当然，历史是无法假设的。但有一点可以肯定，如果忽必烈了解当时日本的情况，历史将会是另一番景象。而已经发生的历史是，至元十一年十月（日本文永十一年），元朝与高丽的联军进攻了日本，日本称之为"文永之役"。

第十八章　战机贻误

日本对高丽的野心

细说"文永之役"前，需要回答的几个问题是：高丽为何提议攻打日本？为何等了几年之后，元朝与高丽联军才征讨日本？

先回答第一个问题。前面已经说过，汉朝的时候，日本分为一百多个国家，处于一盘散沙的状态，当时，它还要通过汉朝在朝鲜半岛设置的玄菟、乐浪等郡上交贡赋。然而，后来的情况发生了改变。

南北朝时期，中国史书所谓的"倭国"，已经开始觊觎朝鲜半岛这块肥肉。再引《宋书》：

〔太祖元嘉〕二十年，倭国王济遣使奉献，复以为安东将军、倭国王。二十八年，加使持节、都督倭新罗任那加罗秦韩慕韩六国诸军事，安东将军如故……兴死，弟武立，自称使持节、都督倭百济新罗任那加罗秦韩慕韩七国诸军事、安东大将军、倭国王。①

① 《宋书》卷九七，《夷蛮列传·倭国》。

这段史料的意思是，太祖元嘉二十八年（451年），"倭王济"获得了都督新罗、任那、秦韩等朝鲜半岛六国军事的权力，后来，"倭王武"自称有权都督朝鲜半岛七国军事。

5世纪中期是日本的古坟时代中期。[①] 按照日本历史学家依田熹家的判断，"倭王济"和"倭王武"相当于《古事记》《日本书纪》中的允恭天皇和雄略天皇。现有史料表明，正是在这一段时期，为了控制朝鲜半岛南部，获得朝鲜的先进技术和铁资源，在日本大和朝廷与朝鲜北部高句丽政权之间，爆发过战争。

到了7世纪，新罗统一了朝鲜半岛。日本与新罗曾多次交换使节，但由于日本想把新罗当作属国，双方关系急剧恶化，于是，日本遣唐使的船只不再由朝鲜半岛登陆，而是直接航向中国江南地区。当时，中国东北的渤海国因与新罗对抗，曾多次向日本派出使节。

日本甚至还曾与唐朝争夺对朝鲜半岛的控制权。高宗龙溯三年（663年），唐朝与日本爆发了一次海战，地点在白江，即今韩国锦江入海口附近。这是中日两国的第一次战争。五代时期成书的《旧唐书》载："仁轨遇倭兵于白江之口，四战捷，焚其舟四百艘，烟焰涨天，海水皆赤，贼众大溃。"[②] 也就是说，唐将刘仁轨所率海军四战皆捷，把日本海军打得落花流水。

11世纪中期，日本与高丽的关系发展迅速。在此之前，双方的关系仅限于发生海难时送还对方失事的船只与水手，但后来双方的贸易关系逐渐发展起来。不过，两国并没有正式的外交关系。由于生产力水平相差比较大，高丽出口日本的货物是原材料，日本出口

①　古坟时代（Era of Great Tombs），又称大和时代，在弥生时代之后，从300年左右开始，迄于600年，因当时统治者大量营建"古坟"而得名。

②　《旧唐书》卷八四，《刘仁轨列传》。

高丽的则是制成品。到了13世纪时，这种不平衡的贸易关系，迫使高丽限制了与日本的贸易。

另外，13世纪逐渐猖獗的倭寇——日本海盗——也限制了日本与高丽的经济与文化交往，伤害了两国的政治关系。

见诸史料的倭寇第一次袭击高丽，发生在1223年。郑麟趾所著《高丽史》记载，高宗十年（1223年），"〔五月〕甲子，倭寇金州"。①在之后的几十年中，倭寇频频袭击高丽南部沿海村落。

1227年，金州再次遭到倭寇袭击，高丽派特使去日本交涉。日本的态度相当正面。当着高丽特使的面，九州太宰府的守护武藤佑赖向部下发出命令，捉拿袭击金州的倭寇并予以斩首。但这并不足以对倭寇形成震慑。1232年，日本肥前国的倭寇卷土重来，袭击高丽并抢走很多稀世珍宝。

蒙古攻打并控制高丽之后，倭寇的气势才有所收敛。1251年11月，高丽在金州修建堡垒，以对付日本海盗的袭击。1259年高丽臣服蒙古之后，立即派遣特使前去日本，要求幕府镇压倭寇。然而，倭寇的袭击并未停息。1263年2月，倭寇再次袭击金州，劫走贡船上的货物。

正是因为存在这些恩怨，1265年，高丽人赵彝等才向忽必烈谏言，"日本国可通"。也正因为存在这些恩怨，1271年，高丽的日本通事曹介升对忽必烈说，"若大军进征，则愿为向导"。

由于蒙古与日本互相知之甚少，所以虽然经过好几年的外交努力，但双方仍未能建立和平的关系。最终，蒙古人选择了兵戎相见。

---

① 郑麟趾：《高丽史》卷二十二，《世家》第二十二。

高丽平叛

　　为何直到1274年，元朝与高丽联军才进军日本呢？前面提到过蒙古朝廷的外交努力，他们希望能够不费一兵一卒就让日本人臣服，从而借助日本的军力进攻南宋，而不是分散本该进攻南宋的力量去攻打日本。蒙古人的外交努力一直到1273年才作罢。这是对日本的征讨一拖再拖的重要原因，但并非是唯一的原因。

　　这与高丽国内的情况有密切关系。元宗十年（1269年）六月，高丽权臣林衍发动叛乱，废王禃，立王禃之弟王淐为王，高丽上下顿时一片混乱。八月，高丽世子王谌到达京城汇报此事，于是，忽必烈派了两位使臣去高丽了解情况。九月，高丽枢密院副使金方庆随同蒙古使臣入朝商议平乱之事。王谌向忽必烈请命，愿率领三千兵马，备足五月粮草，随蒙古大军入高丽平叛。

　　但忽必烈不想鲁莽行事，毕竟，高丽内乱的原因还没有弄清楚。于是，他做了两个方面的准备。一方面，他派兵部侍郎黑的等人诏令王禃、王淐、林衍等人于十二月一同来蒙古朝廷对质，"听其是非"；另一方面，又派大军开赴高丽，如果这些人"逾期不至，即当穷治首恶，进兵剿戮"。[①]

　　十一月，高丽都统领崔坦等人以林衍作乱为由，带领高丽西京地区50多座城池归附蒙古军。之后，忽必烈又派人去高丽征兵，听到高丽西京都统抱怨兵力不足后，才加派蒙古军前去增援。

　　忽必烈的算盘很清楚，尽量用高丽的资源来平复叛乱，一方面可以节约蒙古兵力，一方面可以削弱高丽兵力。道理十分简单：高丽虽然已经称臣，但是从以往历史来看，它并不会甘心归附。对此，

---

① 《元史》卷二〇八，《外国列传·日本》。

蒙古人心知肚明。

蒙古枢密院群臣在讨论征伐高丽国一事的时候，一位名叫马亨的官员警告，高丽现在虽然来行礼朝拜，但"其心难测"，因此，他建议以大兵借路去攻打日本为名，"乘势可袭其国"，然后把高丽作为郡县加以治理。但他同时表示，现在并非讨伐高丽的好时机，应该在平定南宋之后，待高丽有异心之时，再回兵剿灭他们不迟；现在朝廷最应该做的事情是，安抚并感化高丽的百姓。

最具有战略性思维的官员，当属前枢密院经历（从五品官职）马希冀。他在讨论时提出，"大抵藩镇权分则易制，诸侯强盛则难臣"。意思是说，如果藩镇内部存在若干势力，就可以利用这些势力之间的分歧，控制这个藩镇就容易得多；要是藩镇内部拧成一股绳，就很难使之真正臣服。因此，他提出一个天才设想：查清高丽各州城军民多寡，然后把高丽一分为二，让这两者权力均等，使它们自相牵制，然后再慢慢商量更妥善的办法。但不知是什么原因，他的建议最终没有实施。

总之，忽必烈的平叛战略很快就奏效了。十一月，兵部侍郎黑的进入高丽之后，王禃很快就恢复了王位。一个月后，这位高丽王亲自到京城觐见忽必烈。元宗十一年（1270年）正月，王禃派出一个400人的庞大使团入朝参拜。

高丽内乱就此平息。其结果是：内乱首恶林衍被诛杀，胁从者"一无所问"，都被赦免了罪行。不过，仍有林衍的党羽不服。他们纠集了一些兵力，立王禃的庶子承化侯为王，逃亡珍岛。蒙古则加强了对高丽的控制：高丽的西部边境由蒙军戍守，驻守高丽的蒙古兵力大幅增加；此外，还在高丽设置了屯田经略司。忻都、史枢等人奉命以经略使之职率军五千在金州屯田，筹集征讨日本的粮饷。

从现有史料上看，至元七年（1270年）十一月时，蒙古尚未最终确定先打南宋还是先取日本。根据《元史》的记载，忽必烈当月下诏责备王禃，高丽的征兵造船之事进度太慢，又说，无论是先攻打南宋还是先征讨日本，都希望高丽尽早备齐兵马、船舰以及物资粮草。

幕府内讧

高丽爆发内乱期间，镰仓幕府内部的冲突也在加剧。1263年，年仅三十七岁的北条时赖（1226—1263年）在幕府执权任上突然去世。此后，镰仓幕府"执权"之位空缺了五年，直至1268年北条时宗上任。在这五年期间，为了争夺"执权"之位，北条家族内部陷入分裂。

1269年4月，北条时宗重新设置了已于三年前解散的"引付众"，即幕府专门主管诉讼的机构。他之所以重设这个有权评判武士是非曲直的机构，就是为了平衡北条家族内部的权力分配。

重设的引付众由五个部门组成，全都由北条氏把持。在具体人选的分配上，北条时宗煞费苦心，既想让北条氏主要家族满意，又想照顾北条氏其他家族的利益。不过，幕府内部矛盾非但没有得到缓解，反而呈现愈演愈烈之势，以至在1272年爆发了"二月动乱"。

据东京大学历史学家石井进考证，因为在蒙古和其他问题上的看法有严重分歧，北条时宗同父异母的兄弟、主管京都六波罗南区的北条时佑，勾结引付众的主管北条时昭及北条乘时，在京都密谋推翻北条时宗的权威。2月11日，北条时宗派大仓赖季率领一班杀手去京都平叛。一个月之后，北条时佑、北条时昭等人都被诛杀。[1]

北条时昭被杀后不久，幕府突然又宣布他是无辜的。最终，五名对这次动乱负责的北条氏御内人——管理御家人的上层武士——被清除。到了该论功行赏的时候，大仓赖季既没有得到褒奖，也没有受到惩罚，得到的只有嘲笑。总之，事情的真相至今并未完全打开，但它充分反映了幕府权力结构的不稳定。

"二月动乱"被平息之后，镰仓幕府向各国下令，要求提交大田文（土地监察报告），列明土地面积、所有者名单等事项，作为征税及征召御家人的基础。通过了解各国土地的详细情况，幕府可以掌握御家人的经济状况。这件事表明，幕府开始调查人口和经济资源，开始评估日本的军事能力。

最早在1267年，幕府曾发布一项命令，禁止御家人将自己的土地出售、典当或转让给非亲属，并责令以原价退回已经出售或典当的土地。1270年，这项命令被废除。大田文提交一年后，幕府发布了一项新的命令，保证御家人无偿赎回被典当的土地，以改善其经济条件。幕府出台这些措施的主要目的是，调动御家人抵御蒙古入侵的积极性。

1271年的某一天，日本收到来自高丽的情报。这份情报提醒幕府注意蒙古人的动向，建议日本加强军力和后勤保障。提供这些情报的是高丽的叛军，他们想通过这种方式报复蒙古人的军事扩张。9月，幕府下发了一道命令："我们已经得到消息，蒙古人的入侵迫在眉睫。为了保卫你们的土地，所有在九州拥有土地的御家人必须马上返回九州。"

---

[1] Kozo Yamamura, *The Cambridge History of Japan*, Vol.3, Medieval Japan, Cambridge University Press, 1990.

这项命令之所以特别值得一提，是因为在这项命令发布之前，肩负保卫九州岛安全责任的，只有居住在九州的御家人。毫无疑问，居住在其他地方的御家人的到来，将极大加强九州的防御力量。

就在这道命令下发后不久，蒙古特使赵良弼携信抵达太宰府。天皇原本想做出正式的回复，但是遭到镰仓幕府的否决。幕府有自己的回应方式。正如前面已经提到过的，它派出二十六位特使随同蒙古特使回访蒙古朝廷。然而，由于双方彼此了解太少而猜忌太多，镰仓幕府的这次回访没有结果。

第十九章　失败的征伐

文永之役

至元十年（1273年）二月，襄阳城守将吕文焕"惧而请降"。元军终于攻破南宋的西大门，统一中华大地指日可待。与此同时，高丽的叛乱也已经平息。在忽必烈看来，征讨日本的时机已经成熟。

次年四月，忽必烈派出两位使者去高丽征兵。最终，元朝与高丽的征日联军达3万人，其中，元军1.5万人，高丽军8000人，另外还有水军6700人。[1]（《高丽史》记载为"蒙汉军二万五千"。）

征日联军原定七月出发，但因为高丽国王王禃突然去世，所以拖延到十月才成行。十月三日，在征东都元帅忻都、右副帅洪茶丘、左副帅刘复亨的率领下，联军分乘900条战船从高丽合浦（今镇海湾马山浦附近）出发，直奔日本而去。

两天后，联军袭击了对马岛。当时驻守对马岛的日军只有80人，所以，联军很快就把他们打败了。十月十七日，联军开始攻打壹岐岛。日军守将平景隆率领100名骑兵英勇迎战，最终被打败。两周之后，征日联军抵达博多湾（今福冈附近）。他们从博多湾西面登陆，

---

① Kozo Yamamura, *The Cambridge History of Japan*, Vol.3, *Medieval Japan*, Cambridge University Press, 1990.

打算从西往东挺进，最终占领博多。

联军在博多湾遭遇了幕府驻博多守护、镇西奉行大友赖泰与武藤祐吉指挥的一支由御家人组成的军队。日本史料没有提供这支军队的详细情况，可以肯定的是，它一定比联军规模小得多。日本历史学家石井进的估计是，这支御家人军队大概有6000人。

征日联军所使用的武器，比如淬过毒的箭矢、爆炸装置等，日本人以前从未见过。日本武士一对一单挑式的作战方式，在集团作战的联军面前毫无用处。虽然是跨海长途奔袭而来，但联军似乎并没有感到疲累。所以，尽管幕府军队取得一些小规模的胜利，但就总体而言，日本完全处于下风。

日本一幅题为《蒙古袭来绘词》的画卷生动地描述了这场战争。这幅画卷是肥后国御家人竹崎季长委托一名画师画的。

文永十一年（1274年）十月二十日，竹崎季长正在箱崎湾参加战斗，当听说博多遇袭，他立即带上四名随从去支援。等他们抵达博多时，已经有很多来自其他地方的武士赶到那里。这时，指挥官武藤景佑下令联合反击。由于自己这边只有五个人，竹崎季长确信这场战争不能带给他荣耀，于是带着随从去了赤坂战场。在那里，肥后国武士菊池武房正率军撤退。这正是名扬日本的机会。竹崎季长迅速投入战斗。他的一名随从很快中箭，他本人和其他三名随从也身负重伤。肥前国武士白石通泰救了他。白石通泰手下有一百多号人马。

竹崎季长的表现为日本武士树立了榜样。但并非所有武士都像他一样，把荣誉放在第一位。文永之役结束之后，幕府曾经批评某些武士，说他们虽然身在战场，却拒绝作战，或者在结束一场战役之后，拒绝赶赴下一个战场。

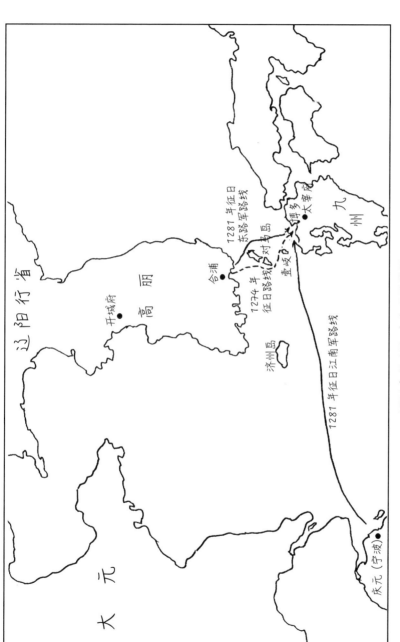

1274年及1281年征日路线图

十月二十一日，文永之役到达高潮。日军放弃了博多和箱崎地区，撤退到水城的一个古老要塞，以保卫太宰府的安全。太宰府距离海岸只有16千米。征日联军的损失也不小。元军左副帅刘复亨被武藤景佑射伤。

由于过高估计了日军的数量，再加上联军资源损耗较大，后勤保障也跟不上，蒙古统帅忻都做出了撤军的决定。《元史》记载，联军之所以撤军，是因为"官军不整，又矢尽，惟掳掠四境而归"。

一场突然袭来的罕见大飓风，把元朝高丽联军逼入了绝境。现在仍不清楚的是，遭遇飓风袭击的时候，联军舰队是仍然停留在博多湾，还是在经过壹岐岛和对马岛返回高丽的途中。据《高丽史》记载："军不还者，无虑万三千五百余人。"[1]

弘安之役

文永之役结束之后，幕府势力得到极大扩张。幕府武士统治的国（相当于州）增加了十一个，其中八国的守护由北条家族把持，其余三国由足立守及其盟友把持。日本的防务完全被幕府监管。

因为担心蒙古人会再次来袭，幕府很快组织了防御工作。1275年，九州岛的下臣们接到名为"异国警固番役"的命令：将两到三国的兵力组成联合部队，每支联合部队每年都要进行三个月的防御巡视。

幕府还在博多湾修建了一堵长长的石头墙。这堵防御墙距海岸线50米左右，长约20千米，高度在1.5米到2.8米之间，厚度在1.5

---

[1]　郑麟趾：《高丽史》卷二八，《世家》第二十八。

米到3.4米之间。幕府原先的计划是，从建治二年（1276年）三月开始建造，花五个月时间建成。不过，实际上花的时间更长一些。比如，萨摩国负责的那一段城墙直到次年初才建成。负责建设这道墙的不仅有九州的御家人，还有各类庄园主。他们肩负责任的大小，与其拥有土地的多寡成正比。

除了安排海岸线防御任务，幕府还采取种种措施，调配兵力，以保卫京都安全。德高望重的北条时盛和许多知名武士被派往京都。山城国的所有武士，包括御家人和非御家人，都被责令执行"大番役"，即保卫京都的任务。

另外，为了避免增加百姓的负担，幕府鼓励武士和朝臣过节俭的生活。幕府还命寺庙和神社做特别祈祷，在精神上帮助他们保卫国土，打败敌人。

据日本史料，1275年底时，幕府甚至曾计划攻打高丽，以复仇为防御的手段。他们打算次年春天就动员武士、准备战舰、招募水手，不仅招募幕府的武士，还包括不属于幕府的武士。不过，这个计划最终并没有实施。

至元十二年（1275年）二月，忽必烈派礼部侍郎杜世忠、兵部侍郎何文著等出使日本。两个月后，他们抵达日本，但他们去的地方不是太宰府，而是长门（今兵库县附近）。幕府的态度比以前强硬得多。九月，幕府将所有元朝特使拘禁起来。次月，在镰仓郊区，杜世忠等人全部被处死。但这个消息直到至元十七年（1280年）二月才传到元朝。

南宋的灭亡，使元朝获得更多的资源。这时，进攻日本被再次提上日程。

忽必烈命江南建造600艘战舰，并与南宋降将范文虎讨论了行动的细节。忽必烈得到的建议是，再派一队特使前往日本，挟灭宋之威，警告日本人，如若不臣服于元朝，将遭受南宋同样的命运。至元十六年（1279年）六月，特使周福、栾忠等抵达日本，但和前次一样，朝廷和幕府拒绝接待他们，所有使臣在博多被处死。

灭宋之后，元朝接管了南宋海军，已经能够直接从大陆出发，跨海袭击日本了。不过，忽必烈仍然希望高丽出力。至元十六年正月，元朝在高丽设置了艾州、东京、柳石、孛落四个驿站。六月，忽必烈命高丽王王赌（即王谌）"造战船征日本，以高丽材用所出，即其地制之"。

1280年，得知杜世忠等人被日本处死的消息后，忽必烈加快了征讨日本的进度：对南宋新附军（即投降的南宋军队）进行整编，并在高丽设置征东行省（亦称日本行省）主持征伐大计。[1]

次年正月，忽必烈命令元军兵分两路攻打日本：东路军由征东行省右丞忻都、洪茶丘和都元帅金方庆指挥，共计有蒙、汉、高丽军队4万人，以及1万多名水手和900艘战船；江南军则由日本行省右丞相阿剌罕、右丞范文虎、左丞李庭、张禧等率领，共计有南宋新附军和临时征集的江南士兵10万人，有3500艘战船。

次月，诸将前来向皇帝告辞。忽必烈对他们说道："始因彼国使来，故朝廷亦遣使往，彼遂留我使不还，故使卿辈为此行。朕闻汉人言，取人家国，欲得百姓土地，若尽杀百姓，徒得地何用？"

意思是说，因为日本扣留我朝使者（指的是周福、栾忠等人），所以派你们走这一趟；朕曾听汉人说过，占领别人的国家，就要得到别国的百姓和土地，如果杀尽了百姓，就算得到了土地也没有用处。

从这几句话不难看出，忽必烈对这次出征抱有极高的期待，他

---

[1] 郑麟趾：《高丽史》卷二九，《世家》第二九。

要的不只是一场胜仗，而是彻底征服并统治日本。一个个大国都被自己消灭，何况一个小小的倭国？忽必烈自然会有这样的信心和期待。但他同时也有一丝不祥之感。他对行将出征的将军们说道："又有一事，朕实忧之，恐卿辈不和耳。假若彼国人至，与卿辈有所议，当同心协谋，如出一口答之。"①

忽必烈的担心后来果然应验。

元朝做出征准备之时，日本也在厉兵秣马。日本的史料说明，镰仓幕府知道入侵正在迫近。幕府曾在一封信中警告九州守护大友赖康，元军的入侵可能会在弘安七年（1282年）四月，要求他夯实自己的国防戒备。但显然，元军来得比他们预计的快得多。

日本的动员方式与安永之役时相同。九州武士在博多湾集结，指挥官是大友和武藤。新建成的石墙成了最好的屏障。日军的确切规模并不清楚，但应该比上一次战役时更为庞大。

至元十八年（1281年）五月，东路军从高丽合浦出发，月底袭击了对马岛和壹岐岛。原先的计划是，东路军与江南军于六月十五日在壹岐岛汇合，然后进行下一轮攻击。但立功心切的东路军没有依计划行事，而是在六月初朝博多湾进军。由于有石墙的阻碍，东路军无法登陆，于是占领了滋贺岛。

日军勇敢地进行了反击。他们驾小船追击元军战船，通过堤道展开攻击。竹崎季长再次参与战斗。这一次，他是作为肥后国的前锋出战。最终，在六月十五日之前，东路军放弃了滋贺岛，退兵至壹岐岛。

---

① 《元史》卷二〇八，《外国列传·日本》。

　　江南军方面也出师不利。军队尚未出发,主帅阿剌罕就病倒了,于是,他任命阿塔海总领军事。

　　阵前换帅是兵家大忌。它意味着将帅之间、将领之间的固有关系被改变。新上任的主帅自然会偏向他以前亲自指挥的军队,因而会让指挥其他军队的将领感到不快,激化原先就存在的嫌隙,进而影响战局。

　　江南军于六月中旬从庆元(今宁波)、定海启航,直到七月才在平户岛与东路军会合,会师后前往博多湾。七月底,征日大军抵达肥前国附近的高岛。在这里,他们与日军激烈交战。

　　据日本史料记载,七月三十日夜,正当元军要发起最后攻势之时,又一场风暴袭击了博多湾。绝大部分元军船只都被巨浪打翻,死于风暴的士卒不计其数。而元军将领之间的矛盾,也在这个时候被激化。

　　遭遇风暴袭击之后,元军高层本想继续讨论攻伐之事,但万户侯万德彪、招讨王国佐、水手总管陆文政等人不听指挥,各自逃命而去。右丞范文虎等诸将也"各自择坚好船乘之,弃士卒十余万于山下〔五龙山〕"。八月七日,这批被遗弃的士卒遭到日本军队的袭击,除了被日军俘虏的两三万人,全都战死。两天后,两三万俘虏被押至八角岛,其中的蒙古人、高丽人以及汉人在这里被杀死,只有南宋新附军逃过一劫。日本人认为新附军是唐人,所以"不杀而奴之"。①

　　明代宋濂等人认为,元军将领之所以弃军逃命,是因为他们"议事不相下",即不能达成一致意见。据《元史》载,被遗弃的十余万元军,只逃回三个人。而据日本史料,元军损失了69%到90%,

---

① 汉人和新附军分别指的是金人和南宋降兵,这是站在元朝立场上的称呼。"唐人"则是当时日本人对原南宋人的称呼。

总计超过10万人死亡。由于这年是后宇多天皇弘安四年，所以日本史称这场战役为"弘安之役"。

日本人将这次胜利再次归功于"神风"。实际上，与"天灾"相比，征日军队更是败于"人祸"，比如，忽必烈明知将帅不和，却不做相应调整，过于相信军队战斗力；征日军队的成分也过于复杂，被征服的高丽军、汉人军及南宋新附军都有异心，不可能死心塌地为蒙古人卖命。

流产的征伐

忽必烈并未因此而放弃征日。

"弘安之役"结束两个月，即至元十八年（1281年）十月，元朝在高丽金州等处设置镇边万户府，以印侯为昭勇大将军，任镇边万户，并赐虎符及官印，以张舜龙为宣武将军，任镇边管军总管，以控制日本。[①]次月，忽必烈下诏，命回国比较晚的征日军队分别戍守沿海地区。

至元十九年（1282年）秋七月，高丽国王王睶主动为岳父分忧，请忽必烈允许他自行制造战船150艘，"助征日本"。两个月后，忽必烈下令，让平滦、高丽、耽罗以及扬州、隆兴、泉州制造大小船只3000艘。

十一月，忽必烈听从中书省大臣的建议，将天下重囚，"除谋反大逆，杀祖父母、父母，妻杀夫，奴杀主，因奸杀夫并正典刑外，余犯死罪者，令充日本、占城、缅国军"，也就是说，将一部分死

---

① 　郑麟趾：《高丽史》卷二十九，《世家》第二十九。

囚充军发配至江南征日军中。

十二月，忽必烈命范文虎等人将所属300艘战船交给阿剌海统领。不久后，阿剌海被任命为征东行省丞相，高丽国王王賰被任命为左丞相。

次年正月，忽必烈命令筹集征讨日本的军粮，"令高丽国备二十万石"，并从五卫军中抽调两万人以征讨日本。五卫军是忽必烈设置的侍卫亲军，由亲军都指挥使统辖。"五卫"象征着东、南、西、北、中五方。此外，忽必烈还"命右丞阇里帖木儿及万户三十五人、蒙古军习舟师者二千人、探马赤万人、习水战者五百人征日本"。

到了四月，先是"以侍卫亲军二万人助征日本"，又"命枢密院集军官议征日本事宜"，又命人将大都所造回回炮，以及炮匠张林等人交付征东行省，并向元军和高丽军拨付衣甲等装备。

第三次东征日本的计划进展并不顺利。无论是在元朝，还是在高丽，民间反对再次东征的呼声越来越高。

至元二十年（1283年）五月，御史中丞崔彧上奏："江南盗贼相继而起，皆缘拘水手、造海船，民不聊生，日本之役，宜姑止之。江南四省应办军需，宜量民力，勿强以土产所无，凡给物价及民者必以实。招募水手，当从所欲。伺民之气稍苏，我之力粗备，三二年复东征未晚。"[1]

淮西宣慰使、西夏降将之后昂吉儿上奏："臣闻兵以气为主，而上下同欲者胜。比者连事外夷，三军屡衄，不以言气。海内骚然，一遇调发，上下愁怨，非所谓同欲也。请罢兵息民。"[2]

忽必烈没有听从崔彧和昂吉儿的建议。但局势的发展越来越证

---

① 《元史》卷一二，《世祖本纪》。
② 《元史》卷一三二，《昂吉儿列传》。

明征东是不明智的。

次年六月，因为对东征带来的沉重负担不满，民间动乱不止，江南一带起义频频发生，地方上的蒙古军官请求增兵以镇压内乱。高丽百姓也不断反抗元军的占领。两个月后，浙西道宣慰使史弼上奏，最近因制造征日船只而在民间征税，百姓对此感到困苦，建议皇帝采取宽舒民怨的政策。

为了控制日益严重的内乱，忽必烈被迫下诏，命各地放缓制造征讨日本船只的速度，将扣留的商船全数返还。而后，征讨日本事宜虽屡次被提上日程，但每次都因众臣反对、民怨不止而搁置。

既然军事手段短期内难以实施，忽必烈再次动用外交手段，希望能让日本称臣。因为知道日本人信仰佛教，皇帝派遣南海补陀寺僧人如智等人携带国书出使日本。然而，在海上遭遇了风暴，如智等人不得不返回。

1284年，忽必烈再命如智及江西参知政事王积翁出使日本。据说因为虐待船工，王积翁在半路上被水手杀害。无论如何，这次出使也以失败告终。

1285年，礼部尚书刘宣上奏，日本与大陆隔着万里海洋，出师征讨"实为履险"，即便不会遇上风暴，能够顺利抵达彼岸，可是，"倭人徒众猥多，彼兵四集，我师无援，万一不利，欲发救兵，其能飞渡耶？"而且三四年来，湖广、江西一带，船只制造和军需粮运之事已使"官民大扰"，广东一带群盗并起，如果不停止征讨日本的计划，"安危系焉"！①

刘宣的上奏打动了忽必烈。次年正月，忽必烈"以日本孤远岛夷，

---

① 《元史》卷一六八，《刘宣列传》。

重困民力"为由，下诏停止征讨日本，命有司遣散所雇民船。而后又诏谕官民，日本没有侵犯我朝，现在交趾国（今越南）进犯我朝边界，应该放下征讨日本事宜，专门对付交趾国。

1294年，忽必烈去世。

四年后，即大德二年（1298年），江浙省平章政事也速达儿请求征讨日本。元成宗铁穆耳（1294—1307年在位）回答："现在不是时候，容朕慢慢考虑。"

次年三月，成宗命妙慈弘济大师、江浙释教总统补陀僧一山一宁（1247—1317年）持国书出使日本。这份国书措辞平和诚恳，没有了暴戾威胁之气。国书写道：

> 有司奏陈，向者世祖皇帝尝遣补陀禅僧如智及王积翁等两奉玺书通好日本，咸以中途有阻而还。爰自朕临御以来，绥怀诸国，薄海内外，靡有遐遗，日本之好，宜复通问。今如智已老，补陀宁一山道行素高，可令往谕，附商舶以行，庶可必达。朕特从其请，盖欲成先帝遗意耳。至于惇好息民之事，王其审图之。[①]

大意是，有官员上奏称，世祖皇帝曾派补陀禅僧如智及王积翁等两奉国书通好日本，但都因为中途有阻而不得不返回，圣上自登基以来，安抚各国，邻近的国家，地不论远近，国无论大小，都照顾到了，独缺与日本的友好，理应再次互致问候；而今如智已老，补陀僧一山道行素高，要是派他前往，另遣商舶随行，大概一定能

---

① 《元史》卷二〇，《成宗本纪》。

到达；朕也想达成先帝的遗愿，所以同意所请；此事对两国友好、对安定百姓都有利，希望日本国王慎重考虑。

一宁抵达日本后，受到北条贞时（北条时宗的继任者）及后宇多天皇的高度尊崇。他在日本居住了十余年，在镰仓、京都等地传授禅宗学说，对日本佛教、艺术、文学有一定影响。在其去世后，日本天皇赐以"国师"封号。不过，日本方面并未回复元朝的国书。两国没有建立起官方联系。

自成宗往后，元朝政治日渐腐朽，蒙古贵族内争不息，战乱频频。尽管倭寇已由侵扰高丽转向侵扰中国沿海，元朝已然无力对其进行征伐，只能被动防守。大德八年（1304年）四月，成宗朝廷"置千户所，戍定海，以防岁至倭船"。1308年，倭寇屡次侵扰浙江庆元，官军竟然不能敌。自元顺帝至正十八年（1358年）以后，"倭人连寇濒海郡县"[1]。到了明朝，倭寇已成大患。

---

① 《元史》卷四六，《顺帝本纪》。

第二十章　幕府衰亡

尽管两次打退来袭元军，镰仓幕府并未放松警戒。"异国警固番役"的制度仍在继续。与此同时，幕府重拾攻打高丽的计划。从现有史料上看，尽管幕府从九州北部三个州抽调了大批御家人，使其与来自大和州和山城州的武士组成专门的入侵军队，但攻打高丽的计划却并没有执行。

在这个过程中，幕府利用元军入侵的威胁加强了自身的权威。它从中央朝廷获得至少两项特权：其一，它有权对九州和西部本州的山阴州的公有和私有住宅抽取军粮税；其二，它有权从非幕府领地上征募武士。

因此，北条氏在幕府内部的独裁地位得到进一步加强。而在此之前，镰仓幕府原则上是由有实力的御家人联合执权。1285年，担任守护职务的北条氏家族成员，已由之前的2人发展到33人，占全部60名守护的半数以上。"得宗专制"情况的出现，激化了得宗家的家臣"御内人"与原来的幕府御家人之间的矛盾。

弘安八年（1285年）十一月，代表御家人的安达泰盛等人，与代表御内人的平赖纲之间，爆发了一场军事冲突，此即日本史上的"霜月骚动"。最终，安达泰盛家族以及许多参加骚动的御家人的势力都被消灭。尽管在"霜月骚动"之后，镰仓幕府的势力得到进一步扩张，它却暗示了镰仓体系走向衰弱。

除了因独裁的加强而使内部矛盾升温，导致镰仓幕府走向衰弱的另一个原因，是他们的分配制度。

由于原则上秉承家产分散继承的制度，日本武士的领地越分越小。到了镰仓幕府中期以后，很多御家人的生活都陷入了困境。他们无法适应货币经济的发展，只能靠出卖土地或典当土地维持生计，于是出现了大批因丧失领地而没落的御家人。

元军的入侵导致御家人的生活更加困难。原因在于，他们非但不能像内战时期一样，可以通过没收敌人的领地来获得回报，还承担了抵御元军入侵的成本。因此，御家人对镰仓幕府十分失望。

对于这个问题的危险性，镰仓幕府虽有认识，却没有找到解决之道。幕府出台的政策是，禁止御家人典当或出卖领地。这个政策显然不可能有效。1297年，幕府又发布永仁德政令：御家人因贫困而转卖的土地可由原主无偿收回；御家人所欠债务一概取消，不用偿还；御家人的债主不得就债务问题向幕府申诉。但遭到御家人的债权人的强烈反对，这项德政令实行了一年就被迫终止。

幕府还改革了武士的继承制度：以前的分散继承变成了单独继承，武士的全部领地由嫡长子继承。这项制度导致武士的其他儿子重视地缘关系甚于血缘关系。于是，各地守护的势力变得强大起来。

在此之前，镰仓幕府的人事制度规定，御家人直接从属于幕府，守护虽是各国最有权力的御家人，有权指挥其他御家人，分配军事动员和维持治安的任务，但与其他御家人之间并无主从关系。可是到了镰仓时代末期，因为无法从本家族获得收入，各地包括御家人在内的武士，逐渐同守护结成了主从关系。

　　于是，镰仓幕府在元军入侵后出现了两个趋势：御内人与御家人之前已存在的矛盾激化；御家人逐渐成为守护的附庸。随着御家人制度的瓦解，镰仓幕府逐渐被孤立，最终在1333年宣告灭亡。

　　日本早稻田大学历史学家依田憙家在《简明日本通史》一书中写道，元军来袭是日本有史以来第一次遭到来自外国的进攻，而两次均因"神风"而使敌人蒙受巨大的损失，因而在日本人当中产生了认为"日本是神国"的概念，这种概念一直到以后很长的时期都在产生影响。①

---

① 依田憙家：《简明日本通史》，上海远东出版社，2003年。

第五篇

西征——中东

有好些年，我努力让自己别去想这件事，因为它让我感到恐怖和恶心……如果我母亲没有生我就好了！如果我在这件事发生之前就死了，那该多好！如果我能把这些事都忘了，那该多好啊！

——伊本·阿希尔
（《完整的历史》）

伊本·阿希尔（Ibn al-Athir）是中东著名的历史学家。他出生在小亚细亚的军事重镇吉兹雷，现在属于土耳其东南部的舍尔纳克省。他生活的年代（1160—1233年），正值中东的黑暗时期：

西面基督教世界的十字军，与东面大草原的蒙古人军，都不怀好意地来到中东，使这片孕育了两河流域文明以及两大宗教——基督教和伊斯兰教——的土地，面临着前所未有的困境。

作为库尔德人的伊本·阿希尔，曾在青年时代参加萨拉丁苏丹的军队，在地中海东部的黎凡特打击入侵的欧洲十字军。[①]欧洲人曾是他最为深恶痛绝的敌人，因为他们极度贪婪和残忍，伤害了很多穆斯林兄弟，破坏了当地的文化。当蒙古大军到来之后，已届花甲之年的阿希尔才发现，与蒙古人相比，欧洲人的恶行只是小巫见大巫，蒙古大军带来的灾难要沉重得多。

大概是1231年，也就是在他七十一岁的时候，阿希尔写成一本历史书，书名叫《完整的历史》（*The Complete History*）。这本书已经成为经典的伊斯兰历史著作，同时也是研究十字军和蒙古西征最为重要的著作之一。

或许因为蒙古人带来的痛苦太过深切，阿希尔在描述这段历史时，不愿意让理性掩盖自己的情感，他选择用感性的词汇去表达自己的历史观。他在这本历史书中愤怒地写道：

有好些年，我努力让自己别去想这件事，因为它让我感到恐怖和恶心……如果我母亲没有生我就好了！如果我在这件事

---

① 萨拉丁（1138—1193年）：库尔德穆斯林，埃及与叙利亚的苏丹，曾领导伊斯兰世界打击欧洲十字军。萨拉丁实力最鼎盛的时期统治着今埃及、叙利亚、伊拉克、沙特阿拉伯的汉志省以及也门等国家和地区。

发生之前就死了，那该多好！如果我能把这些事都忘了，那该多好啊！……在人类的历史上从未有过这样的先例。我们知道，历史上发生过很多重大事件，比如，尼布甲尼撒二世〔古巴比伦国王，曾攻陷耶路撒冷，修建空中花园〕杀光了以色列的孩童，并把那里的神殿夷为平地。但与这些可恶的野蛮人〔指蒙古人〕相比，那又算得了什么呢？尼布甲尼撒毁掉的只是神庙，这些野蛮人毁掉的却是城市。尼布甲尼撒杀掉的是以色列的孩童，死于这些野蛮人屠刀之下的，则是难以计数的城市平民……在蒙古人的袭击之下，没人能够幸免于难。他们杀死男人、女人和小孩，甚至将孕妇的腹腔剖开，杀死她们腹中的胎儿……确实，伊斯兰教及其信徒遭受的痛苦与灾难，比世界上其他国家遭受的要严重得多。

阿希尔在书中表达的愤怒情绪，虽然让人有些担心内容上的客观性，但他的判断几乎得到所有人的认同：11世纪至13世纪之间，中东遭遇了前所未有的痛苦与灾难。

本篇的主旨并非回顾这些灾难，而是力求探寻这段历史的逻辑。我们将无法忽视这样一个事实：因为蒙古帝国残忍而热情的参与，世界历史首次具备了"全球性"的特征，西方的基督教文明与东方的游牧文明和儒家文明，汇聚于伊斯兰文明的土地上，各个文明之间首次进行了近距离的互动。

第二十一章　傲慢的代价

邪恶的邻居

蒙古人对中东的进攻，说明了一个简单的道理：邪恶的邻居终将引来灾祸。这个邻居就是花剌子模帝国。

花剌子模帝国位于中亚西部，处于阿姆河的下游，咸海的南面。这个帝国的领土范围主要包括今天的乌兹别克斯坦和土库曼斯坦一带，其国力最强的时候（1190—1220年），领土范围覆盖了今天的伊朗、哈萨克斯坦和阿富汗大部分地区。

根据13世纪阿拉伯地理学家哈马维（Yaqut al-Hamawi）的说法，"花剌子模"（Khwarezm）是波斯语"khwar"和"razm"的组合，特指以当地富产的鱼肉为主要食物的族群。英国历史学家博斯沃斯（C. E. Bosworth）则认为，"花剌子模"是波斯语"xor"（太阳）和"zam"（土地）的组合，意指"太阳升起的地方"。[①] 也有学者认为，"花剌子模"有"低地"的意思，盖因地势而取国名。

8世纪初，阿拉伯人征服了波斯。随着阿拉伯帝国的扩张以及伊斯兰教的传播，花剌子模地区成为伊斯兰世界的一员。中亚地区

---

① C. E. Bosworth, *The Encyclopedia of Islam*, Vol. IV, 1978.

的伊斯兰教文化中心布哈拉，即在花剌子模地区。

正如国家会有不同的朝代，花剌子模地区也经历了不同的时期。10世纪至11世纪末，花剌子模地区由西喀喇汗王朝统治。11世纪末至12世纪中叶，由塞尔柱帝国统治。[①]1141年，西辽耶律大石大败塞尔柱帝国军队后，花剌子模地区又臣服于西辽。

《元史·太祖本纪》记载道："〔太祖〕十四年〔1219年〕夏六月，西域杀使者，帝〔指成吉思汗〕率师亲征。"

这条史料交代了成吉思汗西征的时间和原因。这里所谓的"西域"，指的就是花剌子模帝国。当时，该国的统治者是摩诃末。如果参考其他方面的史料，我们会发现这条史料的表述并不严谨。比如，"西域杀使者"的时间，并非1219年，而是1218年。因此，《元史》作者的本意或许应该是：太祖十四年夏六月，为了报复西域杀使者，成吉思汗率师亲征。

13世纪波斯历史学家拉施特主编的《史集》对这段历史有更为详细的交代。据载，1218年，成吉思汗曾派出两队人马去往花剌子模帝国。其中一队人马是外交使臣，为的是与花剌子模建立良好的外交关系。另外一队人马是规模有四百多人的商队，目的是与花剌子模进行商贸往来。《史集》写道："成吉思汗吩咐后妃、宗王们和异密们各派两三名亲信带着金银巴里失跟随他们前去，到算端国内去进行贸易，换取当地的珍品。"[②]于是，后妃、宗王、异密们听从吩咐，每人都指派了几位亲信。当时集合起了四百五十名穆斯林。

---

① 塞尔柱帝国，塞尔柱突厥人在中亚和西亚建立的伊斯兰国家，始于1037年，终于1194年。塞尔柱突厥人初居于突厥斯坦的吉尔吉斯草原。
② 异密的意思是部族首领。巴里失指的是钱币，一巴里失约合银币二两。算端即苏丹。

我们从这段史料中可以看出，成吉思汗当时至少已经了解花剌子模帝国两个方面的情况，即商业情况与宗教情况。否则，他不可能派出这么庞大的商业团队，也不可能特别挑选这么多穆斯林。

成吉思汗之所以能了解这些情况，其中一个原因是，他十分重视贸易的作用，也很重视商人的价值，因而能从过境商队中了解外国情报。另一个原因是，成吉思汗网罗了一大批人才，而他们几乎来自全世界。正是基于这两点优势，蒙古帝国建立了一个庞大而有效的情报系统。

当然，除了上面提到的两个原因，还有一个重要原因，即蒙古与花剌子模在此之前已经打过交道。

1141年，花剌子模臣服于西辽之后，在其帮助下，势力范围不断扩张，并在1194年消灭了塞尔柱帝国。六年之后，也就是1200年，摩诃末上位，成为花剌子模的统治者。此时，西辽已经日趋衰弱，摩诃末不再把这个宗主国放在眼里。1209年，西辽派使臣到花剌子模索取贡物，摩诃末却将使臣杀死，公开反叛西辽。

西辽与蒙古早有仇怨。导致仇怨的根源，正是本书开篇提到的与成吉思汗有夺妻之仇的篾儿乞氏。成吉思汗实力壮大之后，曾出兵清剿篾儿乞氏。而后，这个部族的首领逃入乃蛮部——蒙古草原最西部的游牧部族。1204年至1208年间，成吉思汗大败乃蛮部。篾儿乞氏首领与乃蛮部王子屈出律随后又逃入西辽避难。

于是，西辽成为花剌子模人与蒙古人的共同仇敌。1211年，西辽大败于这两个仇敌的夹攻之下。正是在攻打西辽的过程中，摩诃末了解到，还有成吉思汗这样一股势力的存在，但他并不了解这股势力的真实实力。于是，1215年，听闻成吉思汗大败金国、攻占中都（今北京）的消息后，摩诃末曾派使者出使中都，以打探蒙古的情况。当时，成吉思汗善待了摩诃末的使者，表示愿意与之保持友好关系。

　　从不久之后发生的一系列事件上看，成吉思汗表现出来的善意，并没有得到傲慢的摩诃末的重视。

　　1217年，大将速不台奉成吉思汗之命，出兵消灭篾儿乞的残余势力。但在速不台凯旋的时候，却遭到花剌子模军队的追击。有关这一段历史的细节，国内外史料未有记载。从古代蒙古人的复仇传统上判断，这件事肯定会影响成吉思汗对花剌子模的态度。

成吉思汗受辱

　　现在接着说蒙古商队出使花剌子模的情况。

　　据波斯历史学家志费尼所著《世界征服者史》记载，成吉思汗特地写了一封信，委托商队成员转交摩诃末。这封信写道："你邦的商人已至我处，今将他们遣归，情况你即将获悉。我们也派出一队商旅，随他们前往你邦，以购买你方的珍宝。从今后，因我等之间关系和情谊的发展，那仇怨的脓疮可以挤除，骚乱反侧的毒计可以洗净。"①

　　1218年，这支由四百多人组成的商队，赶着五百匹骆驼，载着金、银、丝绸、驼毛织品、海狸皮、貂皮等贵重物品，沿着丝绸之路行进，不知过了多少时日，终于抵达讹答剌城（Otrar）。这个地方位于现今哈萨克斯坦南部城市卡拉套附近。在中亚历史上，讹答剌城是一座战略重镇，位于沙漠旁大绿洲的中心，农业比较发达。13世纪初，

---

① 志费尼：《世界征服者史》，何高济译，商务印书馆，2004年。

讹答剌城在花剌子模的统治之下。

接下来的故事有两个版本。其中一个版本说，因为蒙古商队过于庞大，讹答剌城守将认为，其中很可能有间谍，于是下令将所有人拘押，并将情况向在伊拉克的摩诃末报告。另一个版本则说，讹答剌城守将出于贪财的目的，将商队人马扣留，而后派人向摩诃末汇报，谎称商队中有蒙古间谍。

两个版本的结局是一样的：摩诃末下令处死所有商队成员，并没收他们的财物。除一名商队成员乘乱逃脱，其他所有人都被处死了。这名幸免于难的商队成员将这件事告诉了成吉思汗。

成吉思汗大怒，又派出一位使臣出访花剌子模，要求摩诃末作出解释，惩办凶手，归还财物。但摩诃末再次羞辱了成吉思汗。他下令将这位蒙古使臣杀死，将使臣的两位侍从的头发削去，然后将他们赶回蒙古。

于是，成吉思汗决定西征花剌子模帝国。《世界征服者史》写道："成吉思汗独自登上一个山头，脱去帽子，以脸朝地，祈祷了三天三夜，说：'我非这场灾祸的挑起者；赐我力量去复仇吧！'"

前面章节我们已经提到，古代蒙古社会崇尚几大传统，有仇必报即是其中之一。而且古代蒙古人还讲究加倍复仇。他们还信奉天命原则。发现敌人疲弱时，他们会认为这是天神"腾格里"的恩赐，因而会毫不犹豫地将弱者吞掉。正是因为存在这样的逻辑，花剌子模帝国的傲慢与无知，不仅使自己遭遇了灭顶之灾，还殃及其他周边国家。

详述蒙古帝国西征之前，我们有必要认识一下中世纪的中东地区，唯有如此，我们才能理解蒙古人的西征武功及其历史意义。

第二十二章　蒙古西征前的中东

宗教奇迹

美国历史学家拉尔夫（Philip Lee Ralph）等人在《世界文明史》一书中写道："如果说拜占庭历史的起始年代无法弄清，终止年代却可以确定在1453年，那么与此相反，伊斯兰文明的历史有一个清楚的起点——7世纪穆罕默德开始传教为其开端，却没有一个终点，因为伊斯兰教在现代世界中仍是一支举足轻重的力量。"[1]

拉尔夫的这种表述方式，很能让人感觉到历史的奇妙之处。或许我们更应该注意其言下之意：任何建立在"硬实力"之上的霸业都会消亡，但强势的宗教或文明的影响则可能永存。当然，如果我们能够知道，伊斯兰教曾经几度被逼至绝境，就更能理解这股"在现代世界中仍是举足轻重的力量"。

19世纪法国宗教学家厄尼斯特·雷南（Ernest Renan）在一篇论文中如此描述伊斯兰教的诞生过程。他说，与我们所了解的其他宗教不同，伊斯兰教不是孕育于神秘之中，而是在历史的全面光照下诞生，"它的根是在表面的，它的创教者的生平，就像十六世纪

---

[1]　菲利普·李·拉尔夫、罗伯特·E.勒纳、斯坦迪什·米查姆、爱德华·伯恩斯:《世界文明史》，商务印书馆，2001年。

的宗教改革家那样，为我们熟稔"。

厄尼斯特·雷南生于一个渔夫家庭，从小接受的是基督教的教育，他的启蒙老师是一位牧师，但他同时对自然科学也很感兴趣。或许正因为崇尚理性的精神，这位将其人生的大部分精力投入基督教研究，并写出《耶稣生平》《基督教起源》《以色列史》等经典著作的学者，对伊斯兰教并无很深的偏见。

伊斯兰教的诞生与发展确实是一个奇迹。剑桥大学伊斯兰史学家帕特里夏·克劳恩（Patricia Crone）在一篇文章中这样写道："在公元600年的时候，可以肯定地说，阿拉伯牧民以一种新宗教的名义征服中东的机会是非常渺茫的，以至于没有人会认为这种事情真的会发生。总的来说，伊斯兰出现于世界是一种非预期的发展。"

正如克劳恩教授在这篇文章中所说，伊斯兰教已经存在近14个世纪，但直到现在为止，学界仍在争论伊斯兰教出现的原因。不过，在这个问题上的观点不一致，这并不影响相关史实的可信性。

伊斯兰教发祥于阿拉伯半岛。这个半岛位于亚洲西南部，介于亚洲和非洲大陆之间，面积约322万平方千米，是世界上最大的半岛。它的北面是叙利亚沙漠，东面是波斯湾，南面是印度洋，西面是红海，西北面是地中海。除了由美索不达米亚平原、叙利亚、巴勒斯坦等地区组成的所谓"肥沃的新月地带"，以及西南面降水较为丰沛的小块地区，其他地区大多是缺水的大草原与沙漠。

阿拉伯半岛在地理上的独特性，决定了阿拉伯人的生产和生活方式。不少阿拉伯人利用地理上的优势从事航海业，或从事远洋贸易，或在陆地上沟通东西方的贸易往来。同时也有不少阿拉伯人喜欢另一种同样自由并且充满刺激的生活方式——游牧。这些阿拉伯人常年在草原与沙漠之间游弋。

美国历史学家伯纳德·刘易斯（Bernard Lewis）在《历史上的阿拉伯人》一书中写道："这些大致上过着畜牧与游牧生活的阿拉伯人，依赖牲口与掠夺绿洲居民以及从事农耕的邻近地区为生。"[①]本书开篇即介绍过的贝都因人就生活在这里。需要补充的一点是，在埃及人和伊拉克人的口语中，阿拉伯人指的就是贝都因人。

对于7世纪的阿拉伯居民而言，生命的内容与以往千百年一样，无休止地从草原跋涉到沙漠中的绿洲，再从绿洲回到草原。这里确实不像是一个能够产生强势的宗教、文化和政治运动的地方。然而，因为穆罕默德的出现，这种"非常渺茫"的可能性，在7世纪初的时候，竟然变成了现实。

570年前后，穆罕默德生于现在沙特阿拉伯的麦加城。他的父亲在他出生之前就去世了，他的母亲在他五岁的时候病故。

在他出生的那个时代，中东地区被两大帝国分割。一个是波斯的萨珊帝国，另一个是拜占庭帝国。[②]其中，拜占庭帝国是纯基督教的帝国，萨珊帝国则信奉多种宗教，包括基督教、摩尼教、佛教、犹太教，多数波斯人信奉琐罗亚斯德教（拜火教）。在萨珊帝国的西部，即今天的伊拉克地区，犹太教和基督教占据着优势。

据剑桥大学伊斯兰史学家克劳恩考证，4世纪到6世纪之间，基督教是西亚发展最快的宗教。萨珊帝国的基督徒一直希望他们的国王能皈依基督教，就像罗马帝国君士坦丁大帝的选择一样。这也是整个基督教世界的希望。然而，这个似乎合情合理的设想"被阿

---

① Bernard Lewis, *The Arabs in History*, Oxford University Press, USA; 6th edition, 2002.

② 萨珊帝国（226—651年），古代波斯最后一个王朝，也被认为是第二波斯帝国，因其创建者阿尔达希尔的祖父萨珊而得名。

拉伯人摧毁了"。

度过平淡无奇的四十年光阴后，穆罕默德开始展示他的宗教天赋。610年，他宣称自己听到了来自上天的声音，那个声音告诉他，除了真主安拉，别无神祇。这句话成为伊斯兰教的根本信条。之后，穆罕默德逐渐完善了他的宗教，并以"先知"的名义开始传播伊斯兰教。

穆罕默德早期宣教的对象，主要是他的朋友和亲属，然后才逐渐扩大传播范围。其核心教义包括：真主是唯一的神祇，反对偶像崇拜（基于一神论），提倡公正的义务和赈济穷人。因此，他的教义并不受麦加贵族欢迎，因为他们害怕自己的利益受到威胁。所以，他的信徒一开始主要是中下阶层民众。

正如前文所交代的，4世纪至6世纪时，阿拉伯半岛多种宗教并行。这一方面意味着，当时的政权颇为推崇宗教信仰自由，这是伊斯兰教得以存在和传播的政治基础；另一方面也意味着，伊斯兰教会面临其他宗教势力的排挤。这也是穆罕默德的传教活动一开始就举步维艰的原因之一。

为了打破这种艰难的局面，争取更大的生存空间，622年，穆罕默德和他的信徒离开麦加，前往北面的雅斯里普。这个地方后来更名为麦地那，即著名的"先知之城"。622年被确定为伊斯兰历法的起点，因为伊斯兰教的命运在这一年改写。

牛津大学伊斯兰史学家佩内洛普·约翰斯托恩（Penelope Johnstone）在研究《古兰经》时发现，在穆罕默德生命中的最后十年（622—632年），《古兰经》已经与以前截然不同。她在一篇文章中写道："《古兰经》的内容、表达方式和语气等方面都有变化。经文中包括继承权、斋戒、施救济与救济品的分配、婚姻、女性地位等立法条文，反映了穆斯林与基督徒和犹太人之间的宗教争端，同时也为军事行动提出了指导意见。"

显然，穆罕默德进行了某种程度上的宗教改革，使其教义可以适应当地复杂的民族结构和社会关系。换句话说，通过在麦地那的宗教改革，《古兰经》具有更强的实用性，因而具有更旺盛的生命力。

穆罕默德逐渐获得多数麦地那人的拥护，这些人就是所谓的"辅士"，而从麦加跟随他到麦地那的信徒则被称为"迁士"。穆罕默德还在这一时期起草了著名的《麦地那宪章》，①开始有意识地将信徒组织起来，形成一个具有宗教和政治两重性，并且具有排他性质的社团，即"乌玛"——政教合一的阿拉伯帝国的胚胎。八年之后，也就是630年，穆罕默德的势力已经十分强大，他们几乎兵不血刃就攻占了麦加。

632年，穆罕默德去世。用美国历史学家拉尔夫等人的话说，穆罕默德比耶稣要幸运得多，因为他在去世之前亲眼看到自己的宗教取得了成功。不过，伊斯兰教很快就遇到了新的危机。由于穆罕默德没有来得及确定继承原则，"正统"问题一直困扰着后来的伊斯兰教。

伊斯兰教的传播

穆罕默德去世后，阿布·伯克尔——穆罕默德的岳父和早期拥护者之一——成为领导者。由于"先知"只有一个，所以，阿布·伯克尔以"哈里发"——先知的代理人——的名义进行统治。此后近

---

① 麦地那宪章：又称"麦地那盟约"，是先知穆罕默德于622年制定的政治纲领，为的是处理麦地那穆斯林"乌玛"的内外关系。

三百年的时间里，伊斯兰教统治者皆称哈里发，但只有前四任哈里发是"正统或者获得正确指导的哈里发"①。

在哈里发们的领导之下，伊斯兰世界的版图不断扩大。控制着大部分中东领土的拜占庭帝国和萨珊帝国，不断受到来自阿拉伯穆斯林的挑战。

636年，阿拉伯穆斯林在叙利亚大败拜占庭军队，随后占领了安条克（古叙利亚首都，现土耳其南部城市）、大马士革和耶路撒冷等主要城市。10年后，他们将拜占庭人从埃及驱逐出去，而后挥戈西向，在711年攻入西班牙。

萨珊帝国甚至被彻底灭亡。637年，阿拉伯穆斯林消灭其军队主力，攻陷首都泰西封（位于今巴格达东南）。之后，萨珊帝国几乎没做任何有效抵抗。651年，阿拉伯穆斯林征服了波斯全境。当时的一位诗人曾激动地惊呼："哦，人们，你们没见波斯是怎样毁灭、它的居民是怎样受到羞辱的吗？他们已经变成被放牧的羊群的奴隶，仿佛他们的王国只是一个梦。"

美国历史学家拉尔夫等人如此总结伊斯兰教在这一时期的扩张动力：真正促使阿拉伯人走出沙漠的原因，在于这样一种希望，即寻求得到更为富裕的地区并获得战利品。正是这种寻求新的财富的愿望促使阿拉伯人越走越远。

对阿拉伯人来说，非常幸运的是，伊斯兰教的感应作用产生于各个敌国正处于衰落之际。拜占庭和波斯之间长期刀兵相向，双方均耗尽了力量，无力重振兵力。此外，波斯和拜占庭的当地居民，对其官僚帝国施加的财税要求都心存愤恨。而且在拜占庭统治下的

---

① 这是逊尼派的观点；什叶派只承认阿里是合法的哈里发。

叙利亚和埃及，"奉行异端"的基督教徒与实行迫害政策的君士坦丁堡正统教派之间矛盾重重。

由于阿拉伯人并不要求当地居民皈依伊斯兰教，所征税额也比拜占庭人和波斯人要低，因而，他们往往比旧有的统治者更受欢迎。正是由于上述种种原因，伊斯兰教迅速传播到伊朗和埃及之间的大片地区，并从那时一直生根至今。

阿拉伯帝国的迅速扩张，新穆斯林和非穆斯林人口的不断增加，以及省级总督独立性的不断增强，导致帝国政治局势相当不稳定。

644年第二任哈里发欧麦尔（634—644年在位）去世后，伍麦叶家族的奥斯曼继任哈里发。有传言认为他软弱无能、反应迟钝，穆罕默德的堂弟、也是女婿阿里在此期间发展了自己的势力。656年，奥斯曼被暗杀，阿里登位，成为第四任哈里发。伍麦叶派与阿里派的争斗非但没有停息，反而愈演愈烈。五年之后，阿里被暗杀。

此后，伍麦叶家族的人一直担任哈里发，直到750年，这就是所谓的伍麦叶王朝（661—750年）。伍麦叶王朝将首都从麦地那迁往叙利亚的大马士革。定都大马士革的意义在于，它便于阿拉伯帝国进一步扩张，同时，大马士革与圣城耶路撒冷距离非常近，无疑更能捍卫伍麦叶王朝的神圣性。

阿里的追随者并不承认失败，随着时间的推移，他们逐渐形成了什叶派。这一教派坚持认为，只有阿里的后人才有权出任哈里发，才能对穆斯林社会享有统治权。那些认可现实情况的信徒则被称为逊尼派。这两个教派之间的矛盾此后一直存在，至今仍在影响着中东地区的政治格局。

在伍麦叶王朝的末期，阿拉伯帝国的疆域已经非常辽阔，达到980万平方千米。哈里发无力控制在外的总督，国家财政也日渐空虚，穆斯林与非穆斯林之间的矛盾日益凸显。阿里派的人希望借机确立阿里家族的地位。

于是在什叶派的支持下，穆罕默德叔父的后代阿拔斯顺势而起，发动叛乱。阿拔斯去世后，他的儿子继承了他的事业。750年，阿拔斯的后裔阿布·阿拔斯，也就是大名鼎鼎的"屠夫"，宣布继任哈里发。阿拔斯王朝定都巴格达，在接下来的五个世纪里，它一直以伊拉克为基地。

阿拔斯王朝（750—1258年）的前半叶，代表着阿拉伯帝国的鼎盛时期，科学、文学和诗歌都十分活跃。《一千零一夜》反映的正是这一时期的景象。也正是在阿拔斯王朝时期，阿拉伯帝国与中国之间的贸易往来得以兴盛，不少阿拉伯商人居住在广州、泉州等城市。据说，9世纪时，广州的阿拉伯商人已达到10万人。[1]

从10世纪开始，阿拔斯王朝开始衰落。原因有很多方面，比如政治上，争夺王位的内乱频频发生。其中一个例证是，哈伦·拉希德〔766（763？）—809年〕去世后，他的两个儿子马上就爆发了公开的内战。经济上，两河流域的农业生产也日益不景气。这或许与本书开篇提到的"中世纪暖期"有关系，干旱的气候阻碍了农业的发展。

同时，阿拔斯王朝统治者的能力，不足以控制越来越大的帝国——其版图最大的时候达到1300多万平方千米，再正常不过的结果是，阿拔斯王朝的实权逐渐被地方架空。渐渐地，阿拉伯帝国陷入分裂之中。

909年在北非建立的法蒂玛王朝，以及929年在西班牙科尔多

---

[1]　Francis Robinson and Ira M. Lapidus, *Cambridge Illustrated History: Islamic World*, Cambridge University Press , 1996.

瓦建立的后伍麦叶王朝，早就开始与阿拔斯王朝争夺哈里发的正统地位。1171年，萨拉丁又建立了阿尤布王朝（1171—1341年），统治着整个埃及、今伊拉克北部、叙利亚和也门。这些政权蚕食着阿拔斯帝国的空间。

11世纪初，塞尔柱突厥人的势力强大起来，并建立了塞尔柱帝国（1037—1194年）。1055年，他们攻陷了巴格达。从此，阿拔斯帝国名存实亡。哈里发只保留了宗教领袖的地位，失去了一切世俗权力。

正如前文已有交代的，1194年，在西辽的帮助之下，花剌子模人终结了塞尔柱帝国。巴格达随之也重新回到阿拔斯帝国的怀抱。尽管如此，花剌子模与阿拔斯帝国之间的关系并不友好。狂傲的花剌子模统治者摩诃末对有名无实的伊斯兰世界领袖、阿拔斯帝国第34任哈里发安·纳赛尔（1180—1225年在位）没有表现出足够的敬意，安·纳赛尔则拒绝承认摩诃末为花剌子模帝国的苏丹。

除了因内乱陷入分裂而实力被削弱，10世纪至13世纪，中东地区还面临西方的威胁，这就是基督教世界的十字军入侵（这部分内容将在后文讲述）。

这就是蒙古人西征前的中东。站在成吉思汗的角度看，这里深陷分裂割据、外遭强敌入侵的动荡疲弱状态，正是天神"腾格里"赐予他的绝佳战机。

第二十三章　成吉思汗西征

中亚的黑暗时光

因为现有史料十分有限，我们很难判断，除了复仇，成吉思汗的首次西征到底有没有别的战略考量。

可以肯定的是，成吉思汗非常重视这次西征。因为他放下了对西夏和金的征伐，亲自率领10万至15万兵力讨伐摩诃末，他的四个儿子——术赤、察合台、窝阔台、拖雷——也全部随军前往。

1219年的秋天，成吉思汗大军抵达讹答剌城，但他们并不急于进攻，而是在这座城的周围搭起了帐篷。那位杀死蒙古商队成员的讹答剌守将登上城楼查看敌情时，看见了令他胆战心惊的一幕：郊外已变成一片无数雄师劲旅的汹涌海洋，空气中充满了披甲战马的嘶叫与披铠雄狮的怒吼声。这座城镇已被围得水泄不通。

成吉思汗大军在讹答剌城下兵分四路：察合台、窝阔台围攻讹答剌城；他本人则与拖雷率军穿越克孜勒库姆沙漠，向伊斯兰文化中心不花剌行进；其余两路负责攻打花剌子模帝国的其他城镇。

摩诃末抽调了15万大军支援讹答剌城防，尽管守城军队进行了英勇的抵抗，却仍然改变不了这座战略重镇的命运：守将被杀，城池尽毁，大部分百姓遭屠，工匠和少数百姓则沦为奴隶。其他各要塞的花剌子模军队也没有组织任何有效的抵抗。

1220年3月，蒙古大军占领了锡尔河两岸城市。成吉思汗攻陷了位于今乌兹别克斯坦南部的布哈拉，切断了花剌子模新都撒马尔罕与旧都玉龙杰赤（今称乌尔根奇）之间的交通。两个月后，四路大军合围撒马尔罕。城破之前，摩诃末逃之夭夭。蒙古大将速不台和哲别率3万骑兵追赶，但并没有追上。摩诃末最终的命运是，逃到里海的一个岛屿上，在那里痛苦地度过了短暂的余生。

蒙古人随后采取了兵分两路的战略：窝阔台率领5万兵马攻打玉龙杰赤，成吉思汗和拖雷则率兵向阿富汗推进。

据志费尼《世界征服者史》记载，玉龙杰赤当时有11万守军，但经过7天的激烈战斗，全部被蒙古大军歼灭。城中绝大多数百姓都遭到屠杀，很多工匠和妇女、儿童则被当作俘虏运往蒙古。摩诃末的长子、王位继承人札兰丁，在城破之前已逃往阿富汗，率领数万军队继续顽抗。

至此，蒙古人完全占据了中亚的河中地区，也就是今天的乌兹别克斯坦全境和哈萨克斯坦西南部。

伊本·阿希尔在《完整的历史》一书中写道：

〔成吉思汗〕在刚好一年的时间里夺得了最多的人口和地球上最美丽、开化得最好的部分，这些地方优雅的文明要胜别处一筹。在尚未遭到他们蹂躏的地方，人们生活在黑暗的恐惧之中，害怕死神的降临。

但成吉思汗的复仇之火并未熄灭，因为花剌子模国的其他地区，比如今阿塞拜疆东部地区，伊朗的大部分地区，以及阿富汗的西部地区，还没有完全被蒙古大军征服。因此，蒙古人继续征战，唯有如此，才符合他们一贯的原则：顺应天神"腾格里"的旨意，彻底消灭疲弱的敌人。

1221年1月，在哲别、速不台两位大将的率领之下，3万蒙古大军从阿富汗东部出发，往西向阿塞拜疆地区挺进。不过，在展开下一阶段的战事之前，有必要补充一些十分重要的信息。

计划外战争

前文已经提到，得知摩诃末出逃的消息后，速不台和哲别曾率大军追赶，此时是1220年的秋天。他们一直追到里海附近，但还是被摩诃末逃脱。在成吉思汗的许可之下，大军继续向西行进，以侦查这一地区的虚实。

特别值得注意的是，在中世纪之前，中亚各国乃至欧洲各国之间，并不存在像今天这样的地理界限，它们只有大致的疆土范围，而且其疆土范围也并不固定。了解地缘政治上的这个特点，有助于我们理解这样一种可能性：

明明B国是A国的进攻目标，结果B国的邻国C国却被殃及。这种地缘政治上的模糊性，使卷入冲突的国家越来越多，最终导致大范围的战争。本书将这种非主动挑起或参与的战争称为"计划外战争"。

"计划外战争"在某种程度上成就了蒙古帝国的扩张。

或许是蒙古人有意为之（史料无法证实），或许是因为地缘政治上的模糊性，总之，在侦查里海西部地区虚实时，速不台和哲别的大军闯入了亚美尼亚。当时，这块地区并不属于花剌子模，而属于格鲁吉亚公国（中国古籍中称"谷儿只"）。

在国王乔治四世的指挥下，格鲁吉亚和亚美尼亚的6万大军，与3万蒙古军进行了一场激战，交战地点在科特曼河附近的库南。结果格鲁吉亚军队被打败，乔治四世本人还负了伤。但蒙古大军并没有乘势深入，而是往南转向波斯西部的哈马丹，然后又往东转向阿富汗东部地区。

因此，几个月之后，当哲别和速不台再次率领蒙古大军挺进中亚，进攻阿塞拜疆时，他们已经相当熟悉那里的情况。他们很快就抵近阿塞拜疆的首府。早已听闻蒙古人作风的阿塞拜疆君主，最终做出了以投降换取性命和爵位的选择。

于是，3万蒙古大军掉头向西，格鲁吉亚成为他们的目标。由于现有史料十分有限，我们仍然难以判断蒙古人攻打格鲁吉亚的原因，是出于对之前事件的惩戒，或出于维持后勤补给的需要，还是出于"天命原则"：他们已经知道这个国家很虚弱，这或许是天神"腾格里"给他们的恩赐，所以他们想吞掉这个国家。

蒙古大军很快就迫近第比利斯（中国古籍中称"梯弗里斯"）——格鲁吉亚的首府，他们在那里遭遇到同等兵力的顽强抵抗。由于第比利斯久攻不下，蒙古大军转而向北行进。他们艰难地穿过高加索山脉，进入了阿兰人的地区。在那里，他们遭到了阿兰人和钦察人的联合打击。于是，又一场"计划外战争"开打了。

阿兰人是生活在东欧地区的游牧民族，他们的语言属于东部波斯语，这种语言后来发展成奥塞梯语。西汉人对阿兰这个民族并不陌生，不过，那时的阿兰被称作"奄蔡"。《史记·大宛列传》写道："奄蔡在康居西北可二千里，行国，与康居大同俗。控弦者十余万。临大泽，无崖，盖乃北海云。"

东汉范晔所著《后汉书》也有记载："奄蔡国，改名阿兰聊国，居地城，属康居。土气温和，多桢松、白草。民俗衣服与康居同。"

《史记》与《后汉书》中所说的"康居"，指的是中亚地区的一个游牧部落。而此所谓"大泽""北海"，指的大概是黑海到里海北面的水域。所谓"控弦者"，指的是擅长骑射的人。总而言之，最迟从西汉时代开始，这些游牧的阿兰人，就属于那种不好惹的狠角儿。

钦察人，也叫库曼人，是在东欧地区游牧的突厥民族。他们原先的游牧范围，位于西伯利亚南部和哈萨克斯坦北部，大约从11世纪起，开始以东欧大草原为活动中心，经常骚扰其周边四邻。

值得一提的是，钦察人不仅勇猛，还颇有谋略，擅长外交游说。他们早就明白19世纪英国名相帕麦斯顿（Lord Pal-merston）说过的道理："没有永远的朋友，只有永远的利益"。

钦察人经常侵扰拜占庭帝国，不过，有时为了打击第三方势力，他们又能说服拜占庭帝国与自己合作。1091年，钦察人与拜占庭帝国合作，打败了佩切涅格人——中亚地区半游牧的突厥部落。百年后，他们又与东欧的保加尔人和瓦拉几人——拜占庭帝国的叛乱分子——合作，打败了拜占庭。他们不时与阿兰人冲突，但当蒙古威胁迫近时，又能说服阿兰人合作。

正因为阿兰人与钦察人的这些特性，当蒙古大军出现在他们的领地时，才会遭到他们的联合打击。

然而，无论是阿兰人的勇猛，还是钦察人的谋略，带给他们的并不是胜利，而是范围不断扩大的灾祸。

1222年，哲别和速不台采取了分而化之、各个击破的战术，先用钱财开路，然后再打"人情牌"，终于说服了钦察人撤兵。而后，蒙古军队将阿兰人和钦察人一一打败，占领了北高加索一带。之后，哲别等又率蒙古大军挥师西进，并在阴差阳错之下，征服了克里米亚半岛（Crimea）。

从3世纪开始，这个位于黑海北部的半岛，相继被哥特人、匈奴人、保加利亚人、基辅罗斯人、拜占庭人，以及钦察人征服和占领。在钦察人之后，它又先后落入威尼斯人和热那亚人之手。13世纪初，热那亚人在克里米亚半岛沿岸修建了几座城市，控制当地经济及黑海贸易达两个世纪之久。

正因为克里米亚半岛与欧洲国家有很深的渊源，所以，它的沦陷引起了整个西方世界的震动。

在讲述蒙古大军对欧洲的冲击之前，让我们把花剌子模帝国——引起蒙古大军西征的罪魁祸首——的命运交代清楚。

前文已经说到，窝阔台大军攻陷了花剌子模旧都玉龙杰赤，在城破之前，摩诃末的长子、王位继承人札兰丁逃往阿富汗，在那里率领数万残部继续顽抗。后来，遭遇拖雷大军的进攻之后，札兰丁率部逃向印度北部。

这一次，成吉思汗亲率大军追击札兰丁。1221年10月，两军在印度河北岸遭遇。几场激战下来，札兰丁6万人马几乎全军覆没，仅率残部5000人逃往印度内陆。至此，花剌子模帝国大致已被消灭。

占领花剌子模国大部之后，成吉思汗命令长子术赤镇守。原属花剌子模帝国的领土后来被一分为三，金帐汗国、察合台汗国和伊儿汗国分别统治着其北部、东部和南部地区。

在印度流亡三年之后，札兰丁最终在波斯集结起军队，并重建了一个王国，但又一次被蒙古大军摧毁，然后逃往高加索地区。1231年，他死于一名库尔德刺客之手。其中一个版本的说法是，这个刺客为塞尔柱突厥人所雇，后者通过这种方式报复了三十多年前的亡国之仇。

英国圣安德鲁斯大学的中世纪史学者罗伯特·欧文（Robert Irwin）在一篇文章中如此总结花剌子模帝国的命运：

> 花剌子模帝国疆域广阔，但其政权却不稳固。这一点似乎令人难以理解。如同在伊朗与河中地区取代它的蒙古政权一样，花剌子模帝国掠夺成性，因而得不到臣民的忠诚拥戴。与此同时，摩诃末与阿拔斯帝国的冲突，以及他对伊斯兰教乌里玛与苏菲派的粗暴态度，使他被境内的波斯人和许多穆斯林孤立。家长式的管理方式也不适应如此庞大的帝国。因此，在遭到蒙古人的进攻时，它迅速地土崩瓦解了。[①]

蒙古大军入侵花剌子模的过程，给后人留下非常深刻的印象。直到21世纪，人们仍在仔细研究他们经历过的战役。

尽管史料的记录并不详细，但我们仍然可以大致推断，从得知商队被杀的消息开始，成吉思汗用了近一年的时间，准备这场复仇的远征。从蒙古大军的军事安排上看，或兵分四路，或兵分两路，说明他们对敌国的地理情况、兵力分布已经是非常了解。尽管如此，在地缘格局十分模糊的中世纪，"计划外战争"还是在所难免。

自负的罗斯人

下面接着讲述北高加索的情况。若是从宗教属性上讲，这里发

---

① Francis Robinson and Ira M. Lapidus, *Cambridge Illustrated History: Islamic World*, Cambridge University Press , 1996.

生的故事，应该属于下一篇，但考虑到内容方面的相关性，不得不在这里做一番介绍。

蒙古大将哲别和速不台肯定不知道，他们的大军到达北高加索之后，面对的敌人主要不再是中亚人，而是东欧人，他们参与的战争——主动和被动的战争——已经具有洲际战争的意义。因为在地理学概念中，位于黑海与里海之间，长约1200千米、宽约200千米的高加索山脉，是东欧与西亚的分界线。

当然，对当时的蒙古大军来说，这种区别没有任何意义，欧洲人和亚洲人都一样，谁阻挡了他们，谁就是他们的敌人。而且在欧亚大草原上不断迁徙的游牧民族，确实很难界定他们是亚洲人还是欧洲人。

1222年，哲别和速不台大军打败钦察人之后，钦察人向西北逃入了罗斯国。在此之前，罗斯人曾将钦察人视为仇人，因为他们经常遭到后者的入侵。12世纪时，罗斯国大公莫诺马克曾数次率兵与钦察人交战，双方互有胜负。

蒙古人的出现，让钦察人暂时搁置了旧怨。他们向罗斯国贵族们发出警告："这些可怕的陌生人已经夺走了我们的国家，如果你们继续听之任之、不帮助我们，明天他们也会夺走你们的国家。"

钦察人的警告起了作用。罗斯大公姆斯季斯拉夫和基辅大公老罗曼诺维奇决定与钦察人联合。罗斯联军8万人马主动往东行进，打算与蒙古大军正面交战。这时已经是1223年。罗斯联军庞大的兵力规模，让只有3万兵力的蒙古军不敢小觑。于是，哲别和速不台挑选了10名使者，派他们游说罗斯国退兵。

罗斯大公自恃兵力有绝对优势，非但不听蒙古使者游说，而且还下令将他们处死,同时命联军继续向蒙古军逼近。于是,又一场"计划外战争"爆发。

罗斯人之所以同意出兵,是因为他们十分自信。罗斯国的全称应该是"基辅罗斯国",其国以基辅(今乌克兰首都)为中心,它是三个现代斯拉夫国家——白俄罗斯、俄罗斯和乌克兰——的先驱。罗斯国大概形成于880年,其创立者是一群斯堪的纳维亚商人。11世纪时,罗斯国成为基督教世界的一员。

英国历史学家罗宾·米尔纳-格兰德(Robin Milner-Gulland)在《俄罗斯人》一书中写道,罗斯国的早期统治者很可能是斯堪的纳维亚的军事精英。①这或许是这个国家尚武的原因之一。

罗斯国的经济一度非常繁荣。它盛产皮毛、蜂蜡和蜂蜜,而且控制了东欧的主要交通路线:从波罗的海到地中海东岸诸国的伏尔加河贸易路线,从波罗的海到黑海的第聂伯河贸易路线,以及从多瑙河到北高加索的贸易路线。然而,由于国内军阀割据,其国陷入长期混乱之中。从1054年至1224年,在一百四十年的时间里,罗斯境内竟然冒出64个公国,彼此之间共打了84场内战。

12世纪至13世纪初,因为拜占庭帝国——罗斯国的主要贸易伙伴——日渐衰落(过程及原因将在后文阐述),罗斯国控制的贸易路线逐渐干涸。于是,这个国家的实力进一步被削弱。正是在这些背景之下,本性好战自负的罗斯人,才听信钦察人的劝告,共同出兵攻打蒙古军。

在战争刚开始的阶段,占尽地利和兵力优势的罗斯联军,确

---

① Robin Milner-Gulland, *The Russians*, Blackwell Publishing, 2000.

实取得一些小规模的胜利，但过于轻敌的态度最终葬送了这些胜利果实。

哲别和速不台采取诱敌深入的战术，以化解敌人的优势。这是蒙古人最喜欢运用的战术。他们先是佯装兵败，然后且战且退，接连退军几百里地，诱使敌人不断跟进。这种战术至少可以达到三个目的：其一，消耗敌军的战斗力；其二，激化敌军内部的矛盾；其三，将敌人带到一个相对陌生的地方。轻敌的罗斯联军果然中计，竟然连续追击20天之久。

最后，双方在加尔卡河附近正式交火。1223年5月31日，蒙古大军取得了最终胜利，大批罗斯与基辅公国贵族被杀。其中，老罗曼诺维奇大公的死状，至今仍让乌克兰人思之心痛。史载，这位大公被置于一块大木板之下，哲别、速不台等蒙古将士则在木板上面一边跳舞一边喝酒；老罗曼诺维奇最终窒息而亡。

见证过这段历史的罗斯国的一位历史学家，认为蒙古人的入侵是上帝对他们所造罪孽的惩罚，他在当地编年史中写道：

> 因为我们的罪孽，这些人突然来了，没人知道他们的民族，没人知道他们的起源，没人知道他们来自何处，没人知道他们的信仰。只有上帝才知道答案。[1]

加尔卡河战役结束之后，蒙古大军挥师北上，当他们抵达诺夫哥罗德——基辅公国旧都——城下时，城中居民高举十字架出城投降。但蒙古军并未在那里久留。1223年底，他们挥师东南。这段时

---

[1]　Alfred Nicolas Rambaud, *History of Russia: From the Earliest Times to 1880*, General Books, 2010.

间发生的故事，将在本书下一篇进行介绍。

　　1224年，成吉思汗命他们班师回朝。哲别在东归途中病逝。大概在1225年初，速不台率大军与成吉思汗主力会师。

第二十四章　诸子西征

西亚平叛

征服了花剌子模大片领地之后，成吉思汗将其交由长子尤赤统治。但尤赤只是一名武将，既不擅长行政，又不熟悉情况，于是委托西辽人成帖木儿作为代理，并聘请当地人进行管理。成吉思汗还给了成帖木儿部分兵力，方便其治理阿姆河以南的地区。

然而，西辽人与花剌子模人水火不容。如前文所述，西辽人曾伤害并征服过花剌子模人，而作为属国的花剌子模国又反叛过宗主国西辽，后来，在蒙古人和花剌子模人的夹击下，西辽的势力范围受到极大压缩。

成吉思汗与尤赤的错误决策，在阿姆河以南地区——主要是伊朗与阿富汗——留下了隐患。而他们之所以采取这种策略，即让某个被征服的民族去统治另一个被征服的民族，或许是希望这些民族彼此制衡、互相消耗。

我们从这件事可以看出，尽管成吉思汗为军事征伐做足了准备，但他并没有足够的行政人才，以管理被征服的地区。这里面存在两种可能性：其一，成吉思汗出征之前，并没有想过要长期占领被征服地区；其二，他有长期占领被征服地区的想法，却苦于培养不出行政人才。确实，对于习惯游牧的民族来说，守天下比打天下的难度要大得多。

颇有意思的是，尽管西辽人治理花剌子模带来的教训历历在目，平定西夏、金和南宋，开启了元朝时代之后，忽必烈及其子孙依然采取这种方式治理中国——行政人才的缺乏使他们别无选择。

正是因为蒙古人不善管理、策略失当，阿姆河以南的地区陷入了混乱。其中，位于伊朗东部及阿富汗西部的呼罗珊地区，情况尤为严重。1229 年，窝阔台继承大汗之位后，派绰儿马罕率 3 万兵马前去稳定秩序。

绰儿马罕首先赶到呼罗珊平叛，结果却使那里的局势更加动荡。根据拉施特所著《史集》以及志费尼所著《世界征服者史》的记载，制造混乱的除了花剌子模人，还有从四面赶来的突厥人。当蒙古大军稳住某块地区之后，另一块地区又陷入混乱。蒙古大军的平叛持续了一年，但局势并无根本起色。

后来，绰儿马罕大军离开呼罗珊，前往波斯西北的大不里士（中国古籍中称"桃里寺"）。在那里，他们遭遇并击败了札兰丁残部。而后，蒙古大军继续往西北方向行进，并于 1230 年底到达阿塞拜疆。他们在那里再挫札兰丁残部。然后，绰儿马罕率大军南下，进入伊拉克。由于不适应两河流域的炎热气候，他们又挥师北上。

1239 年，绰儿马罕征服了亚美尼亚，并屠其都城。次年，亚美尼亚国王到蒙古首都哈剌和林觐见窝阔台，窝阔台将这位国王被占领的土地赐还。1241 年，绰儿马罕去世。拜住那颜继续领兵西征。

1242 年底至 1243 年初，拜住那颜率军攻打小亚细亚的科尼亚塞尔柱王朝，并夺取其城市埃尔津詹（位于黑海南面，土耳其东部偏北）。于是，塞尔柱苏丹卡伊库斯罗二世请求邻邦支援，得到其

旭烈兀大军入侵中东的路线图

西邻特里比宗德帝国[1]，以及北邻格鲁吉亚贵族的响应。[2]

1243年6月26日，决定性的战役在科斯戴打响。史料没有提到塞尔柱联军的具体兵力，只提到他们的兵力要多于蒙古军队。蒙古人赢得了最终的胜利，并夺取了西瓦斯和开塞利两座城市。[3]

塞尔柱苏丹西逃安纳托利亚，但最终被迫与蒙古军达成和平协议，同意向蒙古帝国称臣纳贡。塞尔柱联军的溃败，使安纳托利亚陷入混乱之中。特里比宗德帝国最终也成为蒙古的附庸国。

同年下半年，待天气转凉之后，蒙古军再次挥师南征伊拉克。

阿拉伯帝国的灭亡

蒙古对伊朗和伊拉克的全面征服，从13世纪50年代才真正开始。《元史·宪宗本纪》载："〔宪宗〕三年〔1253年〕夏六月，命诸王旭烈兀及兀良合台等帅师征西域哈里发八哈塔等国。"[4]

《元史》没有交代蒙哥此举的因由。而据西方史料记载，旭烈兀率兵出征之前，其兄蒙哥曾特别交代，要征服黑海至埃及的土地，使其遵循成吉思汗的法令，凡是顽抗的人都要使其遭受屈辱。

如果这条史料属实，我们可以得出的结论是：与成吉思汗攻打花剌子模的目的不同，也与窝阔台派绰儿马罕西征的目的不同，这次西征既不是为了复仇，也不是为了稳定秩序，而是为了扩大帝国

---

[1]　特里比宗德帝国是拜占庭帝国的三个继承国之一，建立于1204年，终于1461年，信仰东正教。

[2]　Claude Cahen, *Pre-Ottoman Turkey: A General Survey of the Material and Spiritual Culture and History*, New York: Taplinger Pub. Co., 1968.

[3]　Claude Cahen, "Köse Dagh", *Encyclopaedia of Islam*, ed. by P. Bearman.

[4]　《元史》卷三，《宪宗本纪》。

的版图。这是蒙古帝国第一次带有明确侵略意图的西征。

据志费尼《世界征服者史》记载，蒙哥从"东、西大军中每十人抽调二人拨归旭烈兀"，即动用了约五分之一的兵力。另有西方史料提出，旭烈兀大军有15万之众。如果这两个信息都正确无误，我们可以推断出，当时蒙古兵力大约有75万。

旭烈兀大军西征的确切时间，是1253年10月19日。当时年约二十七岁、已在蒙古首都生活一年、并深得旭烈兀赏识的志费尼，是这一历史事件的见证者。他在《世界征服者史》一书中写道：

> 听说他起驾，世界失去了平静和安宁，叛逆者害怕他的强大和威凛，卧不安枕，而那些臣服的人，因准备士兵、武器和粮草，不得安歇……随同吉庆东方的升起，他驾离幸福的驻地，凯旋之神在他前面高喊"开道"，胜利之神左右在奔驰，征服之神殿后……因畏惧这个消息，山岳开始震动，侯王的心开始战栗。①

蒙古大军的首要使命是，夺取位于里海南面、伊朗北部的阿拉木特城堡——伊斯兰教伊斯玛仪派的总部所在。

这个教派也被称为"刺客派"，热衷于培养并利用刺客，通过刺杀敌人首脑的方式，实现自己的政治目的。蒙哥大汗的母亲——同时也是忽必烈和旭烈兀的母亲——是基督教聂斯托里派教徒，因此，蒙哥被认为是同情基督教的。正因为如此，蒙哥继承大汗之位之后，伊斯玛仪派曾遣出400名刺客暗杀他。这或许是激起蒙哥派兵西征的原因之一。也正因为如此，这次西征具有了某种宗教意义。

---

① 志费尼：《世界征服者史》，商务印书馆，2004年。

同时，也正是因为看到这一点，在西方基督教世界看来，这次西征具有某种正义性，因此还派兵与之联合，以期共同打击伊斯兰世界。关于这个方面的内容，后文将有详述。

1256年，阿拉木特城堡被蒙古军攻陷，伊斯玛仪派最后一位大长老被蒙古军赐死。城堡中的图书馆也被摧毁。1271年，马穆鲁克苏丹贝巴斯夺取了他们在叙利亚北部残存的一些中心。

伊斯玛仪派属于什叶派的支派。旭烈兀摧毁了这支什叶派的势力后，又向逊尼派政权——阿拔斯帝国——首都巴格达（中国古籍中称"报达"）挺进。当时的哈里发是穆斯塔辛。据史书记载，此人腐败无能、专事游乐。

1257年9月，蒙古大军抵达巴格达城下。旭烈兀致信穆斯塔辛，命其放弃抵抗，臣服蒙古。但穆斯塔辛自认为是"伊斯兰世界的共主"，便断然拒绝。于是，旭烈兀下令攻城。1258年2月，巴格达被蒙古大军攻陷。据说，阿拔斯王朝最鼎盛的时候，巴格达人口接近百万，有6万兵力守卫这座城市。

唐朝名将郭子仪的后人、蒙古名将郭侃也跟随旭烈兀出征。《元史·郭侃列传》写道：

> 〔郭〕侃兵至，破其兵七万，屠西城。又破其东城，东城殿宇，皆构以沉檀木，举火焚之，香闻百里……两城间有大河，侃预造浮梁以防其遁。城破，合里法算滩〔哈里发〕登舟，睹河有浮梁扼之，乃自缚诣军门降。

刘郁所著《西使记》也记录了攻打巴格达的过程：

> 丁巳岁〔1258年〕，取布达国〔阿拔斯帝国〕，南北二千
> 里，其王曰哈里巴，其城，有东西城，中有大河，西城无壁垒，
> 东城固之以甓，绘其上，甚盛。王师至城下，一交战破，胜兵
> 四十余万，西城陷，皆尽屠其民。寻围东城，六日而破，死者
> 以数十万。哈里巴以舸走，获焉。①

至此，五百年历史的阿拉伯帝国正式灭亡。穆斯塔辛最终被蒙古军处决，成为历史上最后一位哈里发。

根据《西使记》的记载，阿拔斯国，"其国俗富庶，为西域冠。宫殿皆以沉檀、乌木、降真为之，壁皆以黑白玉为之，金珠珍贝，不可胜计。其后妃皆汉人。所产大珠，曰太岁弹兰石、瑟瑟金刚钻之类，带有直千金者"。正因为有如此财富，攻破巴格达之后，蒙古大军劫掠了整整七天。

无敌神话的终结

1259年9月，旭烈兀大军再度开拔，很快征服了底格里斯河以东的美索不达米亚平原。而后，大军通过浮桥渡过了幼发拉底河，进抵叙利亚境内。旭烈兀要求阿尤布王朝的叙利亚苏丹纳赛尔投降，遭拒。纳赛尔在叙利亚北部的阿勒颇组织起防御。1260年1月13日，蒙古大军抵达阿勒颇城下，仅用了几天时间便将之攻陷。

城破之前，纳赛尔往南逃向大马士革。但大马士革人将他赶出

---

① 刘郁：生卒年待考，元代游记作家，所撰《西使记》是由使臣常德口授、由其笔录的一部旅行记，记录了常德奉命西行在波斯觐见宗王旭烈兀的事迹。刘郁在忽必烈朝曾担任中书省左右司都事及监察御史。

城，并宣布无条件投降。于是，纳赛尔再向南奔逃，至加沙附近时，被追赶的蒙古军抓获。这里距离开罗已经很近了。

无论是阿勒颇、大马士革，还是开罗，都是阿尤布王朝的重要城市。前文已有交代，在阿拔斯帝国的中后期，这个庞大的帝国已经四分五裂，各地纷纷建立起自己的王朝。其中，萨拉丁在1171年建立的阿尤布王朝，其统治范围包括今天的埃及、伊拉克北部、叙利亚和也门。

阿尤布王朝实行军事分封制，军队将领掌握大片土地。其苏丹还从中亚、希腊等地购买大批马穆鲁克充当卫队。

马穆鲁克指的是"奴隶出身的人"，但他们与普通的奴隶不同，都经历过严格的军事训练，非常善于骑射和格斗。早在9世纪，马穆鲁克就为阿拔斯王朝所用，他们被编入军队参战。

萨拉丁于1193年去世之后，阿尤布王朝也陷入分裂之中。1250年，阿尤布王朝苏丹萨利赫去世后不久，马穆鲁克首领掌握了军政大权，从此阿尤布王朝名存实亡，被马穆鲁克王朝取代。

1260年春天的某个早上，开罗的市民们正在为生计忙碌，马穆鲁克王朝苏丹忽都斯，却在经历人生中的恐怖一刻。在这位苏丹及其将军们的面前，站着四名旭烈兀派来的蒙古使者。他们交给苏丹一封丝毫不讲究外交措辞的书信。尽管蒙古大汗窝阔台已于一年前去世，这封信却是以他的语气写的：

> 你应该想想发生在其他国家的事，然后向我们投降。你肯定听说过，我们是如何征服一个大帝国并净化其受到污染的毫无秩序的土地。我们已经征服了非常广袤的地域，消灭了那里

所有的人民。你无法逃出我们军队的恐怖阴影。

你能逃到哪里去？你会逃向哪条路？我们的战马很迅捷，我们的箭矢很锐利，我们的刀剑像霹雳，我们的心肠硬如山，我们的士兵多如沙。堡垒阻挡不了我们，军队阻挡不了我们。你所祈求的上帝不会帮助你们。眼泪和哀歌感动不了我们。只有那些祈求我们保护的人，才是安全的。

在战火点燃前赶紧给我们答复……如果顽抗，你将遭遇最可怕的灾难。我们将摧毁你们的清真寺，展现你们的神的软弱，然后我们会杀死你们的孩子和老人。现在，你是这些人唯一的敌人。①

忽都斯听翻译官念完书信后，立即与将领们研讨对策。忽都斯也是马穆鲁克出身，从小就接受残酷的武士教育。他厌恶蒙古人的嚣张气焰，但他同时也非常清楚现实。他向他的将军们承认，马穆鲁克可能不是蒙古军的对手。他手下的将军们也认同他的看法，他们建议有条件地投降。

但这并不是忽都斯的选择。他是一位性格坚强、行事果断的人：四个月之前，他刚刚废黜了十五岁的苏丹阿里。忽都斯不打算不战而降。他命令卫兵处死蒙古使者，又命令将军们动员起来，坚守开罗城。

这是一个需要勇气的决定，因为守卫开罗城的兵力只有2万。两年前，巴格达兵力有6万，却仍然被蒙古军轻易攻破。开罗城的存亡，甚至是伊斯兰文明的命运，都取决于这场战争的结果。

---

① David W. Tschanz, "History's Hinge: Ain Jalut", *Saudi Aramco World,* July/August 2007.

但决定胜败的因素往往在战场之外。

恰恰就在蒙古大军攻城之前，旭烈兀得到一个天大的坏消息：他的哥哥蒙哥大汗去世了。这意味着他得马上赶回蒙古，参加下一任大汗的选举工作。于是，旭烈兀带着主力部队返回蒙古，但他并不甘心放弃埃及。临行前，他命令驻守叙利亚的怯的不花继续执行攻打埃及的战略。

旭烈兀主力部队的离开，大大改变了双方军力的对比情况。另一个因素的出现，进一步加剧了这种对比。这个因素就是宗教。

在旭烈兀离开埃及之前不久，罗马教皇亚历山大四世下令，原先跟随蒙古大军的基督徒军队，不能再提供任何形式的帮助（原因将在后文讲述）。

而伊斯兰文化的同根性，让忽都斯得到一个意想不到的盟友。这个盟友曾经是他的敌人，侵略过埃及，他就是另一位马穆鲁克苏丹、主要势力范围在叙利亚的贝巴斯。与蒙古大军交过手的这位苏丹心里十分清楚，如果忽都斯被打败，整个伊斯兰文明或将毁灭。

1260年7月26日，双方正式开始交战。9月3日，历史上著名的艾因·贾鲁战役开打。双方兵力都在2万左右。这场战役的最终结果是：名将怯的不花战死沙场，蒙古大军的无敌神话破灭。

很多历史学家在评价这场战役时都认为，这是一场具有极大历史意义的战役，蒙古人首次遭遇决定性的惨败，是其征服之路的转折点。在此之前，蒙古人遭遇战事失利后，总是会回过头加倍复仇，而且往往会取得胜利，然而，在艾因·贾鲁战役中惨败之后，他们没能实现有意义的复仇。

历史学家钱茨（David W. Tschanz）在一篇文章中写道：

这是世界历史上最重要的战役……它改变了伊斯兰和西方文明的未来进程。如果蒙古人成功征服埃及，待旭烈兀回来之后，他们可能会继续前进，穿过北非直抵直布罗陀海峡。蒙古人可能从波兰和西班牙包围欧洲。在这种背景之下，欧洲文艺复兴还会发生吗？这种可能性微乎其微。今天的世界可能是完全不同的面貌。

……

马穆鲁克的埃及一跃成为伊斯兰政治、军事和文化实力的中心，这种地位一直持续了200多年，直到奥斯曼帝国崛起。[①]

至于马穆鲁克苏丹忽都斯，战胜的果实很快就被抢走了，如同阿里的王位被他夺走一样。艾因·贾鲁战役之后，阿勒颇被马穆鲁克夺回。贝巴斯希望能统治叙利亚，以此作为对其贡献的回报。但忽都斯拒绝了他的要求。马穆鲁克军队凯旋回到开罗后没几天，贝巴斯以国事为由探望忽都斯。在双方拥抱的时候，贝巴斯的匕首刺进了忽都斯的心脏。之后，贝巴斯成为马穆鲁克埃及的新苏丹。

经此一役，蒙古势力在西亚的发展进入另一个阶段，相关内容见本书第七篇。

---

① David W. Tschanz, "History's Hinge: Ain Jalut", *Saudi Aramco World,* July/August 2007.

第六篇

西征——欧洲

波兰人犯下的多种罪行，激怒了最仁慈的上帝，于是上帝降下了灾祸。但这种灾祸与前些年不同，它不是瘟疫，不是饥荒，也不是来自天主教邻国的敌意，而是来自野蛮人的兽行和愤怒。

——让·德乌戈什

（《让·德乌戈什编年史》）

德乌戈什（Jan Dlugosz）生活在 15 世纪的波兰。他拥有多种身份：他是一名出色的外交家，是颇有声誉的天主教牧师，还是波兰首位红衣主教的秘书，但他最被后人熟悉的身份，是编年史的记录者。1701 年前后，在他去世两百多年后，他的历史记录被编著成书，书名为《让·德乌戈什编年史》。这部编年史记载了 965 年至 1480 年发生在欧洲——尤其是东南欧——的重大历史事件。其中，蒙古人对欧洲国家的入侵也被记录在案。

因为德乌戈什所生活的年代距离蒙古入侵已有两个世纪，他对这段历史的记录，不可能根据亲身经历，而只能根据他所见的文字资料及民间传说，因而未必能反映历史的原貌。不过，他的记录却能反映他所处的那个环境——15 世纪的欧洲——对这段历史的看法，而这正是这部编年史的历史价值所在。

本篇篇首的文字，正是引自这部编年史。显而易见，德乌戈什将欧洲遭到蒙古人入侵的原因，归结为欧洲人自己犯下的罪行。

毫无疑问，德乌戈什之所以会做出这种判断，与他的牧师职业有很大的关系。尽管这种看法有"唯心论"的嫌疑，它却反映了那个时代的思考方式。正如前文提到过的，在论及蒙古人入侵罗斯国的原因时，曾亲历这段历史的罗斯国的编年史记录者，也是将其归结为"我们所犯下的罪孽"。他们都试图从上帝那里寻找答案。

这种分析方式是可以理解的。因为我们知道，历史进程往往受到偶然性事件的影响，如果我们将这种重要的偶然性事件看作是"上帝的安排"，那么，蒙古人对欧洲基督教世界的入侵，自然也可以被解释为"上帝的惩罚"。

这里所谓的重要的偶然性事件，就是前面提到过的"计划外战争"：

1222年，哲别和速不台率领的蒙古军，因为久攻格鲁吉亚首府第比利斯无果，大军往北行进，艰难地穿越了高加索山脉，不巧进入了阿兰人和钦察人的地盘，并遭到后两者的联合打击。于是，一场"计划外战争"出现。蒙古人获胜之后占领了北高加索一带。后来，在钦察人的游说之下，罗斯国贵族出兵与其一起进攻蒙古大军。又一场"计划外战争"上演。结果是，在1223年5月爆发的迦勒迦河之战中，哲别和速不台率领的3万蒙古大军，击败了有8万兵马的罗斯联军。战后，部分钦察人和罗斯国贵族逃往西边的邻国匈牙利王国。

　　正如本书第一篇所强调的，蒙古人崇尚有仇必报的原则，凡是侵犯其利益、挑衅其权威的人，都是蒙古的仇人，必然要除之而后快。也正因为坚守有仇必报的原则，蒙古人的仇敌越来越多。

　　在这两场"计划外战争"之后，除了宿敌钦察人，蒙古人又多了几个仇敌：阿兰人、罗斯人、匈牙利人，以及这些仇敌的盟友。于是，复仇成为蒙古人西征欧洲的正当理由。正如花剌子模帝国给伊斯兰世界带去了灾祸，钦察人与罗斯人给基督教世界带来了威胁。蒙古人的幸运之处在于，他们要征服的世界，早已经失去罗马帝国时代的辉煌，随处可见内乱与分裂。

第二十五章　长子出征

保加尔人的灾难

蒙古人对欧洲国家的入侵，主要发生在窝阔台当政时期，不过，史料对相关细节的记载并不一致。

据波斯及西方史料的记载，1235年，窝阔台大汗在首府哈剌和林召集大会，商议征讨钦察、罗斯等国事宜。察合台在会上提议发动一次"长子出征"，因为"长子出征人马众多，威势盛大"。

这个提议得到了窝阔台的认可。于是，尤赤的儿子拔都、斡儿答，察合台的儿子拜答儿、孙子布里，窝阔台的儿子贵由、合丹，以及拖雷的儿子蒙哥等，共集合10万大军，统帅由拔都担任，副帅由西征经验丰富的速不台担任。

《元史》的记载则有所不同。

《元史·太宗本纪》记载："太宗七年〔1235年〕，遣诸王拔都及皇子贵由、皇侄蒙哥征西域。"

《元史·地理志》记载："太宗甲午年〔1234年〕，命诸王拔都征西域钦叉〔钦察部〕、阿速〔亚速海附近的阿兰人〕、斡罗思〔罗斯诸公国〕等国。岁乙未〔1235年〕，亦命宪宗往焉。"[1]

---

[1] 《元史》卷六十三，《地理志》。

　　而据《蒙古秘史》的记载,窝阔台之前已命速不台去征讨钦察人、阿兰人、匈牙利人、保加尔人以及基辅公国等地,但速不台一时难以攻下这些地方,于是才听从察合台"长子出征"的建议,派拔都、布里、蒙哥等诸王子们出发,充当速不台的后援。[①]

　　也就是说,关于窝阔台西征欧洲的起始时间,史料有1234年与1235年等不同说法;至于西征的统帅,这些说法之间互有出入。不过,它们对西征讨伐对象的记载基本一致:钦察、罗斯、保加尔、基辅等国。

　　实际上,尽管相关史料在某些细节的记载上有出入,但并不影响我们对这段历史做出判断:

　　窝阔台发起的对上述国家地区的征伐,是蒙古人第一次有意识地入侵欧洲,在性质上属于"计划内征伐"。而在成吉思汗的统治时期,蒙古人与欧洲人之间的冲突,或者说蒙古人对欧洲地区的征伐,主要源于蒙古入侵中亚的"溢出效应",而非执行事先已制定的战略,当属"计划外征伐"。

　　保加尔国首先成为蒙古人的目标。这个国家创立于7世纪,位于伏尔加河与卡马河交界之处,被认为是今俄罗斯鞑靼斯坦共和国与楚瓦什共和国的前身。[②]保加尔国以突厥人为主,也有一些芬兰人与马扎尔人。

　　宗教方面,保加尔国主要信仰伊斯兰教。922年前后,阿拔斯帝国哈里发穆克塔迪尔派使者伊本·法德兰出使保加尔国,两国建

---

① 札奇斯钦:《蒙古秘史:新译并注释》,第270节,台北联经出版事业公司,1979年。
② 据《世界境域志》载,保加尔国的具体位置大概位于喀山南155千米、伏尔加河西7千米处的乌斯平斯科伊。

立了正式的外交关系。[①]随同法德兰出使的还有伊斯兰教法学家。他们帮助保加尔国修建了一座堡垒和一座清真寺。[②]在之后的三百年间，伊斯兰教在保加尔国发展比较迅速。与蒙古人一样，部分保加尔国居民信仰萨满教，崇拜天神"腾格里"，也有部分人信仰拜火教。

根据波斯史料的记载，1236年秋，在尤赤之子拔都与速不台的率领下，蒙古大军穿过伏尔加河，开始入侵保加尔国。但蒙古人并没有全军出动，只动用了大约3.5万兵力。而据匈牙利多明我会修士朱利安的记载，至少有10万蒙古军参与了入侵，而保加尔国的兵力不足5万。

1236年对保加尔国的入侵，并非是双方的第一次较量。前文已经交代过，1223年，哲别和速不台率领的蒙古大军与钦罗联军（钦察人与罗斯的联军）进行了一番交战，并获得大胜。但这并不是故事的全部。就在这一年的9月，速不台之子兀良合台率领5万大军入侵了位于罗斯诸公国东面的保加尔国。

双方在位于保加尔国南部的萨马拉湾（位于伏尔加河中游）附近遭遇。与兀良合台大军对阵的，是保加尔国王卡布杜拉与其盟友摩尔多瓦（今乌克兰西南部）大公普加兹组成的联军。

根据当地民间传说，保加尔人使用了蒙古人惯用的战术——诱敌深入，他们先是佯装撤退，诱使蒙古军进入了他们的埋伏圈。结果5万蒙古兵几乎全被歼灭，只有4000人得以突围逃生。

---

① 穆克塔迪尔（al—Muqtadir）：生于895年，卒于932年。908—932年，担任阿巴斯帝国的哈里发。

② Judith Gabriel Vinje, *Vikings in the East: Remarkable Eyewitness Accounts*, Scandinavian Press, Issue 1, 2001.

但这个传说明显有夸张的成分。如前文所述，哲别与速不台尚且只有3.5万兵马，兀良合台率5万兵马的可能性极低。而且东西方史料对此事均无记载。尽管如此，欧洲人仍然乐于相信，是他们首先打破了成吉思汗战无不胜的神话。

六年之后，也就是1229年，蒙古人再度入侵了保加尔国。他们在乌拉尔河击败了保加尔人的边防军，并占领了乌拉尔河上游地区。1232年，蒙古骑兵又征服了巴什科尔东南部及保加尔国南部。经历军事上的多次失败后，保加尔人加固了首府比拉尔城的防御工事，在城外修筑了一道11千米长的石墙，因为他们知道，凶狠的蒙古人还会卷土重来。①

蒙古人在1236年的征伐给保加尔人带来了更大的灾难。尽管保加尔人加固了比拉尔的城防，但经过四十五天的围攻之后，蒙古人仍然拿下了这座城市，城内数万居民惨遭屠杀。

根据俄罗斯编年史的记载，"蒙古人攻陷了这座伟大的城市（约有10万人口），屠杀了包括修道士和婴儿在内的所有人。他们抢走很多东西，还一把火烧掉了这座城市，让这块土地变成了鬼蜮。"②

俄罗斯考古学家已经证实了这条史料的真实性。在面积约8平方千米的比拉尔城旧址上，考古学家们发现了无数显示被烧死痕迹的遗骸。据他们的判断，有八成保加尔人死于蒙古人之手。

保加尔国的大部分城镇被毁，只有北部的城镇免遭损害，所以

---

① 比拉尔城位于今俄罗斯鞑靼斯坦共和国的亚雷克斯耶夫斯基区（Alekseyevsky District）。

② "Mongol invasion of Volga Bulgaria". *Tatar Encyclopedia*. Kazan: Tatarstan Republic Academy of Sciences Institution of the Tatar Encyclopaedia, 2002.

幸存的保加尔人多数在北部地区重新定居。导致保加尔人迁徙的另一个原因是，当地的农业发展遭到严重的破坏，因为蒙古人将农田变成了牧场。多数人在卡马河流域和北部地区定居下来。喀山成为保加尔的文化、政治和贸易中心，成为喀山鞑靼人的聚居区。保加尔的草原地区则由游牧的钦察人和蒙古人占据。

后来，保加尔国成为金帐汗国的一部分。再后来，它被分割成不同的公国，每个公国都是金帐汗国的属国。

最具有讽刺意义的是，在保加尔的伊斯兰文化影响下，金帐汗国的很多蒙古人变成了穆斯林。换句话说，蒙古人征服了保加尔人的物质世界，但自己的精神世界则被保加尔人——通过伊斯兰教——征服。语言方面，作为金帐汗国官方语言的鞑靼语——现代鞑靼语的前身——吸收了很多保加尔语的元素。

攻打保加尔国的同时，另一支蒙古军队（兵力不详），在蒙哥的率领之下，再度征讨钦察人。《元史·宪宗本纪》载：

〔蒙哥〕尝攻钦察部，其酋八赤蛮逃于海岛。帝〔蒙哥〕闻，亟进师，至其地，适大风刮海水去，其浅可渡。帝喜曰："此天开道与我也。"遂进屠其众。擒八赤蛮……

这段历史发生在1237年春。擒得钦察部首领之一八赤蛮后，蒙哥命部下将其腰斩。被蒙古大军打败之后，部分钦察人投降并加入蒙古人的军队，另有约4000名钦察人在首领忽滩的带领下，向西逃往匈牙利王国。

钦察人的游说天赋再度发挥作用。如前文所述，1223年，正是在钦察人的游说之下，经常遭到他们袭击的罗斯国，竟然同意共同出兵攻打蒙古人。1238年，钦察人故技重施，说服了曾经的敌人匈牙利人。

11世纪的时候，以东欧草原为游牧中心的钦察人，经常骚扰附近的国家，匈牙利王国即是其中之一。1089年，匈牙利国王拉迪斯劳斯一世曾成功击退钦察人的入侵。1229年，逃入匈牙利境内的钦察人和罗斯人曾请求匈牙利国王安德鲁二世提供庇护，但遭到拒绝。而蒙古威胁的进一步迫近，让匈牙利人暂时忘记了旧仇。

根据匈牙利修士朱利安（Friar Julian）的记载，1238年，匈牙利国王贝拉四世正式向钦察人提供庇护之所。此举为蒙古人入侵匈牙利提出了理由。于是，匈牙利将要面临与罗斯国相同的命运。这是后话。

鬼域罗斯

基本完成对保加尔国与钦察人的征服后，蒙古大军开始加大对罗斯诸公国的征伐力度。而罗斯诸公国之间的矛盾，将使蒙古人的征伐呈摧枯拉朽之势。

1204年，十字军攻陷君士坦丁堡，而后拜占庭帝国的实力迅速下滑，由此又削弱了以贸易为支柱、以拜占庭为主要贸易伙伴的罗斯国的实力。在此之后，罗斯国分裂成很多个公国和几个较大的地区中心，比如位于保加尔国西北部的弗拉基米尔-苏兹达尔公国，位于保加尔国西部的梁赞公国，以及位于苏兹达尔公国西部的诺夫哥罗德公国等。

1237年11月，拔都派使者出访苏兹达尔公国，要求大公尤里二世投降。其原因之一，是在1223年的时候，后者曾派兵支援攻打

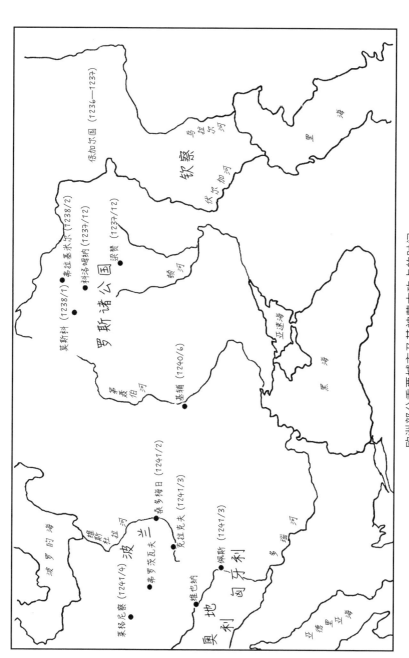

欧洲部分重要城市及其被蒙古攻占的时间

蒙古大军的罗斯国联军。尤里似乎完全不惧蒙古人的凶猛与残忍，这一次，他仍然以傲慢的态度对待蒙古使者。

但蒙古人并没有立即进攻苏兹达尔公国，而是在一个月后，也就是1237年12月，开始进攻梁赞公国（今莫斯科东南）。这个城市公国位于大草原的边缘，所以经常遭到来自南面游牧民族——比如哈扎尔人、佩切涅格人以及波罗维茨人——的侵扰。这一次，经过六天的血战之后，这个公国完全被蒙古人夷平。[①]

得到梁赞公国遭袭的消息后，尤里没有提供任何援助，因为梁赞与苏兹达尔公国有宿怨。1208年，年仅十七岁的尤里即曾带兵与梁赞公国交战。直至梁赞完全被蒙古人占领之后，尤里才派儿子们去阻挡蒙古人，结果可想而知：他们在位于苏兹达尔公国与梁赞公国交界处的科洛姆纳城附近被击败。之后，蒙古人攻陷并火烧科洛姆纳城。

紧接着，距离科洛姆纳只有100千米左右的莫斯科城沦陷。志费尼《世界征服者史》写道：

> 它〔指莫斯科〕的居民多如蚂蚁和蝗虫，而它的四周，树木和茂林密布，以致连一条蛇都不能穿过。王公们均停驻在该城的郊野，同时他们在四面八方修建宽阔足够三四辆大车并排而行的道路。接着他们对着城墙架起射石机，几天时间后，除了它的名字外没有给该城留下什么东西，并掠获了大量的战利品。他们下令割掉百姓的右耳，计有二十七万只耳朵。

---

① 根据俄罗斯的历史资料，梁赞公国成立于1078年，第一位统治者可能是雅罗斯拉夫（Yaroslav Sviatoslavich）。

与俄罗斯的历史资料相对比，志费尼对莫斯科当时人口数量——重要的经济指标——的描述似乎有些夸张，因为在1200年的时候，作为罗斯诸公国中最大的城市，基辅的人口也仅有5万人。[1]

1238年2月4日，蒙古军开始入侵苏兹达尔公国腹地。三日后，其首府弗拉基米尔被攻破，蒙古人大火焚城。据俄罗斯编年史记载，很多王室成员死于大火之中，尤里二世本人则趁乱逃出首府。

穿过伏尔加河之后，尤里集结了一支新军。他本想夺回首府，发现首府被焚之后，马上派人去侦察蒙古军的动静。但他们的效率显然不如敌人。蒙古人很快就发现并包围了尤里的军队。尤里率兵艰难突围之后，在希特河（今俄罗斯西部雅罗斯拉夫尔市北）再次被蒙古人赶上，于是双方展开了一番厮杀，结果尤里大公及其侄子雅罗斯拉夫尔公国大公维斯沃罗德双双战死。[2]

这场发生在1238年3月4日的战役，凸显了罗斯境内各公国之间的矛盾。正如梁赞公国没有获得苏兹达尔公国的帮助，与蒙古人的交战过程中，苏兹达尔公国也没有从其他公国获得任何形式的帮助。拜占庭帝国——罗斯国的主要贸易伙伴及盟友——也没有提供任何帮助。

希特河战役之后，拔都将蒙古大军化整为零，分别洗劫了罗斯诸公国的十几座城市，比如苏兹达尔公国的罗斯托夫，切尔尼戈夫

---

[1]　Janet Martin, *Medieval Russia, 980—1584,* Cambridge: Cambridge University Press, 1995.

[2]　Robert Michell and Neville Forbes, eds., *The Chronicle of Novgorod*, London: Camden Society, 1914; Janet Martin, *Medieval Russia 980—1584*, Cambridge: Cambridge University Press, 1995.

公国的科泽利斯克，诺夫哥罗德公国的托尔若克，以及佩列亚斯拉夫公国的首府等。

其中，科泽利斯克城的表现最为顽强。围攻了七个星期并牺牲近4000名将士之后，蒙古人才最终攻陷这座城市。吉捷奇镇的表现则最为悲壮。据说，听到蒙古军迫近的消息后，整个镇子的居民都选择投湖自尽。最幸运的城市则是诺夫哥罗德公国首府诺夫哥罗德，以及位于波罗的海南岸的普斯科夫城。由于行军路径过于艰难，蒙古军放弃了对这两座城镇的进攻，因此，它们没有像其他城市一样遭受城毁人亡的命运。

1239年夏，拔都挥师南下，在罗斯国南部草原进行休整。他们再次侵扰了钦察人和阿兰人，洗劫了克里米亚半岛。到了秋冬时节，拔都又率军杀回，劫掠了佩列亚斯拉夫公国和切尔尼戈夫公国。

1240年12月6日，蒙古人围攻数日之后，攻陷了基辅——罗斯诸公国中最大的城市，并毁掉了东正教在罗斯诸国中最大的教堂。据沃斯克列先斯克编年史记载，指挥攻打基辅的是蒙哥。攻城之前，蒙哥派出密探去侦察虚实，但这些密探被发现并被处死。

城破之前，基辅大公哈伊尔及罗斯公国的许多贵族向西逃入匈牙利。这部编年史写道："鞑靼人的兵车声，战马、牛和骆驼的嘶叫声，以及这些野蛮人凶狠的厮杀声交织在一起，众声喧腾，以至于城内的人听不见彼此说话的声音。"

1246年2月，作为罗马教皇英诺森四世的特使，圣方济各会修士柏朗嘉宾，曾在出访蒙古帝国首都哈剌和林的途中经过基辅。他如此描述基辅陷落六年之后的情形：

　　　　他们〔指蒙古人〕攻陷基辅后，将城中居民处死。我们经过这里的时候，看见遍地都是遗骸和头骨。基辅曾经是一座大城镇，人口十分密集，但现在几乎成了空城。这里只有两百间房屋，居民完全成为奴隶……鞑靼人〔指蒙古人〕摧毁了整个罗斯国。基辅的居民们看见我们的时候，都十分高兴地过来看我们。他们向我们表示祝贺，好像我们是从地狱中逃出来的。

基辅的沦陷，结束了俄罗斯以基辅为中心的历史阶段（878—1240年），自此之后，俄罗斯的政治中心开始向莫斯科转移。

攻陷基辅之后，蒙古人又夷平了最西面的加利奇公国。加利奇大公达尼洛逃入匈牙利避难。到1240年底，罗斯诸公国已完全被蒙古人征服。这块本属于东斯拉夫人的土地，后来成为金帐汗国的一部分。

东正教的机会

蒙古人入侵俄罗斯（即罗斯、基辅诸公国，下同）的过程中，很多教堂和修道院都被洗劫或摧毁，无数信徒和神职人员被杀，幸存者不是锒铛入狱就是被奴役。而蒙古人带来的痛苦与灾祸，在客观上又为宗教的重生提供了条件。

国土沦陷并惨遭蹂躏之后，俄罗斯人已经坚信，他们之所以受到惩罚，就是因为他们先前犯下了罪，他们的灵魂比以往任何时候更需要救赎，此时的东正教便成为蒙古人黑暗统治之下的灯塔。俄罗斯人在这里反省，在这里寻求信仰的安慰，寻求教会的指引和支持。

蒙古人的征服所带来的冲击，最终为俄罗斯人种下了修道生活的种子。这种强烈的信仰氛围，又有助于推动俄罗斯境内各民族对东正教的皈依。

　　贵族及城镇议会遭受的屈辱，导致其政治权威的瓦解。而政治统一性的丧失，又使得教会一跃而成为宗教与民族身份的化身。与此同时，教会还填补了丢失的政治认同的差距。

　　1267年，金帐汗国可汗忙哥帖木儿（1266—1280年在位）向全俄东正教大牧首基里尔宣布了一项法令。这项法令后来被西方人称为"豁免宪章"。它正式确立了国家对东正教的保护。它豁免了教会所有形式的税项，严厉禁止蒙古和俄罗斯的税收机构攫取教会土地或索求任何服务。如果有人违反，就会被处以死刑。它还允许神职人员不接受人口普查，这意味着神职人员可免服役或从军。

　　这项法令产生了深刻的影响。在俄罗斯的历史上，教会第一次不那么依赖贵族。东正教能够拥有更多的土地，使得教会在蒙古管制时期处于强势地位。

　　由于经济条件和政治条件得到改善，教会有能力向乡村的异教徒传播东正教。与此同时，随着城市经济的发展，教会所处的环境变得纷乱，于是，教会去往更偏僻、更宁静的地方修建新教堂。这种不断扩建宗教机构的循环持续了很长时间，使教堂的数量极大增加。这是东正教在金帐汗国治下得以快速发展的另一个重要原因。

　　俄罗斯的东正教中心所在也改变了。在蒙古入侵之前，基辅是东正教中心。1299年，东正教中心迁往弗拉基米尔，并于1322年迁往莫斯科。

国之涅槃

　　据英国历史学家、人口学家科林·麦克伊韦迪（Colin McEvedy）

统计，至少有50万罗斯人死于蒙古人的屠刀之下，而蒙古人仅折损7000名士兵。[①]

惨遭蒙古人蹂躏之后，很多城市中心花了很长时间都没有恢复元气，诺夫哥罗德却能继续保持繁荣。至于莫斯科，它在蒙古人的统治之下逐渐发展起来，最终一跃而成为莫斯科大公国——沙皇俄国的前身。

窝阔台大汗以及拔都和贵由等人自然不会知道，当然他们也并不在乎自己的征伐具有多大的历史意义。对此，历史学家的评价也莫衷一是。

在俄罗斯，仍有许多历史学家指责蒙古人对罗斯国的征伐，使得这片东斯拉夫人的土地分化成三个国家：俄罗斯、乌克兰和白俄罗斯。他们还指责蒙古人给俄罗斯带来了"东方式的专制"，在俄罗斯与西方之间筑起了一道厚墙，延缓了俄罗斯社会、政治和经济改革以及科技革命的步伐。[②]

当然，也有不少历史学家认为，即便没有蒙古人的征伐，罗斯国也会继续分裂，蒙古人只是加速了这个进程。而且正是在蒙古人的统治下，莫斯科大公国发展起邮政网络、人口普查、财政体系以及军事组织。

有些历史学家们则干脆声称，如果罗斯国没有被蒙古人摧毁，就不会有后来的沙皇俄国。另外，在蒙古帝国的统一之下，丝绸之路再现辉煌，俄罗斯也因此受益，成为贸易中心。

最具有讽刺意义的评价是，极具破坏性的蒙古人对现代俄罗斯、

[①]　Colin McEvedy, *Atlas of World Population History*, 1978.

[②]　Patrick H. O'Neill, Karl Fields, and Don Share, *Cases in Comparative Politics*, New York: Norton. 2009.

乌克兰和白俄罗斯的崛起产生了重要而长远的影响。[①]

　　还有一种极具颠覆性的说法，蒙古人根本没有入侵罗斯诸公国。持这个观点的是苏联历史学家列夫·古米列夫（Lev Gumilyov）。这位"新欧亚主义思想"奠基人提出，罗斯诸公国的大公们与蒙古人结成了防卫联盟，共同击退了狂热的条顿骑士团，因为后者会给罗斯诸公国的宗教与文化带来更大的威胁。

　　无论这些评价贴切与否，毋庸置疑的事实是，金帐汗国的宗教自由政策便利了东正教在俄罗斯的发展。尽管金帐汗国的可汗皈依了伊斯兰教，但他却允许俄罗斯人在首都兴建东正教教堂。[②]在东正教的影响之下，金帐汗国别儿哥可汗的一个侄子皈依了基督教，成为著名的圣徒彼得·萨拉维奇（St. Peter Tsarevich），某个蒙古税收官员的外孙则成了圣徒柏纳修（St. Paphnutius）。[③]

　　蒙古人——通过金帐汗国——对俄罗斯的统治，加深了俄罗斯与蒙古统治阶级之间的文化与血脉沟通。尤赤的孙子那海娶了拜占庭帝国的公主，他的女儿则嫁给了一位俄罗斯王子。根据17世纪的一项调查，约有15%的俄罗斯贵族家庭有蒙古人的血统。[④]

[①]　Donald Ostrowski, *Muscovy and the Mongols: Cross-cultural Influences on the Steppe Frontier*, Cambridge University Press, 1996.

[②]　Paul Robert Magocsi, *A History of Ukraine*, University of Toronto Press, 1996.

[③]　Website of the Orthodox Church calendar, accessed July 6th, 2008.

[④]　George Vernadsky, "The Mongols and Russia", *A History of Russia*, Vol. III. New Haven: Yale University Press, 1970.

第二十六章　波兰的悲剧

亨利二世的政治婚姻

蒙古人的征伐在创造奇迹的同时，也毁掉或改变了无数人的生命轨迹。亨利二世即是其中的一位。

亨利二世是波兰西里西亚公爵亨利一世的次子。由于他的哥哥和弟弟先后早夭，他便成为唯一的继承人，因而也承载了父亲所有的期望。1218年，在父亲的苦心安排下，二十二岁的他娶了波希米亚国王奥图卡一世的女儿安娜公主为妻。①

奥图卡一世有过两位妻子。他的第一位妻子是德意志某个伯爵的女儿，他们所生的女儿达格玛，嫁给了丹麦国王瓦尔德马二世。奥图卡的第二位妻子是匈牙利国王贝拉三世（1172—1196年在位）的女儿。而亨利二世的妻子安娜公主，就是奥图卡与第二位妻子所生的女儿。

换句话说，通过这桩婚姻，亨利二世成了匈牙利国王贝拉四世的小舅子，同时又是丹麦国王的连襟。毫无疑问，亨利家族的政治地位会因此而得到极大提升，亨利二世本人也将拥有一个至少在政

---

① 波希米亚的东面、西面和南面分别与波兰、德意志和奥地利接壤，其领土范围大致相当于今捷克地区。

治上十分光明的未来，因为凭借岳父奥图卡一世的关系，他几乎已经成为中欧的政治明星。

然而，蒙古人的入侵毁掉了亨利家族的希望。

彻底征服罗斯诸公国之后，1240年12月底，察合台次子拜答儿、窝阔台次子合丹及术赤长子斡儿答，率1万兵马从位于罗斯最西面的沃伦斯基公国（今乌克兰境内）出发，朝波兰——匈牙利的盟国——进军。①

波兰是一个年轻的国家。10世纪的波兰牧师、编年史记录者雅各布记载，966年，神圣罗马皇帝奥托一世确认梅什科一世为波兰公爵。这是波兰第一次见诸历史。②同年，梅什科一世皈依罗马天主教。当时，波兰的面积约为25万平方千米，人口不到100万。

1025年，波兰公爵博莱斯瓦一世——梅什科一世之子——抓住神圣罗马帝国因其皇帝亨利二世去世而产生内乱的机会，加冕为国王。从此，波兰获得了政治与领土的独立性。不过，博莱斯瓦一世去世之后，在神圣罗马帝国的干预下，波兰很快便陷入内乱之中，其情形与罗斯国颇为相同。直至1106年，博莱斯瓦三世才重新统一了波兰。

最讽刺的是，博莱斯瓦三世在自己去世之前，又人为地将波兰分割为五个公国：西里西亚、大波兰、马佐夫舍、桑多梅日以及克拉科夫。他之所以这么安排，是为了让儿子们都满意。

博莱斯瓦三世共有四个儿子。他把西里西亚、大波兰、马佐夫

---

① 关于入侵波兰的蒙古军的兵力，史料有多种说法，这里采用的是多明我会修士柏朗嘉宾的数据。

② 奥托一世（912—973年）：962年至973年担任神圣罗马帝国皇帝。

舍、桑多梅日分别交给这四个儿子统治。作为整个波兰王国的代表，长子还统治克拉科夫。也就是说，长子统治两个公国。

1138年博莱斯瓦三世去世之后，瓦迪斯瓦夫——博莱斯瓦三世的长了、波兰王国的代表——曾试图重新统一波兰。在波兰大主教和瓦迪斯瓦夫兄弟们的联合打击下，统一波兰的计划最终泡汤。不仅如此，西里西亚、大波兰、马佐夫舍等公国后来甚至进一步分割成更多小公国。特别值得一提的是，这些小公国的首领都是独立的统治者，可以自由地与外部势力联盟。

前面提到过的亨利家族，即是西里西亚的统治者。1231年，波兰王国的代表、统治克拉科夫及大波兰地区的公爵瓦迪斯瓦夫三世去世之后，将其领地全部都赠予亨利家族，因为他从亨利二世的身上看到了波兰的未来。可惜蒙古人没有给亨利二世足够的时间去统一波兰。

位于波兰东部的卢布林很快就落入蒙古人之手。1241年2月13日，在图斯克战役中，蒙古人击败了由克拉科夫总督沃齐米日率领的一支波兰军，紧接着，位于卢布林西南的桑多梅日沦陷。

而后，这支蒙古军一分为二。斡儿答率领其中一支分队，横扫波兰中部的沃尔博日，以及中北部的宛兹卡（今大波兰省境内），然后挥师南下，围攻波兰西南部的弗罗茨瓦夫。整个波兰中部都被蒙古人夷平。

拜答儿与合丹则率领另一支分队，扫荡波兰南部与西部地区。3月18日，在攻打南部城市赫梅尔尼克时，蒙古人打败了来自克拉科夫与桑多梅日的波兰军队。蒙古人的勇猛和凶残令整个波兰都陷入恐慌之中。

听到蒙古军迫近的消息后，克拉科夫市民纷纷离城躲避。当时，守卫这座城市的是波兰大公博列斯拉夫五世。克拉科夫之战十分惨烈。博列斯拉夫战死沙场，他的军队几乎被全歼，只有少数残部西逃莱格尼察。3月24日，蒙古大军攻陷这座城市，然后大火焚城。

根据西方文献的记载，窝阔台的孙子海都参与了此战，并曾率军追赶博列斯拉夫残部。20世纪的法国历史学家勒内·格鲁塞所著《草原帝国》一书即采用了这一说法。[①]国内不少历史作品也引用了这种说法，但这条文献的真实性有些疑问。

海都生于1235年，也就是说，蒙古大军奉命西征之时，他还是襁褓之中的婴儿；在蒙古大军入侵波兰之时，他也只是一个六岁的幼童。如果海都果真率军参战，相关史料肯定会强调他的年龄。而事实是，中外所有记载海都参战的文献，无一强调他是一位幼童将军。

不堪一击的骑士团

攻陷克拉科夫之后，蒙古人又拿下比托姆地区，然后向西推进，准备攻打波兰西南重镇弗罗茨瓦夫以及莱格尼察。在弗罗茨瓦夫附近，斡儿答率领的分队与拜答儿及合丹率领的分队会合。

他们将面对来自亨利二世的挑战。蒙古人的军事实力已经让亨利明白，如果不能募集足够的兵力，他将无法与凶猛的蒙古军对抗。因此，为了争取足够的时间以集结军队，亨利甚至主动放弃了弗罗茨瓦夫——西里西亚地区最大的城市，西撤至莱格尼察。在这里，亨利集结了自己的军队以及莱格尼察附近的盟军，人数规模在1万至3万之间。据波兰历史学家拉法尔·亚沃尔斯基（Rafal Jaworski）

[①]　勒内·格鲁塞（René Grousset，1885—1952年）：法国历史学家，以研究中亚和远东著名，其代表作为《草原帝国》《亚洲历史》。

考证，亨利二世集结的兵力包括：奥波莱-拉齐布日公爵梅什科二世的军队，在图斯克与赫梅尔尼克战败的波兰军残部，一些外国志愿军，以及500名条顿骑士团成员。

条顿骑士团成员的参与，增加了战役的宗教意味。条顿骑士团成立于第三次十字军东征（1189—1192年）之后，与圣殿骑士团、医院骑士团一起并称"三大骑士团"。虽说条顿骑士团成员只向罗马教皇和神圣罗马帝国皇帝效忠，但他们有时也会为了利益而出卖自己的武力。

事实上，受马佐夫舍公爵康德拉一世之邀，从1226年开始，条顿骑士团一直在帮助波兰人入侵普鲁士。他们之所以接受波兰人的邀请，是因为康德拉一世答应给予他们封地。至于他们支援亨利二世的原因，以及是否获得罗马教皇或神圣罗马帝国皇帝的授意，西方史料并无记载。

按照波兰历史学家拉法尔的说法，除了上述这些已经集结的武力，亨利二世还在等待他的小舅子、波希米亚国王瓦茨拉夫一世的支援，后者承诺将带来一支5万人的援军。

此时，蒙古人的军情实力再一次显现出来。当拜答儿与合丹等正在考虑是否要拿下弗罗茨瓦夫时，突然收到波希米亚援军不日即将到达的情报。于是，蒙古人丢下弗罗茨瓦夫，火速向西行进，直指莱格尼察地区，他们想赶在波希米亚援军到来之前，迅速将亨利二世的军队击败。

双方在莱格尼察附近交火。15世纪的波兰牧师让·德乌戈什在一份编年史文稿中写道：

> 4月9日，身披上等盔甲的亨利公爵骑马冲出莱格尼察，

与鞑靼人〔指蒙古人〕交战。当他经过圣母玛利亚教堂时，一块石头从教堂屋顶落下，差点击中亨利的头。这被认为是神的警告，至少是一个凶兆。

尽管亨利的军队在兵力上占优势，且有地利之便，但仍然被蒙古军打败。条顿骑士团成员几乎被全歼，其指挥官奥斯坦与亨利皆死于战场之上。根据让·德乌戈什的记载，亨利本可以逃出围剿，但他佩戴的徽章出卖了他，使其遭到蒙古人的围攻。蒙古兵用长矛刺中亨利要害后，用剑砍下了他的首级，他们还扯下亨利的徽章，并扒光了他的衣服。

蒙古人离开后，波兰人花了几天时间寻找亨利的尸身。由于首级已被砍掉，亨利的尸身一直没被找到。直到亨利的遗孀透露了亨利的另一个特征——左脚有六个脚趾，他的尸身才被找着。

蒙古人没有乘势占领莱格尼察城堡，而是四处游荡，他们洗劫了西里西亚——亨利二世的安身立命之地。

波兰军队和条顿骑士团的溃败，让整个基督教世界大为震惊。罗马教皇格里高利九世发文，号召组织一支十字军帮助波兰。让·德乌戈什的编年史记载了这位教皇所写的一段文字：

> 我们的心被很多事情困扰：如令人关注的圣地问题、威胁迫害教堂的问题、罗马帝国的困境，但说实话，当我们想到自己身处何世，我们便忘记了这些问题，甚至忘了我们自己。因为这些鞑靼人〔指蒙古人〕，基督教之名几乎被忘却。此念已刺入我们的骨髓，困扰我们的心智，削弱我们的精神，让我们如此痛苦和焦虑。

波兰人的不幸比教皇深重得多。亨利二世之死使波兰的统一受挫。在他的努力下，波兰原本已接近统一了。亨利死后，波兰甚至失去了西里西亚，直到14世纪，它才重新回到波兰人的手中。

距离蒙古人第一次入侵18年后，也就是1259年，别儿哥率领的2万蒙古大军袭击了立陶宛，而后再度攻打波兰。这次进攻由术赤的孙子那海指挥。卢布林、克拉科夫、谢拉兹、桑多梅日、扎维霍斯特和比托姆被蒙古军攻陷并洗劫，但别儿哥无意占领或征服波兰。这次攻势之后，教皇亚历山大四世曾试图组织一支十字军反攻蒙古大军，但是没有成功。

1287年，那海再次率军侵扰波兰，并攻陷了卢布林、桑多梅日和谢拉兹等城市。不过，这支蒙古军在克拉科夫被击败。尽管如此，克拉科夫仍然被毁。这次的蒙古军不超过1万人，不足以与整个波兰军队对抗，而且这支军队没有配备攻城技师和武器。他们袭击了几支商队，烧毁了几座小城镇，听到波兰军集结完毕的消息后，便很快撤出了波兰领土。

第二十七章　蹂躏匈牙利

远去的匈奴

波兰人过了很长一段时间才明白，蒙古人对他们国家的入侵，只是其征讨匈牙利战略的一部分。而匈牙利王国的命运，自钦察人——蒙古人的仇人——逃入其境内起，就已经注定了。对此，国王贝拉四世（1235—1270年在位）早有心理准备。

与波兰不同，匈牙利王国有着更深的历史基础。这个国家的前身，是罗马帝国在中欧地区的一个省——"潘诺尼亚"（Pannonia）。在西罗马帝国灭亡前后，欧洲经历了一段民族大迁徙时期。原先入侵西罗马帝国的许多民族，比如哥特人、汪达尔人等，都纷纷往欧洲内陆移民。匈人（Huns）也是其中之一。

370年前后，伏尔加河东面的匈人迁入欧洲，并建立了匈人帝国。在匈王阿提拉（406—453年）的统治下，匈人帝国曾占据西起德意志、东达乌拉尔河、北至波罗的海、南抵多瑙河的大片中欧土地，潘诺尼亚就在其中。然而，454年，即阿提拉去世的第二年，这个帝国迅速土崩瓦解，而后匈人也逐渐淡出历史舞台。

18世纪中期，法国东方学家和汉学家约瑟夫·德·吉涅（Joseph de Guignes）在一篇文章中提出，欧洲历史上不断侵扰西罗马帝国的匈人，就是中国历史上不断侵扰秦汉王朝的匈奴人。德经的说法无疑极具吸引力，以至于与他同时代的另一位历史学家、英国人爱德华·吉本（Edward Gibbon）也深信不疑，并将这个观点写入《罗马帝国衰亡史》一书中。

在很长一段时间里，吉涅的理论一直影响着人们对历史的判断。这个理论在19世纪末开始遭到质疑。[①] 现代西方史学界的倾向于认为，匈牙利人的祖先并非匈人，而是马扎尔人（Magyars）。

匈人帝国灭亡之后，日耳曼东哥特人、伦巴第人、斯拉夫人、阿瓦尔人等相继来到潘诺尼亚。这些民族先后统治过这块地区，但都没能在这里建立长久的政权。马扎尔人——突厥人的一支——打破了这个宿命。

896年，在首领阿帕德的带领下，约40万马扎尔人占据了蒂萨河上游地区，并以此为基地，经常劫掠中欧和西欧地区。900年前后，他们进驻了潘诺尼亚地区。正是这些马扎尔人，建立了匈牙利王国。[②]

在国王斯蒂芬一世统治时期（997—1038年），匈牙利王国控制着喀尔巴阡盆地。这位国王不遗余力地在匈牙利推广天主教，甚至强行要求国民改宗。1083年，罗马教皇格里高利七世将其封为圣徒。斯蒂芬一世被认为是匈牙利王国的第一位国王。

斯蒂芬一世去世之后，匈牙利经历了一段内乱时期。1051年至1052年，神圣罗马帝国几度入侵匈牙利，企图联合匈牙利国内的反

---

① George Bisztray, "Myth: The Foundation of Historical Consciousness", *Hungarian Studies Review*, vol. 27, 2000.

② *A Country Study: Hungary*, Federal Research Division, Library of Congress, Retrieved, 2009.

叛势力，征服这个年轻的国家，但是都没有得逞。

在国王拉迪斯劳斯一世治下（1077—1095年），匈牙利的局势得到稳定和加强。他多次成功击退钦察人的入侵，并在1091年征服了克罗地亚。在国王科罗曼一世治下（1095—1116年），匈牙利征服了达尔马提亚，使疆土扩展至亚得里亚海东岸，与拜占庭帝国分庭抗礼。

在国王戈萨二世治下（1141—1162年），匈牙利通过政治婚姻的方式，与许多国家建立了联盟关系。他本人娶了基辅大公的女儿为妻。他的三个女儿，分别嫁给了两位波希米亚公爵和一位奥地利公爵。他的儿子及王位继承人斯蒂芬三世（1162—1172年在位）娶了一位奥地利公爵的女儿为妻。

戈萨二世的另一个儿子、匈牙利国王贝拉三世（1172—1196年在位），进一步将这种政治婚姻发扬光大。他先后娶了两个妻子，一个是安条克大公的女儿，[①]另一个是法国国王路易七世的女儿玛格丽特公主。

贝拉三世有两个女儿，一个嫁给了拜占庭帝国皇帝伊萨克二世，另一个嫁给了波希米亚国王奥图卡一世。奥图卡一世的两个女儿，也就是贝拉三世的外孙女，又分别嫁给了丹麦国王瓦尔德马二世，以及前面提到过的波兰公爵亨利二世。

正是通过这种政治婚姻的关系，拜占庭帝国、法国、波希米亚、波兰、奥地利以及丹麦等国，都与匈牙利王国建立了或深或浅的联盟关系。不过，这些联盟关系难以撼动蒙古人入侵匈牙利

---

① 安条克公国：第一次十字军东征时期欧洲封建主在西亚建立的一个十字军国家。其领土包括今日之土耳其及叙利亚的各一部分，都城在西亚著名古城安条克，政权存续期为1098年至1268年。

的决心。

危险的挑衅

匈牙利人最早知道蒙古人的威胁是在 1229 年，不少钦察人和罗斯人在这一年逃入匈牙利避难。1237 年，贝拉四世从匈牙利的多明我会修士朱利安的报告中，再次得知这种威胁正在迫近。

根据匈牙利编年史的记载，1235 年，朱利安修士奉命离开匈牙利，去保加尔国寻找马扎尔人。匈牙利人一直都相信，几百年前，只有部分马扎尔人来到匈牙利，还有一部分留在了东边的草原上，他们希望将这些马扎尔人找回，以增强对抗蒙古人的军事实力。

朱利安修士在巴什科尔找到了这些马扎尔人。虽然已经过去几百年，但他们的语言变化却不大。他们中的许多人亲历过蒙古对保加尔国的入侵，他们向朱利安详细地说明了有关蒙古人的最新消息。

不无巧合的是，朱利安后来还在苏兹达尔公国见到两个拔都的信使。他们是奉命携带拔都致贝拉四世的书信出访匈牙利的，但是不巧被苏兹达尔大公尤里二世俘虏了。于是，朱利安火速返回匈牙利，将自己的出行报告以及拔都的书信交给国王贝拉四世。此时是 1237 年。

前面已经提到，1237 年春，蒙古人征讨了钦察人。钦察人的首领之一八赤蛮被杀，部分钦察人投降后加入了蒙古人的军队，另一位首领忽滩则率 4000 名钦察人逃往匈牙利。

从匈牙利编年史引用的这封书信的内容上看，拔都对匈牙利人收容钦察人的行为十分恼怒，他曾派使者出使匈牙利，要求贝拉四世交出这些钦察人，但是他的使者被匈牙利扣留了。这封书信有最后通牒的意思。拔都要求贝拉四世交出这些钦察人，并且无条件投降，否则将踏平匈牙利。

显然，贝拉四世非但没有被这封信的言辞吓倒，而且在1238年，他正式向钦察难民提供庇护。

但这位国王显然高估了自己的实力。他或许忘记了"黄金法令"的存在。1222年，当时的国王安德鲁二世（1205—1235年在位），迫于国内贵族们的压力，曾签署一项中世纪史上最著名的法令。这项法令豁免了贵族与教会的所有税项，它还规定国王不能强迫贵族参战，贵族也没有资助战争的义务，如果国王的命令违反了法律，贵族有不服从的权力。①

根据匈牙利的史料，直至听到波兰人在图斯克战役中兵败的消息后，贝拉四世才真正开始战争总动员。他号召贵族们共同保卫匈牙利，同时还派人出使罗马教会、前述盟国和其他西欧国家，希望他们能够派兵援助。

然而，盟国的表现让贝拉大失所望。前来支援的只有奥地利公爵弗雷德里克，但他带来的那支骑兵规模太小，根本无法影响战局的发展。至于匈牙利国内的贵族们，他们大多自私自利、目光短浅，完全没有意识到蒙古入侵的严重性。甚至有些贵族还希望贝拉四世的军队失利，因为这样会进一步削弱皇室的实力，从而可以相对提高地方贵族的地位。

另外，由于很久没有遭到其他游牧民族的系统性入侵，作为游牧民族的后代，匈牙利人已经不再是能征善战的马扎尔人。在匈牙利，富裕的贵族只接受了重装甲骑士的训练，他们已经将轻骑兵战

---

① Miklos Molnar, *A Concise History of Hungary*, Cambridge University Press, 2001.

法抛到脑后，他们已经忘记了自己的祖先经常使用而且现在仍被蒙古人使用的战术，比如佯攻、佯退等。

这一切注定了匈牙利人要遭受耻辱。

国王的逃亡

从波兰、匈牙利以及波斯等国的史料判断，拔都和速不台制定并执行了兵分三路的战术。北路军由拜答儿、合丹及斡答儿率领，攻打位于匈牙利北面的波兰；南路军由贵由率领，攻打匈牙利东部的特兰西瓦尼亚；拔都与速不台则率领中路军，经过位维里奇山口（位于今乌克兰西南），从正面入侵匈牙利王国。[①]

其中，蒙古人对波兰只是佯攻，目的是以少量兵力牵制匈牙利潜在盟军的主力。这个策略被证明十分有效，因为这支只有1万兵力的部队，牵制了波兰本土及附近友军2.5万人，还牵制了波希米亚国王的5万大军。拔都与速不台对这支军队在军事上的胜利并无太大期待。

1241年3月5日，蒙古军先锋抵达佩斯城，开始蹂躏附近乡野。但贝拉四世禁止匈牙利人反击，因为匈牙利军队还没有做好准备。即便如此，奥地利公爵弗雷德里克的军队还是进行了反击，并取得小规模的胜利，于是，贝拉四世被国民认为是懦弱的人。有意思的是，取得这场"历史性"胜利之后，弗雷德里克赶紧班师回国，以保证胜利的荣誉不被失败玷污。

4月9日，莱格尼察战役正在波兰境内开打，而此时的匈牙利

---

① J. J. Saunders, *The History of the Mongol Conquests*, Routledge & Kegan Paul, 1971.

正被谣言所困。不知从何处而来——很可能是蒙古人制造——的谣言说，那些在匈牙利躲避的钦察人，实际上是蒙古人的间谍。这个谣言很快就传遍全国。于是，就在波兰人遭到惨败的这一天，钦察人也受到匈牙利人的袭击，其首领忽滩被刺身亡。幸存的钦察人向南逃跑。他们劫掠了匈牙利南部的乡村，屠杀了许多当地平民。

两天后，蒙古军队与匈牙利军队在绍约河正式交锋。据美国军事史学家布莱恩·凯里（Brian Todd Carey）考证，匈牙利的兵力约为8万，主要由重装甲骑兵以及未经训练的骑兵组成，他们既没有战术知识，也没有纪律，更没有专业的指挥官，还有少量圣殿骑士团成员参与了战斗。蒙古军的兵力约为7万，除了轻骑兵和重装甲骑兵，还有投石机操作手等。[①]

其结果是，蒙古军队大胜匈牙利军队。据美国历史学家大卫·摩根（David Morgan）考证，匈牙利军队约有4万人伤亡，蒙古大军则仅伤亡千人。[②]

兵败之后，贝拉四世携带家眷逃往奥地利。但卑鄙的弗雷德里克将他们囚禁了起来，直到贝拉四世答应支付大量金币，并割让三座城镇给奥地利后，才将匈牙利王室成员释放。之后，贝拉四世逃往亚得里亚海东岸的特罗吉尔城堡之中。直到蒙古人撤退之后，他们才离开那里。

绍约河战役获胜之后，蒙古人占据了喀尔巴阡山脉北面的匈牙利大平原，以及特兰西瓦尼亚地区。接下来的整个夏天和秋天，他们都在攻城略地，到了冬天，已经攻至亚得里亚海东岸的达尔马提亚地区。匈牙利于1091年征服克罗地亚之后，这里便属于匈牙利的

---

① Brian Todd Carey, *Warfare in the Medieval World*, Pen & Sword Books, 2007.

② David Morgan, *The Mongols*, Blackwell Publishing, 1990.

领土范围。

据俄裔德国历史学家米哈伊尔·普拉夫丁（Michael Prawdin）考证，拔都将匈牙利送给兄长斡答儿作为封地，还设置了一名达鲁花赤，也就是地方军政长官，并以蒙古大汗的名义在那里铸造钱币。

1242年春天，拔都接到窝阔台大汗去世的消息，迅速率军返回亚洲。撤退前，他下令杀死了全部俘虏和囚犯，只留下一个满目疮痍的东欧。据说，大约有20%～40%的匈牙利人死于战乱之中。

为了抵御蒙古人可能发起的第二次入侵，贝拉四世在重掌朝政之后，下令在全国范围大力修建堡垒。为了吸引足够的投资和人力，他赋予犹太人和钦察人很多权利。在13世纪的后几十年，以及整个14世纪，匈牙利国王将大量王室土地赏赐给贵族们，唯一的条件是，他们要修建堡垒并看管好自己的防御工事。1286年，蒙古人果然再次入侵，这一次，坚固的城堡系统发挥了作用。在国王拉斯洛四世的指挥下，王室军队在佩斯城附近击败了蒙古大军。

不少匈牙利历史学家都认为，匈牙利人的长期抵抗，实际上拯救了西欧。然而，西欧历史学家对此并不认同。在他们看来，蒙古人之所以撤走，并非是被匈牙利人击退，而是因为窝阔台去世。

许多西方历史学家都认为，蒙古人之所以不入侵西欧，是因为德意志各公国有稠密的人口，西欧湿润的气候也不利于蒙古军队的集结，增加了蒙古人拉弓的难度。另外，西欧多山的地形以及数量众多的城堡，增加了蒙古轻骑兵对抗西欧重装甲骑兵的难度。他们还认为，既然在9世纪至10世纪时，西欧能打败马扎尔人和阿瓦尔人的轻骑兵，同样也能打败蒙古轻骑兵。

还有一些欧洲和美国的历史学家怀疑，蒙古人是不是有能力，或者说是不是想过，继续推进到匈牙利西面的欧洲，因为他们觉得蒙古人缺乏继续征服西欧所需的足够的后勤准备，比如养活战马所需要的草场。[①]

　　英国历史学家桑德斯（J. J. Saunders）的看法正好相反。他认为，蒙古人入侵匈牙利的真实目的，就是为进一步攻打西欧做准备。他的理由是，既然入侵西欧的先决条件，是必须在附近找到一块草原，以满足蒙古战马的生存需要，那么，匈牙利草原正好符合这样的条件。

　　这种分析具有一定的合理性。在入侵伊拉克和波斯之前，为了解决战马养料的问题，蒙古人攻下了阿塞拜疆平原。但桑德斯这个推断的正确性，是基于这样一个前提：蒙古人已制订了入侵西欧的计划。

　　但这种可能性比较低。理由是，蒙古人入侵主要基于两个目的：复仇与劫掠。而以蒙古人的情报水平，他们应该早已知晓西欧只是一块贫瘠之地。另外，至少在入侵匈牙利之前，西欧与蒙古人并无冤仇。

---

① Denis Sinor, "The Mongols in the West", *Journal of Asian History*, vol.33, 1999.

第二十八章　式微的拜占庭

东面的威胁

比较有趣的一个假设是：如果蒙古人入侵欧洲时，正值罗马帝国的全盛时期，会是怎样一种结果。这是类似于"关公战秦琼"的假设。它于实际并无益处，却能供我们遐想。而历史的奇妙之处或许就在于，通过让几大帝国在时空上错位，使整个历史进程不至于太热闹，也不至于太冷清，总会有好戏断断续续地开场，不断满足后世看客的猎奇之需。

历史的真实情况是，蒙古入侵前夕，欧洲正值漫长的黑暗时期，罗马帝国的辉煌早已不再。

自公元前27年屋大维建立罗马帝国之后，这个帝国一直处于侵略扩张的过程之中。在著名的"五贤帝"统治时期（96—180年），罗马帝国的实力达至顶峰，其土地面积有590万平方千米，人口最多时超过1亿。

两汉史书亦不乏对罗马帝国盛世的记载。《后汉书·西域传》有载：

> 大秦国，一名犁鞬，以在海西，亦云海西国。地方数千里，

有四百余城。小国役属者数十……所居城邑，周圍百余里。城
中有五宫，相去各十里……其王无有常人。皆简立贤者。国中
灾异及风雨不时，辄废而更立，受放者甘黜不怨。其人民皆长
大平正，有类中国，故谓之大秦。

然而，好景难长。从3世纪开始，罗马帝国便陷入内乱与分裂
之中。395年，狄奥多西一世去世前，将帝国划分为东西两个部分，
分别交给长子和幼子打理。但在名义上，此时的罗马帝国尚未分裂。
不过，因实权逐渐旁落于军事首领手中，且不断遭遇蛮族的入侵，
476年，西罗马帝国最终灭亡，其版图逐渐分裂成十个王国，如法
兰克王国、伦巴第王国等。[①]

自476年开始，东罗马帝国继承着罗马帝国的称号。由于其政
治中心在拜占庭（君士坦丁堡的前身），再加上出于文献学上的考量，
自17世纪之后，它又被西欧学界称为"拜占庭帝国"。

尽管在经济、文化和军事实力方面，拜占庭帝国仍然是欧洲最
强大的帝国，但它从未恢复过罗马帝国的荣耀。在帝国实力最强的
时候（9世纪至11世纪），其人口数量还不及1500万。之所以呈现
如此局面，是因为在帝国的东西两面，都有若干势力在对它形成挤
压，使其难以伸展。

东面的威胁首先是波斯，而后是阿拉伯帝国。

拜占庭帝国与波斯的冲突，是罗马帝国与波斯冲突的延续。或

---

① 这十个王国包括：东哥特王国（意大利东北部）、西哥特王国（西班牙）、法兰
克王国（法国）、勃艮第王国（瑞士）、苏维汇王国（葡萄牙）、汪达尔王国（非洲北部）、
伦巴第王国（奥地利、意大利北部）、盎格鲁-萨克森王国（英国）、黑如莱王国（意
大利本土）以及阿勒曼尼王国（德国）。

许可以换一种说法：在继承罗马帝国东部资本的同时，它同时继承了罗马帝国东部的负债。这种负债让拜占庭帝国不堪重负。

502年，因为拜占庭帝国拒绝"花钱免灾"，波斯人发动了侵略战争。当时统治波斯的是萨珊帝国（226年—651年）。这个被称为"第二波斯帝国"的政权控制着现今伊朗、两河流域、土库曼斯坦南部、阿富汗等大片地区，领土面积最大时达740万平方千米。

萨珊波斯十分尚武。231年，其国王曾致信罗马皇帝，要求罗马势力退出亚洲，由此双方开始了长达几个世纪的冲突。罗马帝国处于盛世之时，波斯人尚且如此挑衅，更不用说拜占庭帝国了。

从502年至631年，在一百三十年的时间里，萨珊帝国与拜占庭帝国交战了六次，交战时间总计长达七十年。这是典型的两败俱伤的拉锯战。经过如此长时间的战争，双方领土的范围基本与战前无异，国力却已经消耗殆尽。之后，波斯陷入了可怕的经济衰退、宗教纷争与地方割据状态之中。拜占庭帝国的情况也不容乐观。巴尔干地区被斯拉夫人乘机占据，对安纳托利亚、叙利亚、巴勒斯坦和埃及的控制权被削弱。

最糟糕的是，这两个国家还没来得及稍做喘息，就要面临突然兴起的阿拉伯帝国的威胁。651年，萨珊帝国断绝于阿拉伯人之手。拜占庭人则不得不强打精神，勉力与亢奋的阿拉伯人周旋。

拜占庭帝国首先丢掉了叙利亚地区。这个地区的犹太人早就不满拜占庭的统治，他们甚至欢迎阿拉伯帝国的入侵。阿拉伯帝国拥有的另一个优势是，与"肥沃的新月地带"——由美索不达米亚平原、叙利亚、巴勒斯坦等地区组成——的阿拉伯人有着紧密的经济、文化和血缘关系。

634年，阿拉伯帝国开始入侵叙利亚和巴勒斯坦，此时的拜占庭皇帝希拉克里乌斯却病卧在床。两年之后，叙利亚南部地区被阿拉伯帝国占领。637年，拜占庭人失去了整个叙利亚。据9世纪时阿拉伯帝国的历史学家巴拉祖里的记载，希拉克里乌斯曾在率兵回撤君士坦丁堡的路上失意地感叹："啊，叙利亚！你给了敌人多好的一块土地啊！"

生活在12世纪的拜占庭历史学家乔安尼斯，曾如此评论失去叙利亚对帝国的影响："失去叙利亚以后，罗马人的整个领土不停地遭到以实玛利人〔指阿拉伯人〕的入侵和抢劫。"

637年，耶路撒冷、加沙、安条克也相继落入阿拉伯人之手。同年，拜占庭帝国治下的埃及与美索不达米亚交出重金，分别与阿拉伯人达成了休战三年和休战一年的协议。休战协议期满后，阿拉伯人占领了美索不达米亚、亚美尼亚、巴勒斯坦等地区。639年底，他们开始入侵埃及。

国力几乎被波斯耗尽的拜占庭帝国，难以招架5万阿拉伯军队的进攻。3年后，阿拉伯人攻占了亚历山大。亚历山大的陷落，意味着拜占庭很难有效地统治埃及，意味着阿拉伯人可以接着入侵北非。643年至644年期间，利比亚东部的昔兰尼亚地区也落入阿拉伯人的手中。

之后，利比亚西北部的黎波里塔尼亚、迦太基南部的苏菲图拉相继被阿拉伯人攻占。7世纪末，阿拉伯人穿越直布罗陀海峡，瞄准了西班牙。711年，他们攻入西班牙。

674年至678年，717年至718年，拜占庭帝国首府君士坦丁堡几度遭到阿拉伯人的围攻。此时是阿拉伯帝国伍麦叶王朝时期（661—750年）。君士坦丁堡坚固的城墙和防御工事，以及拜占庭人的新式武器"希腊火"，成功地阻挡住了阿拉伯人的汹汹攻势。

自此之后，阿拉伯人的扩张步伐开始放缓。他们曾试图攻占安纳托利亚，但是没有成功，这块地方最后被塞尔柱突厥人占领。但他们成功地在9世纪上半叶占领了克里特岛、巴勒莫和墨西拿。

宗教纷争

阿拉伯人扩张的步伐放缓之后，本应该休养生息的拜占庭帝国又陷入宗教纷争之中。在与阿拉伯穆斯林的交战中，拜占庭皇帝利奥三世（717—741年在位）意识到，"偶像崇拜"无助于提升实力，于是，他在726年发布法令，用单纯的十字架取代苦像（耶稣被钉于十字架上的塑像）。

利奥三世的做法被罗马教会指责为"破坏偶像"，导致世俗的拜占庭皇帝与罗马教皇的分裂。据说，732年，利奥三世曾派舰队逮捕罗马教皇格里高利三世（731—741年在位），但没有成功。[1]

9世纪中期时，拜占庭帝国的国力开始复苏。867年，拜占庭进入马其顿王朝时期（867—1057年），开始有了强有力的皇帝。

拜占庭皇帝巴希尔一世（867—886年在位）成功地复兴了帝国，使其成为欧洲最强大的国家。他还与罗马教会恢复了良好的关系。与此同时，阿拉伯帝国的阿拔斯王朝，却开始了分裂的进程。

这无疑是收复疆土的大好机会。于是，巴希尔一世与神圣罗马帝国皇帝路易二世（850—875年在位）建立联盟，共同打击地中海的阿拉伯势力。960年，拜占庭帝国夺回了克里特岛。地中海，尤其是亚得里亚海，成为拜占庭的势力范围。巴希尔二世当政时期

---

[1]　Norman Davies, *Europe: A History*, Oxford: Oxford University Press, 1996.

（976—1025年），拜占庭夺回了叙利亚的部分领土。

拜占庭历史学家皮耶斯（Piers Paul Read）在1025年写道，"西至墨西拿海峡和北亚得里亚海，北至多瑙河与克里米亚半岛，东至幼发拉底河的艾德萨，都属于帝国的领土范围"。

然而，中世纪基督教的东西方教会之间的大分裂，再次使拜占庭帝国陷入宗教纷争的困境。

罗马帝国被分成东西两部分之后，尤其是476年西罗马帝国灭亡之后，拜占庭帝国与西欧国家在政治、文化和语言方面的隔阂越来越深。与此相对应，基督教内部的希腊语教派与拉丁语教派之间，原先就存在的分歧也越来越严重。这些分歧主要表现在对《尼西亚信经》的解读、对基督的神性与人性问题及偶像崇拜问题的回答等方面。

由于得到拜占庭帝国的支持，东方教会的力量显著增长。与此同时，在调停西欧各国冲突的过程中，西方教会的势力也极大扩张。因为势均力敌，东西方教会在宗教事务的处理原则上互不让步。东方教会认为宗教事务应尊重民主原则，应由基督教五大教区领导人召开会议商讨解决，西方教会则认为宗教事务应由罗马教皇单独行使权威。

到了11世纪中期，东西方教会之间的矛盾与分歧已经无法调和。1054年7月，罗马教皇利奥九世（1049—1054年在位）开除了东部君士坦丁堡主教长瑟如拉留（1043—1058年在位）的教籍，而后瑟如拉留也开除了利奥九世的教籍。基督教东西方教会从此彻底分裂。东方教会被称为东正教，西方教会被称为天主教。

塞尔柱人与十字军

随着阿拉伯帝国日渐式微，从11世纪后半叶开始，在东面给拜占庭帝国带来威胁的，首先是塞尔柱突厥人，然后是蒙古人。

塞尔柱人属于中亚游牧民族，1037年，他们建立了塞尔柱帝国。这是一个逊尼派穆斯林帝国。为了争夺小亚细亚的控制权，从1048年开始，塞尔柱人不时与拜占庭帝国爆发战争。

塞尔柱人复制了匈人的战术。几百年前，匈人经常骚扰罗马帝国。但与匈人不同的是，塞尔柱人同时还用宗教武装自己。从宗教的意义上讲，他们对拜占庭帝国的战争是阿拉伯帝国入侵的延续。1071年8月，曼齐克特战役爆发。[1]塞尔柱人大胜，他们还俘虏了拜占庭皇帝罗马努斯四世。

这场战争标志着拜占庭帝国对安纳托利亚中东部地区的控制力开始瓦解，但它对小亚细亚的统治并未立即结束，直至二十多年后，塞尔柱人才控制了整个安纳托利亚半岛。

在与拜占庭帝国交战的过程中，塞尔柱人及其盟友还袭击了埃及，又占领了圣地耶路撒冷。这是第一次十字军东征（1096—1099年）的催化剂。

1095年3月初，罗马教皇乌尔班二世在意大利皮亚琴察召开宗教会议。拜占庭皇帝阿莱希奥斯的特使向教皇汇报了东方基督徒遭受的痛苦，并且强调，如果不能获得西方的援助，他们将继续处于穆斯林的统治之下。对于乌尔班二世来说，答应拜占庭的请求至少有两大好处：其一是团结西欧，其二是提升教皇的权力。

同年11月27日，乌尔班二世在法国克勒蒙城再一次召集宗教会议。他在会上发表了一场极具煽动性的演讲，强烈谴责异教徒塞尔柱人对圣地的亵渎。他敦促所有在场者拿起武器，组成十字军，

---

[1]　曼齐克特位于今土耳其东部穆斯省（Mus）。

进行一次军事朝圣，以夺回耶路撒冷，将拜占庭基督徒从穆斯林的控制中解救出来。教皇在演讲中说：

> 现在你们必须尽快赶去援助你们的弟兄，他们住在东方，急需你们曾不止一次地允诺给他们的援助……你们，基督的代言人，时时要说服诸色人等，不管他们属于什么阶层，像步兵和骑兵，穷人和富人，要使他们及时支援东方基督徒，来把那批下贱的暴徒从基督徒世界里逐出……对于到东方的人，万一死于陆路上或海上或死于和异教徒的战斗里，从此会消除了罪过。

教皇还不忘利诱蠢蠢欲动的西欧人："让那些在自己人中间久惯于滥用私战权利的基督徒们，参加反抗异教徒战争，该战争应立即开始，该战争一定会有丰富的战利品的。愿那些过去从事劫掠的人们，现在参加战斗……谁在这里愁苦、贫穷，到那里将变为富翁了。"①

在狂热的宗教情绪及快速致富的诱惑的推动下，从1096年至1291年，在两百年的时间里，欧洲十字军发动了八次东征。②在这里顺便交代一下欧洲军队的构成：骑士占5%，农民占95%。毫无疑问，这样的构成是无法与蒙古帝国的军队抗衡的。

十字军的前三次东征，对拜占庭帝国有过不少援助，但同时混合了背叛和抢劫行径。无论如何，基督徒重新夺回了耶路撒冷，拜

---

① 《世界中世纪原始资料选辑》，天津人民出版社，1959年。
② 欧洲十字军八次东征的时间分别是：第一次（1096—1099）、第二次（1147—1149）、第三次（1189—1192）、第四次（1202—1204）、第五次（1217—1221）、第六次（1228—1229）、第七次（1248—1254）、第八次（1270）。

占庭也成功地将塞尔柱人从小亚细亚沿海赶走，收复了巴勒斯坦和埃及。

十字军并没有提供永久的援助。第四次十字军东征时期（1202—1204年），他们甚至攻占了君士坦丁堡，并在此建立了一个天主教的拉丁帝国，①试图永久取代东正教的拜占庭帝国。这件事深刻地反映了西欧国家、罗马教会与拜占庭帝国之间的矛盾。

这就是蒙古入侵欧洲与小亚细亚前拜占庭帝国的情形。这个连年征战、两面树敌、日渐式微的帝国，已无力阻挡蒙古铁骑前进的步伐。因此，当盟友罗斯国遭到蒙古大军袭击时，它无法提供任何实质性的援助。甚至可以说，拜占庭帝国与阿拉伯帝国、塞尔柱帝国、罗马教会以及西欧势力之间的冲突，极大地削弱了彼此的实力，从某种角度看，这些冲突为蒙古人的入侵提供了便利条件。

拜占庭帝国与蒙古军仅有的一次正面交锋，发生在1265年的冬天。当时，金帐汗国的那海——成吉思汗的曾孙，事实上的掌权者——率两万大军入侵了拜占庭帝国的色雷斯。②次年春天，他打败了拜占庭皇帝米海尔八世的军队。两军交战期间，大部分拜占庭人逃出色雷斯。最终，米海尔八世将自己的女儿嫁给了那海，从而与金帐汗国达成谅解。③

---

① 拉丁帝国（the Latin Empire）：成立于1204年，领土面积35万平方千米。1261年，随着拜占庭帝国夺回君士坦丁堡，拉丁帝国宣告灭亡。

② 色雷斯（Thrace）：巴尔干半岛的一个地区，位置在巴尔干山的南边、爱琴海以北，西邻马其顿，东滨黑海，东南是土耳其海峡。

③ 米海尔八世（Michael VIII）：拜占庭帝国皇帝（1259—1282年在位），他于1261年从拉丁帝国手中收复了君士坦丁堡。

第二十九章　贫弱的西欧

青鱼的警示

西欧国家中，第一个受到蒙古入侵影响的，是岛国英格兰。

12—13世纪，英格兰附近海域盛产的青鱼已经驰名波罗的海沿岸各国。罗斯的诺夫哥罗德公国、瑞典、哥特兰以及利沃尼亚沿岸[①]，以往每年都会派出很多商船驶往英格兰东岸的雅茅斯〔Yarmouth，位于怀特岛（Isle of Wight）〕，因为那里有最活跃的青鱼交易市场。然而，1238年出现了例外。

这一年，诺夫哥罗德人一直在为蒙古人的入侵作防御准备工作，与此同时，他们还必须提防西欧与瑞典的机会主义者可能发起的突袭，因而所有船只都停泊在码头，没有人出海去英格兰买鱼。而瑞典、哥特兰和利沃尼亚沿岸的船只，又都被瑞典比格伯爵用来运输入侵诺夫哥罗德公国的军队和骑士。[②] 于是，1238年，竟然没有一艘外国商船造访英格兰。

---

① 利沃尼亚：中世纪后期的波罗的海东岸地区，即现在的爱沙尼亚以及拉脱维亚的大部分领土的旧称。
② 比格伯爵（Birger Jarl, 1210—1266年）：瑞典政治家，在瑞典统一过程中扮演了十分重要的角色。他是瑞典首都斯德哥尔摩的建造者。

生活在13世纪的英格兰本笃会修士、编年史记录者马修·帕里斯（E Matthew Paris）①如此写道：

> 担心遭到他们〔指蒙古人〕入侵的哥特兰与弗里斯兰的居民，没有像往常的习俗一样，在青鱼旺季来到英格兰的雅茅斯，他们过去通常将船停泊在这里。由于这个原因，那一年〔1238年〕的青鱼售价很低，因为市场上的青鱼太多了。

至于英格兰青鱼过剩的程度，通过两组数据的对比就能知晓：1238年，1便士能买四五百条上好的青鱼；1357年，1便士只能买25条上好的青鱼，而且1357年的货币已有所贬值。正因为如此，很多英格兰商人在1238年破产。②

大概也是在这一年，法兰西、德意志和英格兰的国王和贵族们已经从前面提到的朱利安修士的报告中进一步得知"鞑靼人"入侵的威胁。"鞑靼人"，是朱利安修士对蒙古人的称谓，因为他接触到的苏兹达尔公国的人便是这样称呼蒙古人，这个词的意思是"来自地狱的人"。

然而，西欧人并不认为蒙古人真的会攻过来。下面这件事能充分说明这一点。

1238年，拔都在罗斯诸公国攻城略地的时候，在绰儿马罕率领之下的另一支蒙古军队，正在横扫中亚和中东地区。

此时的神圣罗马帝国皇帝腓特烈二世，因为要集中精力对付罗马教皇格里高利九世，于是对伊斯兰世界采取了温和的政策，使得

---

① 马修·帕里斯（E Matthew Paris, 1200—1259年）：英格兰编年史记录者，本笃会修士，他写的《大事录》（*Chronica Majora*）经常被历史学家引用。

② Michael Samuel, *The Herring: Its Effect on the History of Britain*, Bibliolife, 2010.

基督教世界与伊斯兰世界之间有了一段难得的和平时期。而在此时的中东国家的统治者眼中，蒙古人的威胁比十字军大得多。因此，他们希望能获得欧洲的支援。

据英国历史学家钱伯斯（James Chambers）考证，神圣罗马帝国皇帝腓特烈二世、法兰西国王路易九世、英格兰国王亨利三世都接待过伊斯兰世界派来求援的特使，其中甚至包括伊斯兰教"刺客派"的特使。不过，这些特使最终全都无功而返。

腓特烈二世继续忙于与教皇的较量，至于英格兰和法兰西的想法，温彻斯特主教彼得①的一番话可以作为解释：

> 随他们〔指蒙古人与伊斯兰世界〕狗咬狗去，等他们两败俱伤之后，我们再对付这些基督教的敌人。我们将杀死他们，清洗地球表面的脏东西。届时，整个世界将都将服从天主教会。

西欧人无疑是幸运的。听到窝阔台大汗去世的消息后，拔都很快就率军离开了欧洲。我们无法从现有史料中推断，拔都是否有过征服西欧的计划；然而可以推断的是，如果蒙古大军果然西进，他们不太可能遇到欧洲人的协同抵抗，而且以当时西欧的实力，也不太可能是蒙古人的对手。

致命的继承

前面已经提到，476年西罗马帝国结束后，其版图分裂成了10

---

① 彼得（Peter des Roches），出生年月不详，卒于1238年6月，英国温彻斯特主教，曾担任英国最高司法官。

个王国。其中，最有帝国气象的是法兰克王国。

法兰克人是日耳曼人的一支，3世纪的时候，南迁至今法国东南部地区。西罗马帝国终结之后，他们逐步侵入法国的东北部。486年，法兰克人建立墨洛温王朝，这是法兰克王国的第一个王朝。十年后，法兰克国王克洛维皈依了基督教，实际上与罗马教会建立了战略合作关系。此后，罗马教会帮助法兰克王国扩张，而法兰克王国的扩张又促进了基督教的普及。

经过三百多年的扩张，到了加洛林王朝（751—987年）的中期，法兰克人已经控制了西欧大部分地区。

加洛林王朝最伟大的统治者是查理大帝。800年的圣诞节，罗马教皇为他加冕，称他为神圣罗马帝国皇帝。正是这个具有挑衅意味的称号，加深了东罗马帝国（拜占庭帝国）与罗马教皇之间的冲突，因为在此之前，只有君士坦丁堡的皇帝，才可以宣称自己是罗马皇帝的直接继承人。

很难说查理是否想创建一个大帝国，因为他并没有修改王位继承制度，将"多子继承"变为"独子继承"，使之符合帝国承继与发展的需要。查理大帝于814年去世之后，法兰克王国很快便走向解体。

843年，他的三个孙子缔结了《凡尔登条约》，将法兰克王国一分为三，分别是西法兰克王国、东法兰克王国和中法兰克王国。855年、870年、880年，这几个法兰克子王国再遭三次细分。

分裂后的加洛林王朝处境日益艰难，彼此征战的几个兄弟王国，在北方、东方和南方分别遭到斯堪的纳维亚海盗、匈牙利人以及阿拉伯人的入侵。总之，法兰克王国再也没有被重新统一。

10世纪时，欧洲呈现出全新的政治版图。作为东法兰克王国衣钵的继承者，德意志王国成了欧洲最强的国家，标志性的事件是，962年，国王奥托一世被加冕为神圣罗马帝国皇帝。此后，德意志王国也被称为神圣罗马帝国。这个帝国的统治范围除了德意志，还包括低地国家①的大部，以及今法国东部的大片地区。

德意志王国比法兰克王国更加幸运，因为它接连拥有多位富有才干且精力旺盛的皇帝。因此，自10世纪中叶至11世纪中叶，德意志王国一直处于强盛的状态。同时，它与罗马教会保持了联盟的传统。实际上，正是这两个因素——德意志皇帝的才干以及与罗马教会的关系——构成了德意志强大的基础。

德意志皇帝们的主要对手，是境内洛林、萨克森、士瓦本、法兰克尼亚和巴伐利亚五大地区的军事首领，这些人也被称为王公。正是为了对抗这些王公、治理广袤的疆土，德意志的皇帝们十分依赖与教会的合作。

在这一时期，德意志主要的行政管理人员是主教，而他们往往出自皇帝自己的家庭。罗马教会对此是无法干预的，因为他们知道，只要德意志皇帝一声令下，大军很快就能突入意大利，任命自己人为教皇。也正因为如此，罗马教皇多数时候并不愿意挑战德意志皇帝的权威。

政教冲突

到了教皇格里高利七世时期（1073—1085年在位），这种至少在表面上比较和谐的局面被打破。这位教皇希望有更多的自主权，

---

① 低地国家因其海拔低而得名，特指荷兰、比利时和卢森堡三国。

为此，他与德意志皇帝展开了较量。从这位教皇联合王公孤立德意志皇帝的手段看，他十分了解德意志的权力结构以及王公们的需求。

双方较量的结果是，格里高利七世获胜。讲述这段历史时，西方历史学家总不忘交代中世纪最富有戏剧性的一幕：

为了保住自己的帝位，1077年1月某日，二十七岁的亨利四世匆匆穿越阿尔卑斯山脉，赶到意大利北部的卡诺莎城堡，单膝跪地，请求站在他面前的教皇的宽恕。历史学家们都愿意引用格里高利写给王公们的信中的一段话："亨利在城堡门前一直站了三天。他赤着脚，身着粗劣的衣衫，放下了君王的种种尊严，泪水流个不停，祈求教皇帮助、抚慰他。"

时至今日，在许多德国人的概念中，"卡诺莎之行"这个词组只有一个意思，那就是忍辱投降。

后来发生的事情证明亨利并不软弱：在实力与条件具备的时候，他宣布废黜格里高利七世，任命了另一位教皇，并在1084年率军攻入罗马，为自己挑选的教皇加冕。格里高利七世则于次年死于流亡之中。

这件事只是政教冲突的开始。在接下来的一百多年时间里，德意志皇帝与罗马教皇的较量在继续。结果导致王公们获得了更大的权力。为了保有更多的自主权，他们更愿意扶持软弱的人担任德意志皇帝；德意志皇帝则失去了对教会的控制权，因而无法对抗王公们的挑衅。

毋庸置疑，德意志皇帝们陷入了恶性循环。为了改变这种局面，在霍亨斯陶芬王朝时期，德意志皇帝腓特烈一世（1152—1190年在位）进行了一次重要的尝试。他试图从古罗马法典中寻找理论支持，以恢复神圣罗马帝国皇帝的权力，但他缺乏支持这些理论的物质基础。于是，他做了一个极其糟糕的决定：不是开拓易北河以东富饶的农业地区，而是拓殖意大利北部的土地，希望把它变为自己的权力基础。这个举动招致罗马教皇与伦巴第联盟的联合打击。此后，甚至德意志本土教会也开始疏远皇帝。于是，德意志王国复兴的希望几乎完全破灭。

到了腓特烈二世统治时期（1220—1250年），德意志已经完全由王公们统治，而这些王公彼此之间战火不断。为了扭转局面，腓特烈二世加紧了与罗马教皇格里高利九世的较量。此时早就已经有名无实、陷入政教纷争的神圣罗马帝国，已经完全不可能阻挡蒙古人的入侵了。

落井下石的邻邦

根据《剑桥中世纪史》的说法，腓特烈二世曾致信西欧几位君主，敦促他们整顿武装，做好抵御蒙古入侵的准备。他的书信被认为别有居心。政敌们指责他引狼入室，因为德意志的皇帝为了增强自己的军力，曾经雇佣过钦察人——蒙古人的仇敌。[1]

腓特烈二世确实从蒙古入侵中获益。为了获得他的支持，贝拉四世情愿成为他的附庸。不过，因为德意志帝国并未提供实质性帮助，1245年，教皇英诺森四世解除了贝拉四世的附庸身份。实际上，贝拉四世并未从其自顾不暇的邻国那里得到任何帮助。

1241年8月，教皇格里高利九世去世之前，曾授权十字军东征以打击蒙古军。在德意志主教的鼓动之下，确实组建过这样一支东

———————————

[1]　David Abulafia, *The New Cambridge Medieval History: c.1198—c.1300*, Cambridge University Press, 1999.

征军，这支军队由腓特烈二世的儿子康拉德四世指挥。不过，由于蒙古军队并没有突袭奥地利，这支军队不久之后就解散了。具有讽刺意味的是，这支本意是抵御外敌的东征军留下的资源，后来被康拉德四世用于镇压国内的反对派。

罗马教皇特使柏朗嘉宾也认识到，欧洲基督教世界内部的分歧如此深刻，根本没有能力抵御蒙古人的入侵。因此，结束对蒙古帝国的访问之后，柏朗嘉宾没有带着蒙古使者回访欧洲，因为他担心蒙古人了解基督教世界内部的争斗后，会对欧洲发动新一轮的军事入侵。

不过，蒙古人或许根本就没有入侵西欧的计划。理由是，这些以复仇和劫掠为军事目的的蒙古人，在征服罗斯诸公国、波兰与奥地利的过程中肯定会认识到，欧洲国家的财富根本无法与亚洲和中东地区相比。

在西方历史学家的概念中，13世纪的西欧处于"中世纪盛期"，其经济实力已经飞速发展。然而，欧洲几个最大的城市，比如威尼斯、热那亚和米兰，居民都只有10万人左右；伦敦人口在1300年时还不足8万；有遭入侵之虞的奥地利首都维也纳，当时的人口只有2万。有着"神圣罗马帝国"称号的德意志帝国，直至12世纪才开始兴建城市，比如，慕尼黑直到1158年才开始修建，至1175年才正式获得城市待遇，拥有修建防御工事的资格。

美国历史学家拉尔夫等人经过考证之后，如此描述中世纪时的欧洲城镇：

> 中世纪的城镇并非现代城镇的微缩摹本。街道往往未加铺砌，住宅里甚至有种菜的园子，圈里养着牛和猪。在经过一个

大都会的街道时，你往往会因为碰上一群咩咩叫的羊或一群伸着长脖叫唤的鹅而不得不停下脚步。城市内卫生条件很差，空气中往往散发着人畜粪便的臭味。火灾经常发生……卫生条件恶劣，人口拥挤不堪，传染病易于滋生，同时极易传染开来。

因而我们也就不难理解，为何在征服匈牙利王国且大军已经抵达奥地利及德意志帝国边境后，蒙古人并没有继续西进，而是宁愿继续在匈牙利消磨时光。

第七篇

被征服者的反击

如果西方人真与蒙古人结盟，并且诚实地贯彻了盟约，十字军国家的寿命将极大延长；马穆鲁克即便不被消灭，也不可能成大器；波斯地区的伊儿汗国将作为西方国家和基督徒的强大盟友而存在。

——［英］朗西曼

（《十字军史》）

1220年2月或3月的某一天，布哈拉的大清真寺内人头攒动。不过，这些人不是来听布道的，而是来聆听成吉思汗的训话。不久之前，蒙古大军攻下了这座城市。训话时，成吉思汗甚至还没脱下盔甲。他说："你们知道，自己已经犯下了大罪，你们中的大人物已经犯下了大罪。如果问我说这些话有什么证据，我告诉你们，因为我就是上帝派来惩罚你们的。如果你们没有犯下大罪，上帝不会派我来。"

正是在布哈拉——中亚地区的伊斯兰文化中心，"奉行上帝的旨意对有罪行的人类进行惩罚"，第一次成为成吉思汗入侵别国的理由。

在此之前，正如前文不断强调，这个游牧民族奉行了上千年的"生存"及"复仇"等原则，是他们入侵其他家族、部族、民族与国家的主要原因或借口。而在此之后，"替天伐罪"逐渐成为他们为自己的入侵行为辩护的另一个重要的——如果不是更加重要的——理由。

或许我们可以从中得出一个判断：在征讨其他民族的过程中，成吉思汗已经逐渐了解到，"因罪而受到惩罚"，是许多笃信宗教的民族愿意接受的理由，而且这个理由可以使他们变得更加顺从，因为这些宗教信徒不断被告知，顺从"来自上帝的惩罚"是洗清"罪孽"的途径或方式之一。

这个理由确实具有说服力。正如前文已经提到的例子，俄罗斯与波兰的编年史作者都认为，他们的国家之所以遭到蒙古人的入侵，他们的人民之所以被蒙古人屠杀，就是因为他们犯下了罪。

然而，不无讽刺同时又值得深思的是，成吉思汗本人肯定没有想到，在他征服布哈拉三十多年后，他的孙子、金帐汗国的统治者别儿哥，正是在这座城市皈依了伊斯兰教。

这两件事情似乎体现了某种轮回：成吉思汗用武力征服了被征服者的物质世界，被征服者则用宗教和文化征服了他的子孙们的精神世界。

对于宗教与文化的影响，蒙古人并非只是被动的接受者。不同宗教、不同文化之间存在的敌意，经常会被他们用来作为实现征服战略的武器。

如果说文化作为一种征服或反征服的手段，更多地表现为无意识地影响，那么，作为另一种征服或反征服手段的宗教——通过掌握物质力量的宣扬者——则更多地表现为有意识地渗透。而无论是文化上的无意识影响，还是宗教上的有意识渗透，都贯穿蒙古人征服与统治的全过程。

第三十章 教皇的联盟构想

祭司王约翰的传说

1245年3月13日，罗马教皇英诺森四世写下一封书信，并将它交给方济各会修士柏朗嘉宾。他命令这位修士出使蒙古帝国，将书信交给蒙古大汗。教皇在信中表达了他对和平的渴望，他希望蒙古人停止入侵基督教世界，并询问蒙古大汗未来的打算。

显然，英诺森四世希望获得蒙古人的信任，虽然他并不明白，在蒙古人的字典里，"和平"与"屈服"是同一个词。[①]

这是英诺森四世写给蒙古大汗的第二封书信。就在八天之前，也就是这一年的3月5日，他写下了第一封书信。

教皇在信中仔细阐述了基督教信仰；他希望蒙古人能接受洗礼。据德国历史学家罗登伯格（Karl Rodenberg）考证，教皇将这封信交给了自己的特使、方济各会修士劳伦斯（Lawrence of Portugal）。但奇怪的是，这位修士的出使记录并未见诸历史，故而许多学者怀疑这次出使并未成行。[②]柏朗嘉宾修士的出使记录以及教皇与蒙古

① Peter Jackson, *The Mongols and the West: 1221—1410*, Routledge, 2005.
② Gregory G. Guzman, "Simon of Saint-Quentin and the Dominican Mission to the Mongol Baiju: A Reappraisal", *Speculum*, Vol. 46, No. 2.

大汗的往来书信，成为后人研究这段历史的主要史料。

1182年，柏朗嘉宾出生于意大利中部的佩鲁贾。也就是说，他奉教皇旨意出使蒙古时，已经是年逾六旬的老人。遥远、艰苦而危险的旅程阻挡不住这位方济各会高龄修士的出使决心。

方济各会是天主教下的一个年轻教派，其创始人意大利人圣方济各是一位富豪子弟，但他决心成为穷人的奴仆。他坚持仿效耶稣那样的生活。在捐献了自己所有的财产后，他穿着破旧的衣服走遍意大利，为包括流浪汉在内的穷人行使牧师职责。圣方济各的精神让他的朋友柏朗嘉宾深受感动。虽然柏朗嘉宾与他年龄相仿，却甘愿成为他忠实的门徒。

重视苦行以及对异教徒的感化，不太重视传教的形式和礼仪，是方济各会早期的主要特点。1220年，这个在当时显得十分另类的教派，得到教皇英诺森三世的支持。

1245年4月16日，也就是复活节这一天，柏朗嘉宾从法国里昂启程。在接受出使蒙古的使命前，他主要负责德意志教区的教务。蒙古大军入侵波兰和匈牙利的时候，他就在距离战区不远的科隆。柏朗嘉宾身上兼具的丰富阅历及苦行精神，让英诺森四世对这次出使抱有很高的期待。

在12世纪的欧洲，流传着这样一个故事：在穆斯林与异教徒的东方世界里，存在一个基督教王国，它的统治者是祭司王约翰，这个王国将拯救基督教世界于水火之中。

1145年，德意志帝国主教、编年史记录者奥托（Bishop Otto of Freising）将这个传说写入《两城编年史》（*Chronicle or History of the Two Cities*）。而这位主教的职务及其显赫的身世，又极大地增加了这个传说的可信性。

奥托的母亲是神圣罗马帝国皇帝亨利四世的女儿艾格尼丝。在嫁给奥托的父亲、奥地利的利奥波德之前，艾格尼丝曾是霍亨斯陶芬家族的腓特烈一世的妻子，并为后者诞下一子，即德意志帝国皇帝康拉德三世（1137—1152年在位）。换句话说，奥托主教是德意志皇帝康拉德三世同母异父的兄弟，是神圣罗马帝国皇帝腓特烈一世（1155—1190年在位）的叔叔。

根据奥托主教的记载，1144年，他遇见了从安条克来向教皇报告耶路撒冷情况的一位名叫雨果的主教。这位主教对他说了下面的故事：

> 在远东有一个叫约翰的人，他既是国王又是基督教徒，他的国民都皈依了基督教的聂斯托里派。几年前，他打败了波斯的某个兄弟国家，并征服了埃克巴塔拉（今伊朗西部城市哈马丹）。而后，他率军前往耶路撒冷，打算拯救这块圣地，但底格里斯河的大洪水迫使他回国了。这位基督徒国王是"三博士"（the three Magi）的后人。他的权杖是由纯粹的祖母绿打造的。[①]

关于祭司王约翰传说的确切起源，西方史学及宗教界至今仍无定论。许多学者认为，这个传说的灵感或许与《约翰福音》记载的圣多马的故事有关系。根据基督教的传统说法，作为耶稣十二使徒之一的圣多马，曾经去波斯帝国及印度、巴基斯坦等地宣传基督教。[②]

至于祭司王约翰皈依的聂斯托里派，出现于5世纪上半叶。431年，

---

① *Catholic Encyclopedia: Prester John.*

② H. C. Perumalil and E. R. Hambye, *Christianity in India: A History in Ecumenical Perspective*, Prakasam Publications, 1973.

"以弗所会议"将其定性为基督教异端。①之后，这个教派主要在亚洲地区传教。大概在7世纪时，这个教派传入中国，被称为"景教"。至12世纪时，景教已经在蒙古与突厥等草原部族中发展了不少信徒。

1221年,正当第五次东征的十字军围攻埃及城市达米埃塔受挫时,他们听到了消息,成吉思汗统治的蒙古帝国迅速扩张,并打败伊斯兰教的花剌子模帝国,于是,关于"祭司王约翰"的故事再度流传开来。②据西方历史学家考证,1221年6月20日,教皇霍诺里乌斯三世甚至在一封信中提到"这支要拯救圣地的来自远东的力量"。③

蒙古人在十几年后对罗斯、波兰和匈牙利等国的入侵，原本毁灭了教皇对蒙古版"祭司王约翰"的幻想，但伊斯兰世界的施压——埃及阿尤布王朝的穆斯林于1244年从基督徒手中夺走了耶路撒冷——迫使教皇采取更为积极的外交政策。这是教皇派柏朗嘉宾修士出使蒙古的重要原因。

柏朗嘉宾的使命

柏朗嘉宾修士从法国里昂出发时，有一位名叫斯蒂芬的修士（Stephen of Bohemia）陪同。走到卡涅夫（位于今乌克兰中部）的时候，斯蒂芬受了伤，无法继续行进。后来，柏朗嘉宾的朋友、波希米亚

---

① 以弗所会议：431年召开的全基督教宗教会议，主持者是拜占庭皇帝狄奥多西二世（Theodosius II），地点是小亚细亚省的以弗所。约200名主教参加了这次会议。会议将君士坦丁堡主教聂斯托里创立的学说定性为异端，因为它过分强调了耶稣基督的人性，而由此否认了耶稣的神性。会议决定耶稣既是人又是神，两者是统一和一致的，圣母玛利亚生的是成为人的神，耶稣的神性与他的人性并不相对，而是统一的。

② Richard Foltz, *Religions of the Silk Road: Overland Trade and Cultural Exchange from Antiquity to the Fifteenth Century*, New York: St. Martin's Griffin, 2000.

③ Steven Runciman, *A History of the Crusades*, Vol. 3, Penguin Books, 2002.

国王瓦茨拉夫一世（即前面提到过的波兰公爵亨利二世的小舅子），找到了波兰方济各会的本尼迪克特修士（Friar Benedict the Pole），请他陪同柏朗嘉宾继续前行。本尼迪克特的工作是照顾年老的柏朗嘉宾，并担任翻译。

行至基辅，他们遇到一队蒙古士兵，后者把他们带到在伏尔加河休整的拔都的军营。此时已是1246年4月。拔都问明情况后，让他们继续前行，去蒙古朝廷沟通信息。

窝阔台于1241年11月去世后，他的妻子乃马真氏摄政了4年。1246年7月，在乃马真氏的扶植下，窝阔台的儿子贵由当上了大汗。也就是说，在罗马教皇英诺森四世写下书信，并派柏朗嘉宾修士出使蒙古帝国时，甚至当柏朗嘉宾抵达伏尔加河流域时，蒙古其实还没有选出大汗。

1246年4月8日，又是在复活节这一日，两位修士继续启程，前往蒙古。柏朗嘉宾写下了这一段路程的艰辛：

> 我们病得那样厉害，以至于连骑马也颇为困难。在整个封斋期间，我们只以水、盐下小米饭而生活，斋戒期以外的其他时间也是吃着同样的东西，没有其他供饮用的饮料，唯有喝融化在一个小锅里的雪水。[1]

穿过乌拉尔河、咸海、天山以及准噶尔盆地之后，他们抵达了距离哈剌和林不远的昔剌斡耳朵[2]，即皇室家族居住的一处营帐。此时是7月22日。自在伏尔加河告别拔都至抵达昔剌斡耳朵，在一百

---

[1]　耿昇译：《柏朗嘉宾蒙古行纪》，北京：中华书局，1985年，第93页。
[2]　昔剌，蒙古语"黄色"的意思；斡耳朵，蒙古语"官帐、官殿"的意思。

零六天的时间里，六十三岁的柏朗嘉宾修士与四十五岁的本尼迪克特修士跨越了4800千米的路程。

两位修士抵达昔刺斡耳朵时，选举大汗的库里台大会正在这里举行。根据柏朗嘉宾的记载，大概有3000至4000名来自亚洲和东欧各个地方的特使或代表，心怀无上敬意、携带贵重的礼品出席了这次会议。

8月24日，柏朗嘉宾和本尼迪克特在距离昔刺斡耳朵不远的金色斡耳朵见证了贵由大汗的登基大典。

不久之后，柏朗嘉宾就得到贵由的召见。新任大汗拒绝了皈依天主教的建议，不仅如此，他甚至要求教皇以及欧洲国家的统治者前来拜见他，向他表示效忠。三个月后，两位修士带着贵由给教皇的信启程返回欧洲。这封信写道：

> 你们必须诚心诚意地说："我们将是您的臣民，我们将奉献给您我们的力量。"你们必须亲自与你们的国王一起——无人可以例外——过来为我们服务并表达对我们的敬意。那时候我们才会接受你们的投降。如果你们不服从神的命令，违抗我们的命令，我们将把你们当作我们的敌人。

我们现在很难知道，这封信是来自贵由的授意，还是其母乃马真氏的意思。不过，根据《元史·定宗本纪》的记载，"秋七月，即皇帝位于汪吉宿灭秃里之地。帝虽御极，而朝政犹出于六皇后云"。也就是说，贵由大汗即位之后，蒙古帝国朝政仍然由六皇后，即贵由的母亲乃马真氏把持。

无论如何，这封信代表着蒙古朝廷的态度。

傲慢的修士

1245年3月，罗马教皇英诺森四世在委派方济各会修士柏朗嘉宾出使蒙古的同时，还派了多明我会修士阿思凌（Ascelin of Lombardia）出访驻扎在阿拉斯河流域的拜住那颜的征西军军营。①

前文已经提到，1229年窝阔台大汗即位之后，派绰儿马罕率3万兵马再征中亚和中东。1241年绰儿马罕去世后，其兵权交给了拜住那颜将军。两年后，在土耳其东北部打响的科斯戴战役中，拜住大军大败科尼亚塞尔柱王朝与特里比宗德帝国的联军，并夺下西瓦斯和开塞利两座城市。

科尼亚塞尔柱尊崇伊斯兰教，而作为拜占庭帝国的继承国之一，特里比宗德帝国尊崇的是东正教，也就是说，这两个国家都是欧洲基督教世界的敌人。由于存在共同的敌人，罗马教皇自然希望能加强与拜住那颜的联络，因为在他看来，驻扎在西亚的这支蒙古军队，是最有可能被利用的一支力量。

这是英诺森四世派阿思凌出使的重要原因。阿思凌修士所在的多明我会，与方济各会一样，都是天主教的一个教派。这是一个1215年才成立的年轻教派，以征服异端为自己的主要任务。

陪同阿思凌修士一起出使的，还有多明我会修士西蒙（Simon of St Quentin）。他们的出使报告被记录在同期多明我会修士文森特（Vincent of Beauvais）编写的《历史之镜》（*Mirror of History*）一书中。

根据《历史之镜》的记录，直到1247年的4月左右，阿思凌和

---

① 阿拉斯河（the Arax River）：发源于宾格尔山（Bingol），河北为亚美尼亚，河南为土耳其和伊朗。

西蒙才出发。经过五十九天的行程，他们抵达了位于阿拉斯河与塞凡湖之间的斯提恩斯（今亚美尼亚境内）。他们在那里见到了蒙古将军拜住那颜。也是在那里，罗马教皇的书信先被翻译成波斯文，然后再被翻译成蒙古文，最后呈报给拜住。不过，两位修士的傲慢态度惹怒了蒙古人。[①]

两位修士没有携带任何礼物，同时声称罗马教皇高于蒙古大汗。他们不仅拒绝依照成例向拜住那颜行礼，还拒绝了去觐见蒙古大汗的建议，甚至还不合时宜地试图说服蒙古诸将皈依天主教。他们差一点就被处死，但最后只是受到拘禁，直至7月底才得到释放。

据法国历史学家卢克斯考证，两位修士在出使的路上曾遇见几位来自阿勒颇和摩苏尔（今伊拉克北部城市）的穆斯林贵族。后者正要去蒙古首都哈剌和林觐见蒙古大汗；他们盛情邀请两位修士同行，但是被阿思凌拒绝。

毋庸置疑，站在罗马教皇的角度，这是一次十分失败的出使。不过，事情并没有就此结束。在两位修士离开蒙古军营之前，拜住那颜已写好一封致教皇的书信，他没有将书信给这两位修士，而是交给了两位蒙古使节。拜住要派自己人随同修士返回欧洲，面见罗马教皇。

根据《历史之镜》的记录，这两位蒙古使节是埃伯格和塞吉斯。而据卢克斯考证，埃伯格可能是畏兀儿人，信仰的是基督教，塞吉斯则可能是信仰景教的叙利亚人。另据英国历史学家朗西曼考证，这两位蒙古使节在法国里昂待了一年之久。[②]他们在那里见到了教皇英诺森四世，并将拜住那颜所写的措辞激愤的书信交给了教皇。

---

① Jean-Paul Roux, *Histoire de l'Empire Mongol*, Fayard, 1993.

② Steven Runciman, *History of the Crusades*, Vol. 3, Penguin Books, 2002.

这封信写道：

> 你这个教皇，你的信使们来拜见了我们并带来了书信。他们说了些莫名其妙的话，不知道这些话是不是你命令他们说的，如果是他们自作主张……[①]

1248年11月22日，两位蒙古使节带着英诺森四世的回信离开里昂，返回拜住军营。据美国历史学家丹尼斯考证，教皇出于让蒙古人了解宗教本质的责任心，书写了回信。他在信中恳请蒙古人停止屠杀基督徒，并表示没有兴趣再继续进行对话。[②]这封信写道：

> 你们最好在基督面前表示谦恭，最好认识到他伟大的自制力，他忍耐你们的破坏行为已经很久了……如果你们不承认他的万能，他的愤怒一旦发作就会威胁你们，因为他被你们激怒已经很久了。[③]

[①]　Jean-Paul Roux, *Histoire de l'Empire Mongol*, Fayard, 1993.

[②]　I. Rachewiltz, *Papal Envoys to the Great Khans*, Stanford University Press, 1971.

[③]　Kenneth Meyer Setton, *A History of the Crusades: The fourteenth and fifteenth centuries*, University of Wisconsin, 1975.

第三十一章　路易九世、谎言与陷阱

被愚弄的国王

最有意思的是，在柏朗嘉宾修士与阿思凌修士无功而返、教皇放弃与蒙古人作进一步沟通之后，法兰西国王路易九世却开始发展与蒙古人的关系，而且他的收获似乎比罗马教皇正面得多。

很难说这位国王是出于何种目的去与蒙古人建立良好外交关系，或许是想取得比穆斯林世界更多的政治优势，或许是想拉拢蒙古帝国成为基督教世界的一员，或许有别的考量，这个问题目前似乎并无确定的答案。

可以确定的是，1248年12月，率领十字军进行第七次东征的路易九世，在塞浦路斯接见了两位蒙古特使，后者是代表蒙古将军额勒只吉歹而来。从《蒙古秘史》的记载来看，额勒只吉歹曾担任成吉思汗的宿卫；窝阔台即位大汗之后，提拔他为众那颜之长；在贵由大汗时期，他奉命率军西征。[①]

根据《元史·定宗本纪》记载："〔定宗〕二年〔1247年〕八月，命野里知吉带〔即额勒只吉歹〕率搠思蛮部兵征西。"由于额勒只

[①]　见札奇斯钦著《蒙古秘史：新译并注释》，台北联经出版事业公司，1979年。

吉歹是众那颜之长，因此，拜住那颜也得服从他的命令。换句话说，自定宗二年八月起，安纳托利亚东部地区、格鲁吉亚、亚美尼亚、叙利亚西北部的阿勒颇、伊拉克北部的摩苏尔等地区的军政事务皆由额勒只吉歹掌管。也就是说，罗马教皇特使阿思凌修士的出使，正好赶在中亚地区的政令交接期间，而拜住的态度未必能代表额勒只吉歹的态度。

与上述拜访罗马教皇的两位蒙古特使一样，这两位拜访路易九世的特使也是基督徒。他们分别叫作大卫（David）和马克（Mark）。他们带来的一个消息让让路易九世大为惊讶：额勒只吉歹已经受洗！

大卫和马克带来的消息大致包括：除了额勒只吉歹，蒙古许多政要都已受洗；贵由命令额勒只吉歹保护西亚的基督徒，在西亚重建基督教教堂；蒙古人愿意与法兰西国王结盟；蒙古人想在冬天攻打报达，希望法国能同时攻打埃及，因为这两个伊斯兰国家无法互相支援，蒙古与法兰西都将能获胜。[①]

由于这些消息与教皇得到的消息完全相反，因此，很多欧洲人怀疑这些消息的真实性，他们甚至怀疑大卫和马克的特使身份。然而，这两位特使的身份得到多明我会修士安德鲁（André de Longjumeau）的证实。

1245年的春天，教皇英诺森四世曾派安德鲁修士出使黎凡特。这位修士参观了在叙利亚的穆斯林公国，在波斯会见了基督教聂斯托里教派的代表，他还去过波斯西北部城市大不里士，将教皇的书

①　Kenneth Meyer Setton, *A History of the Crusades: The fourteenth and fifteenth centuries*; Robert Marshall, *Storm from the East: from Ghengis Khan to Khubilai Khan*, University of California Press, 1993.

信交给在那里的一位蒙古将军。正是在大不里士的蒙古军营里,他认识了后来拜访路易九世的大卫。①

在法兰西国王路易九世看来,这两位蒙古特使带来的消息,几乎完全印证了在欧洲流传已久的"祭司王约翰"的传说。于是,他立即派人将这个好消息报告给教皇,同时还分别给贵由大汗以及额勒只吉歹写了两封书信,赞扬他们对基督教的态度以及联合对抗伊斯兰教的决策。他甚至还命人赶制了一件礼物:一顶帐篷式的小型礼拜堂。据说,这个礼拜堂还装饰有一件圣物——耶稣受难时背负的十字架的碎片。他派安德鲁修士带着书信、礼物以及有关出兵中东的秘密消息去拜访额勒只吉歹。

不幸的是,因为当时的交通是如此的不便,以至于虽然贵由已于1248年4月(农历三月)去世,过了八个月之后,路易九世仍然没有收到这个消息。

那么,额勒只吉歹派出使臣时是否知道这个消息呢?

《元史·定宗本纪》载:"三年〔1248年〕戊申春三月,帝崩于横相乙儿之地。"据考证,"横相乙儿之地",位于今新疆青河东南,此地至亚美尼亚的距离,与哈剌和林至伏尔加河的距离差不多。

从传递信息所需时间上计算,以柏朗嘉宾修士的速度,从伏尔加河到哈剌和林需要一百零六天时间,而专门负责传递情报的蒙古士兵的速度显然要比年迈的柏朗嘉宾更快,也就是说,最迟在1248年7月,身在亚美尼亚的额勒只吉歹将军应该已经得知贵由大汗去世的消息。

另外,既然阿思凌修士从法国里昂到拜住军营只需五十九天,

---

① Gregory G. Guzman, "Simon of Saint-Quentin and the Dominican Mission to the Mongol Baiju: A Reappraisal", Speculum, Vol. 46, No. 2, 1971.

那么，从额勒只吉歹军营到地中海东岸的黎凡特最多只需要四十天时间。也就是说，额勒只吉歹至少在10月就已经派出了他的特使。

换句话说，如果蒙古朝廷能够成功封锁贵由大汗去世的消息长达三个月，那么，在派大卫和马克出发前往黎凡特时，额勒只吉歹才有可能不知道贵由去世的消息。但这种可能性几乎是零，理由是：他曾是保护成吉思汗、窝阔台与贵由的宿卫军；作为三朝元老，额勒只吉歹必定耳目众多。

于是，我们或许可以做出一个推断：既然安德鲁已经证实大卫和马克的蒙古特使的身份，那么，已经知道贵由大汗去世消息的额勒只吉歹，很可能确实是派了这两位基督徒出使黎凡特。然而，或者是额勒只吉歹授意，或者是两位使臣自作主张，总之，他们隐瞒了贵由去世的消息，而他们向路易九世传递的这些好消息，或许只为一个目的——说服十字军攻打埃及。

他们的这个目的达到了。路易九世果然率十字军进军埃及。

1249年6月，十字军很快就攻下埃及的达米埃塔港口。这个港口位于开罗以北200千米处，处于地中海与尼罗河交界的地方。接下来，他们沿着尼罗河向开罗进军，但是并不顺利。

当时，阿尤布王朝的苏丹萨利赫正好去世，而后发生政权动荡，最终是马穆鲁克苏丹上台。1250年4月6日，在法里斯库尔战役中，路易九世率领的十字军全军覆没，他本人也成为埃及人的俘虏。[1]5月8日，在支付40万里弗（当时法兰西一年的财政收入为25万里弗）的赎金、归还达米埃塔港口、发誓永远不再踏足埃及之后，路易九世才被释放。

---

[1] Abu al-Fida, Tarikh Abu Al-Fida, *The Concise History of Humanity*.

然而，路易九世对埃及的进军，并没有成为额勒只吉歹的机会。按照他原先的想法，路易九世进军埃及的同时，他将率军攻打巴格达。然而，贵由去世所引发的宫廷争斗，使其进军巴格达的计划彻底被搁置。

据牛津大学历史学教授泰尔曼（Christopher Tyerman）考证，安德鲁修士拜访了额勒只吉歹之后，带着路易九世的书信和礼物去了蒙古朝廷，并得到贵由的皇后斡兀立·海迷失的接见。这位皇后回赠了安德鲁修士一件礼物，并且回复了一封措辞谦虚的书信，希望路易九世每年都向蒙古进贡。

经过三年的政治斗争之后，1251年，拖雷之子蒙哥登上大汗宝座。在这一年的冬天，蒙哥以"违命"为由，派合丹杀死了额勒只吉歹，并没收了他的家产。中亚及中东地区事务则继续由拜住统领。

我们很难设想，如果贵由大汗没有这么早去世，如果蒙哥即位之后，额勒只吉歹的战略能够继续执行，中东与欧洲地区的局势将会呈现怎样的面貌。无论如何，欧洲基督教世界这一次被愚弄了。

路易九世的使者

1251年某月某日，安德鲁修士回到巴勒斯坦，向正在那里休整的路易九世汇报出使蒙古的情况。读完斡兀立·海迷失的书信，听完安德鲁的汇报之后，这位国王感到非常失望。不过，他并没有放弃对蒙古人的幻想。两年后，他看到一封来自小亚美尼亚国王赫顿一世的兄长、外交家兼军队统帅桑帕德的书信。这封信表达的对蒙古基督教发展的乐观情绪，促使路易九世再派特使出使蒙古。他似乎忘了小亚美尼亚与蒙古的特殊关系。

11世纪，亚美尼亚遭塞尔柱人入侵后，许多难民逃至土耳其南部，在亚历山大勒塔湾建立了小亚美尼亚王国。这是一个基督教国家，与欧洲国家有着密切联系，曾与阿拉伯人争夺黎凡特的控制权。1243年的科斯戴战役之后，拜住率领的蒙古大军成为小亚美尼亚的最大威胁。正是在这一年，桑帕德作为特使曾与拜住会面，磋商战降问题。后来，国王赫顿一世决定向蒙古大汗称臣，因为他知道，蒙古人只会给一次投降机会，要是错过，整个国家将有灭顶之灾。

1247年，桑帕德奉命出使蒙古首都哈剌和林。他在那里见到了蒙哥，双方达成了联合打击穆斯林的共识。

有趣的是，西方历史学家对小亚美尼亚与蒙古的关系存在不同的看法，多数人认为是附庸国与宗主国的关系，但也有人认为是联盟关系。苏格兰历史学家斯图尔特（Angus Donal Stewart）试图平衡这两种态度，他在一本介绍亚美尼亚历史的著作中写道："亚美尼亚国王认为与蒙古人结盟——或者更确切地说，是迅速并且和平地臣服于他们——是最明智的做法。"①

据美国历史学家乔治·丹尼斯（George Dennis）考证，小亚美尼亚的军官被迫在蒙古大军中服役，很多人死于蒙古人的侵略战争中。

桑帕德在蒙古帝国待了近三年时间，直到1250年才回到小亚美尼亚。1248年2月7日，正在乌兹别克东部城市撒马尔罕停顿的桑帕德，给塞浦路斯国王亨利一世写了一封信。信里写道：

> 我们在东方的土地上见到很多基督徒，这里有很多又大又美的教堂……东方的基督徒去参见蒙古大汗，大汗……给他们

---

① Angus Donal Stewart, *The Armenian Kingdom and the Mamluks: War and Diplomacy during the Reigns of Het'um II (1289—1307)*, Brill, 2001.

（宗教信仰上的）自由。他要让全世界无人敢与他们作对，无论是行为还是言辞。

路易九世决定要碰碰运气。在这位国王的命令之下，1253年5月7日，方济各会修士卢布鲁克（Guillaume de Rubruquis）离开君士坦丁堡，去往蒙古帝国首都哈剌和林。他的使命是度化蒙古人，探寻结盟的可能性。

7月底，卢布鲁克已经越过顿河。在一名聂斯托里派教徒的帮助下，他见到了拔都的儿子、聂斯托里派教徒撒里答。于是，卢布鲁克又被送往拔都的所在地。这位修士如此描述见到拔都时的情形：

> （拔都）坐在一条宽若卧榻的长椅上，长椅全部涂金……他身边坐着一个妃子。男人坐在他的右侧，女人在左侧。女人一侧的地盘，因为仅有拔都的妻妾，没有被她们占满的，就由男人占据。①

尽管对基督教并无恶感，拔都却不愿意信仰基督教，他让卢布鲁克继续前行，去哈剌和林觐见蒙哥大汗。1254年1月4日，蒙哥在自己的斡耳朵中接见了他。卢布鲁克在他的出使报告中写道：

> （蒙哥）坐在一张榻上，穿一件带斑点的光滑的皮衣，像是海豹皮。他个头不大，中等身材，年纪是四十五岁……他给我们米酒喝，它像白葡萄酒一样清澈和芬香……然后，汗要来

---

① 何高济译：《鲁布鲁克东行记》，北京：中华书局，1985年，第240页。

了几只鹰和别的鸟，放在他的手腕上，观看着，好一阵子才叫我们说话……他有他的译员，一个我不知道是基督徒聂斯托里……①

根据卢布鲁克的记载，他在那里还见到一个匈牙利妇女、一个巴黎金匠，以及一个能说法语和钦察语的英国人。

卢布鲁克证实了桑帕德的许多描述。比如，哈剌和林至少有一座聂斯托里派的教堂；阿里不哥王子很同情基督教，因为在做礼拜时，"他伸出手来，以主教的方式向我们划了十字的记号"；在穆斯林与基督徒的一次争辩中，阿里不哥站在基督徒的一边；蒙哥大汗持一神教的立场。

然而，蒙古大汗和阿里不哥都不愿意接受洗礼。1254年8月，带着蒙哥致路易九世的书信，卢布鲁克启程返回欧洲。蒙哥在信中说："当即刻送贡品至我国觐见朝贡。你要求吾等信仰基督教，此点实在令人难解。吾乃真正天之骄子。从日出至日落处，一切领土全乃天赐予吾。如敢违抗吾之命令者乃是敌人，必令之灭亡！"

毫无疑问，路易九世的希望再一次破灭。1262年，在金帐汗国可汗别儿哥与埃及马穆鲁克苏丹贝巴斯结盟的压力下（后文将有交代），伊儿汗国可汗旭烈兀曾派人送信给路易九世，希望他能派战舰攻打埃及。这封现在被维也纳档案馆收藏的书信写道：

蒙古大军统帅致信……渴望在基督的善意支持下，摧毁撒拉逊人的国度……所以，统治大海对岸的你们，既然不愿庇护异

---

① 何高济译：《鲁布鲁克东行记》，第240页。

教徒，即你我共同的敌人，就请派战舰到海的这边来加紧巡逻。[①]

然而，这封信很可能并没有送达路易九世手中。1270年，蒙古人再次向他提出结盟的建议。旭烈兀长子、伊儿汗国可汗阿八哈得知路易九世发动了他本人的第二次东征的消息后，曾致信这位国王，并提出建议，如果路易九世攻打叙利亚，蒙古人愿意提供军事援助。然而，路易九世却选择攻打突尼斯。他想在征服突尼斯之后，沿着海岸线进军埃及的亚历山大。[②]

法国历史学家德米尔热（Alain Demurger）及理查（Jean Richard）认为，路易九世并没有放弃与蒙古人合作的想法，他之所以攻打突尼斯而非叙利亚，是因为伊儿汗国可汗阿八哈在信中表示，蒙古军队无法在1270年提供援助，建议路易九世将军事行动拖延到1271年。[③]

然而，自知时日不多的路易九世不愿意拖延军事行动。1270年8月25日，这位国王在突尼斯去世。据说，他说的最后一个单词是，"耶路撒冷！"[④]

---

① *Letter from Hulagu to Saint Louis*, quoted in Les Croisades, Thierry Delcourt, p.151.

② Dennis Sinor, *The Mongols and Western Europe*, 1975.

③ Jean Richard, *The Crusades, c. 1071—c. 1291*, Cambridge: Cambridge University Press, 1999.

④ René Grousset, *Histoire des Croisades III*, 1188—1291, 1935.

第三十二章 圣 地

伊儿汗国的君士坦丁

与路易九世不同，小亚美尼亚国王赫顿一世以及安条克公爵博希蒙德六世与蒙古人实现过某种合作。1258年至1260年期间，他们与蒙古人一起打击过伊斯兰国家。

安条克公国成立于1098年，是第一次十字军东征的产物，同时也是最早建立的十字军国家之一。11世纪至13世纪，西欧十字军在东征期间，在小亚细亚、希腊和今巴勒斯坦、叙利亚、以色列等地区建立了许多公国，这些公国被历史学家称为"十字军国家"。安条克公国涵盖今土耳其与叙利亚的部分地区。

蒙古人征讨中亚和中东地区的时候，安条克的统治者是博希蒙德六世。值得一提的是，他的岳父就是小亚美尼亚国王赫顿一世。前文已经提到，1247年，赫顿一世派遣其兄长桑帕德出使蒙古，向蒙古称臣并缔结了盟约。1259年前后，在岳父的影响下，博希蒙德六世向旭烈兀称臣。之后，旭烈兀在安条克设置了一名代表，并在其首都安条克驻扎了一小支蒙古军队。

旭烈兀是一名佛教徒，但他并不反对其他宗教的存在。实际上，他的母亲唆鲁禾帖尼、他最喜欢的妻子脱古思可敦，以及几位最得力的部下，包括最有名的将军怯的不花，都是基督教的聂斯托里派教徒。

在消灭两个最强大的穆斯林王朝——阿拔斯王朝以及阿尤布王朝——的过程中，旭烈兀得到了小亚美尼亚和安条克这两个基督教国家的帮助。

根据志费尼所著《世界征服者史》的记载，参与1257年11月攻打巴格达战役的，除了有旭烈兀的亲兵15万，还有来自格鲁吉亚、小亚美尼亚、安条克等基督教国家的军队，但他们带来的具体兵力不详。

整个基督教世界都为巴格达的沦陷欣喜若狂。旭烈兀及其信仰聂斯托里派的妻子被认为是上帝派来惩罚基督教敌人的人。在13世纪亚美尼亚历史学家基拉科斯及叙利亚主教西博流斯笔下，他们被描述成"另一位君士坦丁和另一位海伦娜"。西博流斯还称赞旭烈兀是"在智慧、品性、行为方面无人可比的王中之王"。[1]

1260年，旭烈兀及其基督教附庸国组成的联军开始攻打在叙利亚的阿尤布王朝。在蒙古将军、聂斯托里派基督徒怯的不花的率领下，他们在1月攻下阿勒颇，在3月夺下大马士革。苏丹尤素福也被蒙古人处死。此后，伊斯兰的权力中心转移到埃及。

13世纪的西方史料曾如此描述大马士革被蒙古人攻陷之后的情形：

> 3月1日，怯的不花率蒙古军队进入大马士革，与他一起进城的是亚美尼亚国王和安条克大公。生活在这座哈里发古老

---

[1] John Joseph, *Muslim-Christian Relations and Inter-Christian Rivalries in the Middle East*, University of New York Press, 1983.

首都的市民，600年来第一次见到三位基督徒当权者趾高气扬地骑马走过他们的街道。[①]

阿拔斯王朝与阿尤布王朝覆灭的意义，诚如英国历史学家朗西曼所言，"近东再也没有主导的文明进程"。

西顿大公的偷袭

正如前文已经交代过的，因为接到蒙哥大汗去世的消息，旭烈兀率主力部队返回蒙古，攻打埃及的任务交给了只有少数兵力的怯的不花。

正是在这个关键时刻，联军内部起了冲突。这起冲突由黎巴嫩西顿公国——也是十字军国家——大公格雷尼亚挑起。欧洲历史学家称他是一个"不负责任的""轻率的"人。他把旭烈兀大军的离开当作自己的机会，偷袭并抢劫了被蒙古军占领的贝卡谷地。[②]

得知消息后，怯的不花派其侄子率一小队人马前去交涉，结果却中了格雷尼亚军队的埋伏，导致全军覆没。于是，怯的不花率军突袭了西顿地区。格雷尼亚勋爵为了自保，又将西顿卖给了圣殿骑士团。

这起事件导致蒙古人与十字军之间的猜忌升级。与此同时，赫顿一世与博希蒙德六世也陷于被动之中。

耶路撒冷大主教潘塔里昂一直将蒙古人视为威胁，并在1256年

①　Steven Runciman, *A History of the Crusades*, Vol. 3, Penguin Books, 2002.
②　贝卡谷地位于黎巴嫩首都贝鲁特以东30千米，自古以来都是重要的农业产地，也是今黎巴嫩最重要的农业区之一。

提醒罗马教皇注意。这起冲突事件爆发之后，潘塔里昂向赫顿一世以及博希蒙德六世施加了更多压力，迫使他们不敢妄动。

美国历史学家大卫·摩根（David Morgan）提出，当蒙古人进攻埃及马穆鲁克王朝的时候，驻扎在阿卡（以色列北部城市）的十字军，采取了有利于马穆鲁克人的中立姿态。[①]另据英国历史学家彼得·杰克逊（Peter Jackson）的观点，阿卡男爵甚至与马穆鲁克人达成一项交易：后者可自由通过自己的领地，以牵制蒙古人的军力；前者可用低廉的价格从后者手中购买其夺得的蒙古战马。

正因为有这些因素存在，在1260年9月的艾因贾鲁战役中，怯的不花的2万大军惨败。这是蒙古人第一次在大战役中败北，此战之后，蒙古帝国的扩张势头大为减弱。在这场战役中幸存下来的蒙古兵力，撤退到今土耳其南部小亚美尼亚，国王赫顿一世为他们重新配置了装备。[②]

毋庸置疑，对赫顿一世与博希蒙德六世而言，向蒙古帝国称臣并与之结盟，实在是万不得已的选择。

小亚美尼亚和安条克国小力弱，如果统治者不委曲求全，等待他们的只能是国破家亡的命运。因为一旦蒙古人决意要征服他们，基督教盟友——十字军与教会——是无法提供任何有效且实质性的帮助的。

而蒙古人也确实给了他们好处。安条克公国的许多领土，比如叙利亚西北部港市拉塔基阿、劳迪西亚等，本已被叙利亚的马穆鲁

---

① David Morgan. "The Mongols and the Eastern Mediterranean", *Mediterranean Historical Review 4*, 1989.

② Jean Richard, *The Crusades, c. 1071—c. 1291*, Cambridge: Cambridge University Press, 1999.

克侵占。旭烈兀占领叙利亚之后，又将这些领土还给了博希蒙德六世，奖励其忠诚合作的态度。

作为回报，博希蒙德六世让东正教主教进驻安条克，取代天主教主教，因为旭烈兀想加强与东正教的拜占庭帝国的关系。这导致耶路撒冷主教潘塔里昂将博希蒙德六世逐出天主教会。

附庸国的无奈

小亚美尼亚和安条克的不幸在于，尽管将命运托付给蒙古帝国，却仍然无法得到长久的保护，因为蒙古帝国本身的命运已然不妙。

前文已经提到，1227年成吉思汗去世之前，已将蒙古帝国一分为四，分别赐给四个儿子，但蒙古的统治权仍由一人掌握，相继登位的窝阔台、贵由和蒙哥仍能统一调配国力。然而，1259年蒙哥去世之后，蒙古帝国在事实上已经分裂，四个汗国各自为政。换句话说，在兄长蒙哥去世之后，旭烈兀统治下的伊儿汗国，已无法获得"中央"的支持了。

艾因·贾鲁战役结束之后，作为蒙古附庸国的安条克公国，日益面临埃及马穆鲁克王朝的威胁。

1263年，博希蒙德六世及其岳父赫顿一世采取了各种手段以求自保。比如，他们迫使刚进驻安条克没多久的东正教主教迁往小亚美尼亚，重新在安条克安置天主教主教，以谋求欧洲人的帮助。为求平安，翁婿二人甚至曾考虑收买埃及马穆鲁克苏丹贝巴斯。他们控制着安纳托利亚南部和黎巴嫩的大片森林，而马穆鲁克人正需要木材以建造战船，于是，他们想用这片森林作为谈判筹码，以换取马穆鲁克人的休战，但这些资源却进一步激起贝巴斯的侵略欲望。

1264年，博希蒙德六世去波斯觐见旭烈兀，希望获得尽量多的支援。然而，东正教主教被撤换一事，让这位伊儿汗国可汗十分不满，因为他一直试图与拜占庭帝国结盟，以打击在小亚细亚的突厥人。更重要的是，旭烈兀的主力已经被别儿哥大军牵制，无法提供更多兵力攻打马穆鲁克。

两年后，赫顿一世也来请求伊儿汗国的援助。在他离开小亚美尼亚期间，他的国家遭到马穆鲁克的袭击。在一场战斗中，他的一个儿子被马穆鲁克杀死，随后，小亚美尼亚首都也惨遭蹂躏。大概有4万名亚美尼亚人被俘虏，其中包括赫顿一世的另一个儿子。最终，赫顿一世只能以割地换和平。

马穆鲁克本想接着入侵安条克，但博希蒙德六世收买了他们的将军，于是他们停止了入侵。然而，和平只是暂时的。1268年，贝巴斯再度入侵安条克，博希蒙德六世最终失去了在叙利亚的所有领土。二十一年之后，博希蒙德家族仅剩的领地——黎巴嫩的的黎波里——也落入马穆鲁克之手。

蒙古人的承诺

1265年，旭烈兀去世，但伊儿汗国与基督教世界的合作并未因此停止。前文已经交代过，旭烈兀一直想与拜占庭帝国结盟，以联合打击在小亚细亚的突厥人。他甚至已经说服拜占庭皇帝米海尔八世将自己的女儿嫁给他。在拜占庭公主——尽管是米海尔的私生女——抵达波斯之前，旭烈兀却去世了，于是，她便嫁给了旭烈兀的儿子阿八哈。

阿八哈可汗是一位佛教徒，他深知宗教在政治中的作用。他既想团结伊儿汗国的穆斯林，又想与西方的基督教国家合作。最能充分体现这一点的，是阿八哈时代发行的硬币。硬币上刻有基督教的十字架，同时还刻有一段阿拉伯文："以圣父、圣子及圣灵之名，只有一位上帝。"

1267年至1268年期间，阿八哈曾多次与教皇克莱门特四世通信，并遣特使拜访教皇及西班牙阿拉贡国王海梅一世。在1268年致教皇的一封信中，阿八哈承诺要派军队支援基督徒。

欧洲历史学家们猜测，或许正是受到这封信的影响，1269年，海梅一世派舰队远征阿卡。由于遇到强大的飓风，舰队不得已返回了西班牙。[1]在这一年的年底，海梅一世的两个儿子率舰队抵达阿卡，但此时的阿八哈迫于应付金帐汗国的威胁，只能向其提供少量军力的支援。

1269年，英格兰王子爱德华——三年后成为英格兰国王爱德华一世——也率领十字军远征地中海东岸。他的兵力非常少，只有230名骑士以及几百名步兵，因此深知与蒙古人结盟的重要性。在阿卡登陆之后，他立即派特使去拜见阿八哈，请求得到后者的援助。

阿八哈做出了积极的回应，他让爱德华与伊儿汗国将军萨马噶合作。爱德华的兵力实在太弱了，基本没有占领什么土地，他甚至无法攻克马穆鲁克在卡昆设置的一个小堡垒。尽管如此，在爱德华的帮助之下，1272年，阿八哈与马穆鲁克签订了一项停战十年的协议。[2]

为了赢得罗马教皇的好感，1274年7月4日，阿八哈派出了一个16人使团去参加第二届里昂会议。这个使团引起很大的轰动，尤

---

[1]　Adam Knobler, "Pseudo-Conversions and Patchwork Pedigrees: The Christianization of Muslim Princes and the Diplomacy of Holy War", *Journal of World History* 7, 1996.

[2]　Geoffrey Hindley, *A Brief History of the Crusades: Islam and Christianity in the Struggle for World Supremacy*, Carroll & Graf, 2004.

其是使团团长当众接受了洗礼。不过，正如一位编年史记录者所写，"蒙古人并非为信仰而来，而是为了与基督徒结盟而来"。

阿八哈的秘书理查德斯在会上宣读了一份报告，阐明了旭烈兀时代的伊儿汗国与欧洲的关系，重申欢迎欧洲国家派遣使团拜访伊儿汗国，并且表示将豁免境内欧洲基督徒的税收和各种费用。理查德斯还说，阿八哈承诺，将马穆鲁克驱逐出叙利亚，把耶路撒冷交还给欧洲人。[①]

在这次会议上，教皇格里高利十世决定发起一次新的东征，并与蒙古人结盟。为此，这位教皇还构思了一个庞大的计划，这个写入《信仰热情宪章》（Constitutions for the Zeal of the Faith）的计划分为四点：

> 关于未来三年的税收计划；禁止与阿拉伯人通商；意大利各共和国供应战船的计划；与拜占庭和阿八哈结盟的计划。[②]

法国历史学家理查认为，第二届里昂会议之后，阿八哈还派出另一个使团，将军事行动计划通知教皇。格里高利十世的回复是，他的使节将与十字军同行，并将协调阿八哈与十字军的军事合作。

错失的机会

罗马教皇的计划并没得到多数欧洲君王的支持，因为他们已经

---

① Peter Jackson, *The Mongols and the West: 1221-1410*, Routledge, 2005.

② Michel Balard, *Les Latins en Orient* (XIe-XVe siècle), Presses Universitaires de France, Paris, 2006.

对十字军东征失去了兴趣。结果只有已经六十六岁高龄的阿拉贡国王海梅一世愿意提供少量兵力。据说，教皇还就十字军东征进行了筹款活动。1276 年 7 月，随着格里高利十世的去世，这个十字军计划被停止。

不过，这并不意味着欧洲人与蒙古人合作的结束。在叙利亚、塞浦路斯和安条克的十字军，包括医院骑士团成员，继续与蒙古人进行某种合作。

1277 年贝巴斯去世之后，埃及马穆鲁克王朝政局陷入混乱。蒙古人与欧洲人认为夺取耶路撒冷的时机已经成熟。1280 年，蒙古人对叙利亚发起了新一轮的攻势。在这一年的 9 月，蒙古人占领了巴格拉斯和达布萨克。10 月 20 日，他们再度攻陷阿勒颇，并且屠杀了很多市民。

据法国历史学家理查考证，阿八哈曾派人出使阿卡，希望那里的十字军能联合进攻马穆鲁克，但当时的阿卡陷入饥荒之中，无法出兵联合。与此同时，耶路撒冷国王则已经卷入另一场战争，也是分身乏术。

阿八哈敦促欧洲人发起新一轮十字军东征。除了派人出使阿卡，他还派人出使英格兰，试图说服爱德华一世出兵。黎巴嫩的黎波里大公博希蒙德七世，以及塞浦路斯国王休格三世，都接待过阿八哈派出的使节。然而，他们都没有立即做出回应。只有部分在中东的医院骑士团成员对马穆鲁克控制的堡垒，比如骑士城堡，发动过一些疲软无力的攻势。

总之，欧洲人丧失了一次机会。

哈拉温继任马穆鲁克苏丹之后，采取了分化蒙古人与阿卡十字军的政策。1281 年 5 月 3 日，哈拉温与阿卡签署了一项停战十年零十个月的协议。7月16日，他与的黎波里大公博希蒙德七世也签署了一项停战十年的协定，并确保欧洲人可以前往耶路撒冷朝圣。

这一年的9月，蒙古人回来了。伊儿汗国的5万大军，以及由小亚美尼亚、格鲁吉亚和希腊组成的3万军队，还有在迈尔盖卜的200名医院骑士团成员，组成了一支攻打马穆鲁克的盟军。10月30日，在叙利亚西部城市胡姆斯，这支盟军与马穆鲁克交战，但没有分出胜负。①

1282年，阿八哈去世。继任伊儿汗国汗位的，是他的兄弟贴古迭儿。贴古迭儿原本是聂斯托里派教徒，还有一个拉丁名字"尼古拉斯"，后来却又皈依了伊斯兰教，并将名字改为"艾哈麦德"。贴古迭儿登位之后，狂热地宣传伊斯兰教，并要求部下都皈依伊斯兰教。他抛弃了阿八哈结盟西方基督徒的政策，选择与埃及马穆鲁克苏丹哈拉温结盟。

对欧洲基督教世界而言，这是一个不妙的信号。不过，阿八哈的儿子、佛教徒阿鲁浑对叔叔的做法十分不满。阿鲁浑曾请求叔公忽必烈帮忙，以推翻贴古迭儿。然而，忽必烈这位元朝皇帝已经有心无力，1281年东征日本的失败让他元气大伤。于是，阿鲁浑只能依靠自己。

阿鲁浑的领地是实力较强的呼罗珊地区。相比之下，贴古迭儿虽贵为可汗，却并不占兵力上的优势。他曾请求马穆鲁克苏丹出兵援助，但后者却乐见伊儿汗国内乱。1284年8月10日，贴古迭儿被阿鲁浑处死。

阿鲁浑登上伊儿汗国汗位之后，继续其父与西方结盟的政策。

---

① James Harpur, *The Crusades: The Two Hundred Years War*, Carlton Books, 2005.

1285年，他派叙利亚聂斯托里教徒伊萨出使罗马教会，并致信教皇霍诺里乌斯四世（1285—1287年在位）。这封信写道：

> 由于穆斯林的土地，即叙利亚和埃及，位于你我的领地之间，我们可以围困死它们。我们将派出信使，请求你们出兵埃及，这样，我们的勇士从这边出击，你们的勇士从那边出击，就可以夺取埃及。如果你们想好了，就派可靠的信使通知我们。在上帝、教皇和大汗的帮助下，我们将赶走阿拉伯人。[①]

罗马教皇并没有给予回复。1287年，阿鲁浑再派聂斯托里教徒拉班出使欧洲，拜会尼古拉斯四世、英格兰国王爱德华一世，以及法兰西国王腓力四世。他希望与欧洲基督徒联合打击中东的穆斯林，夺回耶路撒冷，并且表示，如果夺回耶路撒冷，他本人将接受洗礼，成为基督徒。[②]

圣地丢失

对于阿鲁浑的建议，欧洲人虽有回应，却无实质动作。

1289年，阿鲁浑又派在波斯定居的威尼斯人巴斯卡雷尔出使欧洲，以确定蒙古人与欧洲基督徒联合行动的日期。阿鲁浑承诺，一旦十字军从阿卡启程，他将立即出兵。巴斯卡雷尔先是去了罗马，然后在这一年的年底去了巴黎。他向腓力四世转交了阿鲁浑的回信。

---

① René Grousset, *Histoire des Croisades III, 1188—1291*, 1935.

② Robert Fossier, *The Cambridge Illustrated History of the Middle Ages: 1250—1520*, Cambridge University Press, 1986.

这封现收藏于法国皇家档案馆的书信写道：

> 我已经收到你派信使捎给我的书信。你说，如果伊儿汗国的勇士们攻打埃及，你将提供支持。我们将在虎年〔1290年〕的冬末出兵，将在来年早春驻兵大马士革……如果你遵照诺言出兵攻打埃及，我们会将耶路撒冷送给你。如果我们的勇士中有人比预定时间晚到，一切努力都将白费。

据法国历史学家理查考证，巴斯卡雷尔还向腓力四世转述了阿鲁浑的口信，后者承诺将为十字军提供所需后勤服务，还有3万匹战马。之后，巴斯卡雷尔又去英格兰拜访国王爱德华一世。这位国王对联合出兵计划表示出了极大的热情，但在具体实施方面，他表示要遵从教皇的意见。

尽管蒙古人与欧洲基督徒有多项合作计划，付诸实施的却只有1290年的海军项目。热那亚人与蒙古人准备联合打造了一支舰队，以攻打在红海游弋的马穆鲁克战船，阻止埃及与印度之间的贸易。为了打造这支舰队，热那亚派出800名工匠、水手及弓箭手奔赴巴格达。他们要在底格里斯河完成这个项目。热那亚陷入内战之后，这个项目最终被迫停止。[1]

1291年3月，收到马穆鲁克即将袭击耶路撒冷王国首都阿卡的消息之后，罗马教皇尼古拉斯四世（1288—1292年在位）立即致信阿鲁浑，再次请他接受洗礼并攻打马穆鲁克。一切为时已晚。3月10日，在教皇书信抵达大不里士之前，阿鲁浑被刺身亡。

---

[1] David Abulafia, *The New Cambridge Medieval History: c.1198—c.1300*, Cambridge University Press, 1999.

1291 年 4 月 4 日，马穆鲁克围攻阿卡。四十四天后，他们占领了这座城市。"阿卡沦陷"是十字军历史上最重要的事件。它意味着十字军东征黎凡特的结束，意味着十字军失去了最重要的堡垒——耶路撒冷王国。十二年之后，基督徒在圣地的所有领土都落入穆斯林之手。

行刺阿鲁浑的是塔基尔。塔基尔本是阿八哈的卫士，因支持阿鲁浑登位有功，被后者提拔为将军。1291 年 3 月，他趁阿鲁浑卧病在床时发动了政变，谋害了这位可汗，扶植海合都上位。1295 年初，塔基尔又杀了海合都，将性格软弱的拜都推上可汗之位。

美国历史学家阿特伍德（Christopher P. Atwood）提出，尽管拜都表面上是穆斯林，却十分同情基督教。[①]他脖子上挂着十字架，还在住所设置了教堂。他的追随者曾鼓动他除掉政敌合赞，但他不为所动。于是，他的追随者渐渐离弃了他。登位仅五个月后，拜都的政权就被合赞推翻。

合赞出生时即受洗成为基督徒，长大后又学习了佛法。支持他登位的是卑鄙的塔基尔，以及伊儿汗国的穆斯林武将。为了获得伊斯兰势力的支持，合赞即位后公开皈依了伊斯兰教。

合赞在位期间（1295—1304 年），伊儿汗国伊斯兰教风行。尽管如此，合赞仍然容忍其他宗教的存在，而且致力于保持与基督教附庸国——小亚美尼亚和格鲁吉亚——的友好关系。

1299 年夏，小亚美尼亚国王赫顿二世致信合赞，请他发兵，联合攻打叙利亚的马穆鲁克。合赞收到信后立即率领 6 万士兵出征，并致信塞浦路斯国王，以及在塞浦路斯的三大骑士团头目，邀请他

---

① Christopher P. Atwood, *The Encyclopedia of Mongolia and the Mongol Empire*, Facts on File Inc., 2004.

们一起攻打叙利亚马穆鲁克。伊儿汗国、小亚美尼亚、格鲁吉亚等国组成了有 10 万兵力的联军，在叙利亚的马穆鲁克人的兵力则只有不到 3 万人。

联军很快就夺回了阿勒颇。12 月 23 日，在叙利亚胡姆斯附近发生的大决战中，联军在付出惨重的代价后，终于打败了马穆鲁克。然而，来自东面察合台汗国的威胁，迫使合赞赶紧率军东撤。

1300 年 11 月，塞浦路斯的三大骑士团试图与伊儿汗国合攻托尔托萨，但由于伊儿汗国军队迟迟没有出现，骑士团成员只能撤到罗德岛，并在那里建了一个基地。次年 2 月，伊儿汗国、小亚美尼亚等国组成的一支 6 万人的联军再次袭击叙利亚，却无功而返。[①]

1302 年，欧洲基督徒再次遭受重创。罗德岛——基督徒在圣地的最后堡垒——落入马穆鲁克的手中。尽管伊儿汗国与小亚美尼亚卷土重来，在次年组成了一支 8 万人的大军，却没有取得进展。他们与塞浦路斯的十字军只能做些小规模的突袭。在 3 月 30 日进行的胡姆斯战役，以及 4 月 21 日在大马士革南面进行的沙克哈卜大决战中，伊儿汗国大军再次惨败。[②]

1304 年 3 月 10 日，合赞去世，欧洲人迅速夺回圣地的梦想随之破裂。

穆斯林可汗

继承汗位的是完者都。与其异母兄合赞一样，完者都出生时即

---

① Peter W. Edbury, *Kingdom of Cyprus and the Crusades, 1191—1374*, Cambridge University Press, 1991.

② David Nicolle, *The Crusades (Essential Histories)*, Osprey Publishing, 2001.

受洗成为基督徒。① 为了表示对教皇尼古拉斯四世的尊重，他其至还取了一个拉丁名字：尼古拉斯。完者都在年轻时曾研习佛教，但后来与合赞一起皈依了伊斯兰教，并将"尼古拉斯"之名改为"穆罕默德"。

皈依伊斯兰教之后，完者都深受什叶派著名神学家希里的影响。② 正是在希里的影响下，1310年，完者都将什叶派确立为伊儿汗国国教。尽管如此，他仍然奉行与西方基督教国家结盟的政策。

1305年4月，完者都曾派特使拜访法兰西国王腓力四世、罗马教皇克莱门特五世（1305—1314年在位），以及英格兰国王爱德华一世。从他写给腓力四世的一封书信中，我们可以了解其外交政策。这封现收藏于法国国家档案馆的书信写道：

> 承蒙上天的力量，我登上了汗位……我们是成吉思汗的子孙……事实上，没有什么比咱们和睦相处更好的事情了。如果有人冒犯你们或者我们，咱们将团结一起共同对外。让上天做决定吧！

完者都还在信中解释，"在上帝的指引和帮助下"，蒙古帝国诸汗国之间的内乱已经结束，并重申，尽管他已经皈依了伊斯兰教，但他仍将奉行与欧洲基督徒结盟、共同抵御马穆鲁克的政策。

1307年，受完者都所托，意大利人托马索拜访了克莱门特五世。

---

① Richard Foltz, *Religions of the Silk Road : Overland Trade and Cultural Exchange from Antiquity to the Fifteenth Century.* New York: St. Martin's Griffin, 2000.

② 希里（Al-Hili，1248—1325年）：伊斯兰教什叶派著名教义学家和教法学家，被什叶派尊为"伊斯兰教大长老"。

教皇在接见特使后宣称，蒙古人非常可能夺回圣地并将其还给基督徒，他的训导被蒙古特使称为"精神食粮"。[①]正是在这一年，教皇提名方济各会修士约翰担任元大都（北京）第一任大主教。[②]

托马索带来的消息让欧洲人十分兴奋。英国历史学家彼得·杰克逊说，欧洲人甚至开始准备十字军东征。他们吸取了多次上当的教训，没有盲信蒙古人的承诺。医院骑士团大团长维拉里特[③]起草的一份十字军军事计划备忘录中，要求以蒙古人入侵叙利亚作为十字军东征的前提条件。

然而，直到1312年4月举行的维也纳会议上，教皇克莱门特五世才正式宣布要进行十字军东征。次年，法兰西国王腓力四世发誓将东征黎凡特，以响应教皇克莱门特的呼吁。这个出征计划却遭到大臣马里尼的阻止。不久之后，这位国王在一次打猎活动中"意外"死亡。

1312年—1313年，当欧洲人还在犹犹豫豫的时候，完者都发起了对马穆鲁克的进攻。然而，这次军事行动并不成功。这是蒙古与马穆鲁克之间的最后一次对决。1316年完者都去世后，他年仅十一岁的儿子不赛因继承汗位，随后大权旁落权臣出班之手。

作为赤老温——成吉思汗"四杰"之一——的后代，出班在伊儿汗国根基颇深。为了利用出班家族的势力，完者都将他招为伊儿汗国驸马。但完者都怎么也不会想到，他的儿子与女婿有朝一日会成为死敌。

---

① Peter Jackson, *The Mongols and the West: 1221—1410*, Routledge, 2005.

② Richard Foltz, *Religions of the Silk Road : Overland Trade and Cultural Exchange from Antiquity to the Fifteenth Century*. New York: St. Martin's Griffin, 2000.

③ 关于维拉里特的死亡年份，西方史学界有两种说法，一说死于1305年，一说死于1308年。英国历史学界彼得·杰克逊认同第二种说法。

欧洲基督徒与伊儿汗国之间的友好关系，虽然由于完者都的去世而有所降温，却并没有结束，因为马穆鲁克的威胁还在。

1320年，埃及马穆鲁克苏丹纳赛尔入侵小亚美尼亚。两年后的7月1日，罗马教皇约翰二十二世（1316—1334年在位）致信不赛因，重提基督徒与不赛因先祖之间的友好关系。教皇请求不赛因插手小亚美尼亚事务，并希望这位可汗放弃伊斯兰教、加入天主教。

伊儿汗国后来确实出兵小亚美尼亚。但富有戏剧性的是，在伊儿汗国大军抵达之前，小亚美尼亚主教康斯坦丁三世与马穆鲁克苏丹纳赛尔已签订一份为期十五年的停战协议。

1322年至1323年，在出班的建议之下，不赛因与纳赛尔化干戈为玉帛，双方在阿勒颇签署了和平条约。大约三四年之后，不赛因将出班处死。

1335年，年仅三十岁的不赛因去世。由于他去世之时并无子嗣，又没有指定继承人，伊儿汗国很快就陷入内乱。各大家族之间的权力斗争日益升级。这导致伊儿汗国解体成几个小国，分别由蒙古人、突厥人和波斯人统治。

第三十三章　失败的同盟

欧洲基督教世界与蒙古帝国之间是否存在或者存在何种联盟关系，一直是西方史学界特别感兴趣的问题。

主流观点认为，双方有过一系列联盟的尝试，但总是错过合适的机会。比如，20世纪以色列历史学家普劳尔（Joshua Prawer）认为，"十字军与蒙古人结盟的努力失败了"。英国历史学家尼科尔则直言，那个时代的主角是蒙古和马穆鲁克，西欧基督徒只是"大国游戏中的人质"，蒙古人则只是基督徒的"潜在的盟友"。[1]

也有一些历史学家认为，双方存在事实上的联盟关系；但在一些细节问题上，他们存在分歧。比如，法国历史学家理查认为，双方的联盟始于1263年前后；另一位法国历史学家德米尔热则认为，直到1300年双方才真正实现联盟。

很多西方历史学家都为双方错过联盟的机会感到遗憾。按照20世纪的英国历史学家朗西曼的说法："如果西方人真与蒙古人结盟，并且诚实地贯彻了盟约，十字军国家的寿命将极大延长。马穆鲁克即便不被消灭，也不可能成大器。波斯地区的伊儿汗国将作为西方

---

[1]　David Nicolle, *The Crusades, Essential Histories*. Osprey Publishing, 2001.

国家和基督徒的强大盟友而存在。"

美国历史学家阿特伍德则如此总结西欧与蒙古人之间的关系："尽管有无数次使节往来，尽管存在结盟以对抗共同敌人的明显逻辑，教皇与十字军从没有实现这个经常被提议的对抗伊斯兰教的联盟。"

至于西方没能与蒙古人结盟的原因，西方历史学家已经有过大量讨论。

英国历史学家彼得·杰克逊在其著作《蒙古与西方：1221—1440》中列举了结盟失败的多个原因。其中一个重要原因是，蒙古帝国没有将全部精力投入到西部战线：13世纪下半叶，蒙古帝国陷入分裂之中，诸汗国之间此起彼伏的内战，压缩了在叙利亚前线的兵力；此外，在成吉思汗时代过着游牧生活的蒙古人，已经越来越习惯定居的生活，他们的重心开始转向治理天下，而不是继续征服。

导致双方结盟失败的另一个原因在于，欧洲人对十字军东征的兴趣在衰减。1187年耶路撒冷被萨拉丁夺走之后，十字军曾多次与埃及人交战，但多数以失败告终，致使他们越来越失去自信。

欧洲的君主们经常表示要东征，以此吸引国内民众的热情，然而，他们总是在准备很多年之后，才会真正将东征计划付诸实施，有时甚至完全不兑现东征承诺。于是，东征的热情被消磨殆尽。

此外，频发的内战分散了欧洲贵族们的注意力。他们将更多的兵力留在国内，而不愿意将其投入到东征之中。

越来越高的东征成本也使欧洲贵族的积极性大受打击。正是因为这个原因，他们虽然对蒙古人联合出兵的建议很有兴趣，却不愿意真正贡献出自己的军队和资源。后勤保障方面的困难也越来越大。因为担心十字军发起下一轮攻势，每次在攻陷一座城堡或港口之后，埃及马穆鲁克不是占有它，而是彻底地摧毁它，这样它就不会被十字军所用。于是，这就增加了十字军制订军事行动计划的难度。

蒙古人表现出来的征服野心，让欧洲人对结盟有所顾忌。毕竟，在外交渠道建立之初，蒙古人希望的不仅仅是合作，而是希望欧洲人臣服。蒙古人的征服之路，也似乎不会止步于圣地，而在于主宰整个世界。尽管后来的外交姿态变得温和，但在蒙古人的外交语气中，命令成分仍然多于商量成分。

欧洲人认为，如果蒙古人与西方人成功结盟，并消灭了埃及马穆鲁克王朝，他们肯定会进一步征服非洲，而且势如破竹，在占领摩洛哥之后，会转而征服欧洲人的塞浦路斯和拜占庭帝国。即便是极力鼓动欧洲人与蒙古人结盟的小亚美尼亚国王也直率地承认，蒙古人不会听从欧洲人的建议。就算双方能共事，欧洲军队与蒙古军队也要避免接触，因为蒙古人太傲慢了。

英国历史学家彼得·杰克逊还指出，在伊儿汗国的官方历史学家中，少有人关注这个汗国与基督教西方的往来，他们甚至都不曾提到欧洲人。这说明蒙古人明显没有重视与欧洲之间的沟通往来。

对于合赞时代的伊儿汗国来说，这种沟通或许是一件难堪的事。原因在于，合赞及其后数位可汗都是穆斯林，为了对付同是穆斯林的马穆鲁克而寻求异教徒的援助，毕竟不光彩。

蒙古帝国的历史学家提到域外领土时，通常或者将其归类为"敌人"，或者将其归类为"被征服者"或"反叛者"。欧洲人与埃及人一样，都属于将被征服的敌人。"盟友"的概念对蒙古人来说是陌生的。

在欧洲，支持与蒙古结盟的人并不多。1306年，当教皇克莱门特五世要求圣殿骑士团团长莫莱、医院骑士团团长维拉里特提交十字军行动方略时，两位骑士团都没有考虑与蒙古人结盟的可能性。

后来曾有几份议案简要提过蒙古人，但都是将蒙古人视为一支可以入侵叙利亚并吸引马穆鲁克注意力的力量，而不是视为一支可以合作的力量。

第三十四章　被征服者的反击

可汗皈依

在西方基督徒考虑或尝试与蒙古人结盟的时候，生活在中亚和中东地区的穆斯林，凭借地理、宗教和文化等方面的优势，也在有意无意地影响着蒙古征服者，反过来又影响了自己的未来。

前文提到过的一个例子是，1282年，伊儿汗国可汗阿八哈去世之后，他的兄弟贴古迭儿继承了汗位。贴古迭儿年少时是基督徒，还起了拉丁名字"尼古拉斯"，但长大后皈依了伊斯兰教。他登位后曾狂热地宣扬伊斯兰教，还要求部下都改宗伊斯兰教，几乎使伊儿汗国成为伊斯兰教国家。

然而，贴古迭儿并非是第一个皈依伊斯兰教的蒙古可汗，伊儿汗国也并非唯一受伊斯兰教影响的蒙古汗国。

第一个皈依伊斯兰教的蒙古可汗是成吉思汗的孙子、金帐汗国可汗别儿哥。至于别儿哥皈依伊斯兰教的具体时间，西方史学家至今并未达成共识。大致存在两种看法：一种看法认为，在1257年登上汗位之前，他就已经皈依了伊斯兰教；另一种看法认为，他是登上汗位后才皈依伊斯兰教的，但时间应该不会迟于1261年。[1]

① Robert Irwin, *The Middle East in the Middle Ages: The Early Mamluk Sultanate 1250—1382*, Routledge, 1986.

现代历史学家之所以会在这个问题——当然也包括其他问题——上出现分歧，是因为可以作为判断依据的史料实在太有限，而且这些史料往往还具有某种倾向性。正如前文提到过的例子，无论是欧洲信仰基督教的编年史记录者，还是中亚和西亚信仰伊斯兰教的编年史记录者，在记录与蒙古入侵相关的历史事件时，总会带有某种情绪，因而会让后人怀疑其记录的真实性。

这些编年史记录者笔下流淌的情绪是可以理解的，因为蒙古人给他们带去了深重的灾难。同样可以理解的是，在蒙古统治者亲近甚至皈依伊斯兰教之后，穆斯林编年史记录者笔下的倾向性。

如果术札尼——13世纪波斯编年史记录者——的文字是客观而准确的，那么，别儿哥皈依伊斯兰教的时间应该是在拔都去世之前，即1255年之前。他在《卫教者表》一书中记载了这样一个故事：

> 拔都去世后不久，其长子撒里答继承汗位，后者去觐见了大汗蒙哥，在归途中，特地绕远路以避开别儿哥的住处，因为他执着地认为，"〔别儿哥〕是一名伊斯兰教徒，而我〔撒里答〕信奉基督教，见到伊斯兰教徒的面是不幸的"。

然而，接下来的内容却影响了整个故事的可信度，从而影响了对别儿哥皈依时间的判断。《卫教者表》记载，别儿哥听到撒里答这番话后，将自己锁在帐篷里，他把绳子绕在脖子上，大哭了三昼夜，并祈祷道："真主啊，如果穆罕默德教和伊斯兰教法是真的，让我向撒里答讨回公正吧！"祈祷很快应验。第四日，撒里答突然就去世了。[1]

---

[1] 《卫教者表》相关内容，引自张文德《论金帐汗国的伊斯兰化》一文，该文刊载于《贵州师范大学学报》，2000年2月。

　　或许存在这样一种可能：撒里答突然去世后，为了增强伊斯兰教的神圣性，术札尼杜撰了别儿哥祈祷上天、而后上天降灾于撒里答的情节。但即便如此，至少在《卫教者表》成书之前，或者至少在术札尼去世（1260年左右）之前，别儿哥已皈依了伊斯兰教，因为术札尼或许会杜撰秘闻，却不会篡改众所周知的事实。

　　实际上，术札尼还记载了其他一些有趣的秘闻，比如，为了让别儿哥成为真正的穆斯林，在他出生后不久，他的父亲尤赤就把他交给一名穆斯林助产士看护。到了16世纪穆斯林历史学家笔下，这个故事又发展成另一个版本：婴儿期的别儿哥拒绝吃母乳，甚至不吃其他任何食物，直至交由一名穆斯林奶娘看护之后，他才愿意吃奶，还有其他食物。

　　困扰现代历史学家的另一个问题是，到底是谁将别儿哥领入了伊斯兰教。

　　美国印第安纳大学专门研究中亚和小亚细亚历史的迪威斯教授（Devin A. Deweese）认为，布哈拉伊斯兰教苏菲派的巴哈儿昔对别儿哥皈依伊斯兰教产生了重要影响。他在一本著作中甚至断言，西方历史学家在这一问题上的看法几乎一致。

　　迪威斯教授的主要根据之一，是一则由14世纪阿拉伯史学家伊本·哈勒敦（Ibn Khaldun）讲述的故事。这则故事被19世纪出版的《金帐汗国史资料汇编》①一书收录：

　　　他〔别儿哥〕由涅只蔑丁·忽不剌的门徒之一舍木薛丁·巴

---

① 《金帐汗国史资料汇编》的编著者是俄国历史学家齐曾高曾（1825—1902年）。这本书的史料主要来源于13—14世纪阿拉伯文史料（主要是埃及马木鲁克朝史籍），以及用波斯文记载的相关史料。

哈儿昔接纳入教……巴哈儿昔住在不花剌，派人劝别儿哥入教。他〔别儿哥〕成了伊斯兰教徒，就派人颁发给他一张文书，准许他在他的其余领地随意处置一切，但他〔巴哈儿昔〕辞绝了。别儿哥动身去会见他，他〔巴哈儿昔〕却不许他进去，直到他的近侍请求他接见别儿哥时为止。他们为别儿哥求得了他的允诺〔准他进去见他〕，他便进去了，又重复了一遍入教的誓约。司教责成他公开传〔伊斯兰〕教。他〔别儿哥〕在自己的全体人民中间传播它，在自己的全部领地内建起了清真寺与学校，亲近学者与法学家，与他们为友。①

值得一提的是，讲述这则故事的伊本·哈勒敦并非只是一位历史学家，他还是天文学家、经济学家、伊斯兰教学者、法理学家、数学家、军事学家、哲学家、营养学家、社会学家和政治家。他被认为是人口统计学、文化历史学、社会学、历史哲学等几门社会学科的先驱者之一。②

根据这位博学多才的阿拉伯人的自传，他出生于北非的突尼斯，先祖在先知穆罕默德时代，即7世纪的时候，生活在也门的哈德拉毛地区。尽管伊本·哈勒敦的阿拉伯人身份遭到同是阿拉伯人的传记作家鄂南（Mohammad Enan）的质疑，现代学者仍然愿意相信他记载的史料的真实性。③比如，关于上面提到的这段史料，苏联时代的历史学家格列科夫及雅库博夫斯基在《金帐汗国兴衰史》一书

---

①　格列科夫、雅库博斯夫斯基：《金帐汗国兴衰史》，商务印书馆，1985年。

②　Dr. S. W. Akhtar, "The Islamic Concept of Knowledge", *Al-Tawhid: A Quarterly Journal of Islamic Thought & Culture 12*, 1997.

③　Mohammad Enan, *Ibn Khaldun: His life and Works*, Ashref Lahore, 1993.

中写道，"我们没有理由不相信它"。

这两位苏联历史学家的言外之意是，中世纪记载蒙古帝国的史料太过稀少，无论是穆斯林历史学家的记载，还是基督徒历史学家的记载，都是极其难得的研究史料，如果没有十足的把握，是没有理由怀疑其真实性的。换句话说，只要不是过于不合逻辑或情理，我们将不得不相信其真实性。

而在格列科夫及雅库博夫斯基看来，别儿哥"克制自己的被贬抑的尊严感，并以此向整个伊斯兰世界表示自己对伊斯兰教政权的虔敬与尊严"，是十分的"英明与有远见"，他虽然是一个"要求唯命是从地服从自己的严厉的统治者"，却"能够从政治考虑出发，克制个人的自尊心"。

不过，这两位苏联学者同时也认为，伊本·哈勒敦的某些记载有夸张的成分，比如，至少"在钦察草原上，在蒙古与钦察游牧民劳动群众中，伊斯兰教没有推行成功"，而在金帐汗国的城市中有比较大的影响。

卢布鲁克修士的报告也从侧面证实了这一点。1253年，方济各会修士卢布鲁克奉命出使蒙古帝国时，途经金帐汗国。后来，他在一份写给路易九世的报告中，提到了金帐汗国伊斯兰教的发展情况，以及当地穆斯林的生活情况。他还在报告中表达了看到伊斯兰教——基督教的主要竞争对手——的发展情况后的沮丧心情。

文明的气场

最让人感兴趣的问题则是，别儿哥皈依伊斯兰教的原因。这当然属于动机论的范畴。首先要回答的问题是，伊斯兰教或伊斯兰文明到底有何种吸引力，因为这是触发别儿哥皈依动机的基础。毫无疑问，在这个问题上所做的解释，也适用于其他皈依伊斯兰教的蒙古人，包括贴古迭儿。

前文已经提到，在遭到蒙古铁骑入侵的前夜，伊斯兰世界在经济、社会与文化方面的发达程度，远胜于西欧的基督教世界。

识字率是一个值得注意的指标。据西方历史学家估计，在公元1000年左右，大约有20%的穆斯林男子——相当于穆斯林总人口的10%——识字，而西欧只有约1%的人识字。美国历史学家格里高利认为，中世纪的穆斯林之所以重视知识，是受伊斯兰宗教经典的影响，因为根据《古兰经》和圣训的说法，"学者的墨水比殉道者的鲜血更为神圣"。①

在哲学与科学方面，中东地区取得的成就尤其辉煌；在某种程度上，它是对希腊文明的继承。6世纪上半叶，雅典的哲学学园被西罗马帝国皇帝查士丁尼关闭之后，许多希腊哲学家东移叙利亚。希腊哲学随后逐渐融入伊斯兰生活。在伊斯兰文明的黄金年代，即阿拔斯帝国时代（750—1258年），伊斯兰哲学远比同时代拜占庭和西方基督教世界的哲学要发达、精深得多。

而这种强调理性的哲学，又进而促进了科学的发展。穆斯林在天文学、医学、光学、化学、数学、文学和艺术上所取得的成就，对西欧基督教世界乃至整个人类文明都产生了深远影响。比如，阿维森纳（Avicenna）写于11世纪的《医典》，直至17世纪末都被欧洲人奉为经典。再比如，穆斯林科学家在世界上首次描述了蒸馏、过滤和升华的整个过程。

---

① Vartan Gregorian, *Islam: A Mosaic, Not a Monolith*, Brookings Institution Press, 2004.

英国历史学家佩西（Arnold Pacey）认为，导致伊斯兰文明兴盛的原因之一，是因为阿拔斯帝国掌握了造纸术。751年时，阿拔斯帝国与唐朝爆发怛罗斯会战。其结果是，兵力占极大优势的阿拔斯帝国获胜，许多唐兵被俘，其中就有懂造纸技术的工匠。于是，造纸技术便被阿拔斯帝国掌握。后来，穆斯林在撒马尔罕和巴格达建立了许多造纸厂。[①]

900年左右，巴格达已经有数百家印刷作坊，它们雇人誊写并装订书籍，甚至公立图书馆也开始建立。10世纪的开罗图书馆已有藏书200万册，的黎波里图书馆的藏书甚至达到300万册。[②]

按照美国马里兰大学宗教学家艾哈迈德（I. A. Ahmad）的说法，在阿拔斯帝国时代，尽管伊斯兰价值体系控制着整个社会，但仍然存在着相当程度的宗教自由和言论自由，可以吸引不同文化背景的穆斯林、基督徒和犹太教学者，从而创造出一种跨文明的学术研究氛围。[③]

正是在这样的宗教、文化与历史背景之下，中世纪的伊斯兰世界设立了许多大学。值得一提的是，世界上第一所颁发文凭的大学，就是9世纪设立于波斯的医药大学，而第一所授予学位的大学，则是859年设立于北非摩洛哥非斯城的卡鲁因大学。

美国历史学家拉尔夫等人如此评价中世纪的伊斯兰文明："对于那些怀着现代的偏见看待伊斯兰文明的人来说，最令他们震惊的，

---

① Arnold Pacey, *Technology in World Civilization: A Thousand-Year History*, MIT Press, 1990.

② Patricia Skinner, *Unani-tibbi, Encyclopedia of Alternative Medicine*, 2001.

③ I. A. Ahmad, "The Rise and Fall of Islamic Science: The Calendar as a Case Study", Delivered at the conference on "Faith and Reason: Convergence and Complementarity" At al-Akhawayn University, Ifrane, Morocco June 3, 2002.

当属自7世纪穆罕默德时代到16世纪，伊斯兰文化和社会一直具有鲜明的世界主义特征，同时富于生机。"

伊斯兰文化之所以具有浓厚的"世界主义特征"，是因为它继承了拜占庭和波斯文化的精髓，同时也与它所在的地理位置——地处东西方商路的要冲——有关。这个地理特点决定了它必然重视贸易，而贸易则必然带来国际性的人口与信息交流，而这种交流又必然促进国际性文化的发展。

伊斯兰世界在科学文化上取得的成就，最终在工业与商业上得到了体现。比如，叙利亚摩苏尔生产的棉布、大马士革生产的精钢制品、伊拉克巴格达生产的玻璃器皿，以及摩洛哥生产的皮革制品等，无一不闻名于世。这些由穆斯林占据技术优势的产品，或通过由"沙漠之舟"组成的驼队走陆路，或通过配备精妙的天文与航海仪器的货船走海路，远销到包括中国在内的整个东亚地区。

而蒙古人——尤其是蒙古贵族——十分重视商贸和手工业。正如前面提到过的，蒙古人攻下一座城池后，往往都会有屠城之举，但工匠和技工一般能够免遭厄运，因为他们能制造出蒙古人喜欢的奢侈品。毫无疑问，对于野蛮的蒙古人来说，伊斯兰文明具有足够的吸引力，尽管他们并不明白这种文明的深奥之处，以至于在攻破巴格达之后，将当地的图书馆付诸一炬。

政治现实

现在回过头再讲别儿哥皈依伊斯兰教一事。苏联历史学家格列科夫及雅库博夫斯基认为，别儿哥之所以能"克制个人的自尊心"，是因为他"英明并有远见"，"能够从政治考虑出发"。

两位学者的评论可谓一语中的。"从政治考虑出发",换句话说,从政治现实出发,正是别儿哥皈依的动机。

他首先要考虑的是国内的政治现实。金帐汗国的领土范围,主要包括原属花剌子模帝国的部分领土、保加尔国以及罗斯诸公国,其中,除罗斯诸公国的西北部地区主要受基督教影响,其他地区主要都是受伊斯兰教影响。据美国历史学家迪威斯所说,穆斯林人口占金帐汗国人口的大多数。

在金帐汗国的心脏地带,即首都萨莱城周边地区,以及原保加尔国所在的伏尔加河流域、高加索山脉北部地区、里海的东面及北面地区,伊斯兰教的影响早已根深蒂固。比如,保加尔国早在10世纪即已确立伊斯兰教传统。至于高加索北部地区,在哈扎尔人统治时期即深受伊斯兰教影响。

哈扎尔人是过着半游牧生活的突厥人,在7世纪至10世纪期间,他们统治着高加索北部地区。而这段时间恰逢阿拉伯帝国的扩张期。在伍麦叶王朝时期(661—750年),阿拉伯人试图将版图扩大到高加索以北地区,因此与哈扎尔人发生了冲突,双方进行了一场百年战争。最终的结果是,哈扎尔人阻挡住了阿拉伯帝国的扩张步伐,却没有阻挡住伊斯兰教的渗透。

美国历史学家邓洛普(D. M. Dunlop)与戈登(Peter B. Golden)提到,在一个吃了败仗的哈扎尔领袖的要求之下,从737年开始,曾有两位伊斯兰教法理学家向他讲述伊斯兰教义,而他也在适当的时候宣称自己是穆斯林。[1]

---

[1] D.M. Dunlop ,*The History of the Jewish Khazars*, Schocken, 1967; Peter B. Golden, "Khazar Studies: An Historico-Philological Inquiry into the Origins of the Khazars", *Central Asiatic Journal*, vol.30, 1986.

尽管哈扎尔的统治者最终选择了犹太教，但伊斯兰教仍然在这个地区落地生根。伊本·拉斯塔于10世纪初期完成的地理学著作，以及伊本·法德兰在10世纪上半叶所写的游记，都有提到哈扎尔首都阿蒂尔的伊斯兰文化。根据他们的记载，10世纪初，阿蒂尔已经有上万名穆斯林，还有专门为穆斯林服务的清真寺和学校。对于生活在现代都市中的人来说，"上万人"根本不值得大惊小怪，而以当时的标准来说，这已经是一个十分庞大的数字。事实上，伦敦人口在1300年也仅有8万人而已。

这些在社会、文化和语言上已经被伊斯兰化的地区，无疑将影响着未来的征服者——金帐汗国——对伊斯兰教的态度。

当然，在这些被征服的国家和地区，还存在多种本土宗教，人类学家和社会学家甚至找不到合适的术语来定义它们，比如，有的被称为"原始宗教"，有的被称为"万物有灵论"，有的被称为"部族宗教"，等等。但由于缺乏高度的文明作为支撑，这些本土宗教都不具备吸引力。

正如美国明尼苏达大学历史学家努南（Thomas S. Noonan）所揭示的，宗教的传播进程往往受到商业、文化和政治模式的推动。比如，伏尔加河流域的保加尔国与伊斯兰世界的联系，即是通过南北向的国际贸易通道而建立起来。而政治上的统一无疑会便利商业与文化的沟通，从而有利于伊斯兰教的传播。[①]

必须考虑的一个现实是，在金帐汗国的行政架构之下，花剌子模帝国与保加尔国已经不再是两个独立的国家，而是作为统一的帝国的一部分。相应的结果是，原来分属两国的伊斯兰教势力，现在

---

① Thomas S. Noonan, "Suzdalia's Eastern Trade in the Century before the Mongol Conquest", Turcica, Vol.19, 1978.

融合成一股统一的势力，也就是说，在统一的金帐汗国治下，伊斯兰教领袖的影响力壮大了。这可以部分解释前面交代过的一个细节：别儿哥放下尊严，以求得巴哈儿昔的接见。

你本是尘土，仍要归于尘土

别儿哥对伊斯兰教的重视，在布哈拉得到集中体现。正如前面已经交代过的，这里正是别儿哥的皈依之地。而特别值得一提的是，这里其实并非金帐汗国的属地。布哈拉所在的中亚河中地区，原本属于察合台汗国。不过，察合台于1242年去世后，河中地区实际上处于蒙古帝国中央的直接治理之下。因此，布哈拉城内不仅有察合台家族的势力，也有尤赤家族的势力。

1259年7月蒙哥大汗去世后，拖雷与正妻所生的四子阿里不哥，在哈剌和林召集西北诸王举行库里台大会，宣布自己为蒙古帝国大汗。随后，他将河中地区交由察合台的孙子阿鲁忽管理，而布哈拉城的穆斯林精英与尤赤家族的势力却效忠于别儿哥。为了争夺这座中亚的伊斯兰教文化中心，换句话说，为了争夺对中亚伊斯兰教的影响力，别儿哥与阿鲁忽展开了激烈的争夺战。

然而有意思的是，最终影响这场争夺战结果的，主要是阿里不哥和忽必烈，而不是别儿哥和阿鲁忽。

在卢布鲁克写给路易九世的报告中，阿里不哥的宗教倾向是基督教，但这并不意味着他不了解布哈拉的重要性。他之所以将布哈拉交给阿鲁忽，而不是别儿哥，很可能是出于这样一种考虑：如果别儿哥拥有了布哈拉，金帐汗国会因为得到伊斯兰教的支持而坐大，伊斯兰教则会因为金帐汗国的支持而进一步扩张。

忽必烈时期蒙古汗国分布图

这两种结果都不是阿里不哥希望看到的。于是，他选择将河中地区交还给察合台的后人。他想通过这个煞费苦心的安排达到两个目的：其一，维持中亚地区的实力平衡；其二，团结察合台家族的势力，从而达到巩固自己大汗之位的终极目的。然而，阿里不哥万万没有想到的是，正是他倚为心腹的阿鲁忽，在关键的时候背叛了他。

1260年3月，阿里不哥的亲二哥忽必烈在开平府召集了库里台大会，并被推举为大汗。随后，忽必烈挥师北上，与阿里不哥展开决战。1261年，物资紧缺的阿里不哥派人去河中地区征收赋税。然而，阿鲁忽早已经在暗中投靠了忽必烈，他将阿里不哥的使臣拘押并处死了。在忽必烈大汗的支持下，阿鲁忽巩固了对包括布哈拉在内的中亚河中地区的统治。

在这场争夺大汗之位的斗争中，别儿哥扮演着中立者的角色。蒙哥大汗去世之后，别儿哥已经无人可以依靠：阿里不哥明显不信任他；忽必烈则与旭烈兀——他的仇人——有着牢不可破的联盟关系。对这位金帐汗国可汗而言，无论是谁最终登上大汗之位，对自己都未必是好事。

来自蒙古帝国内部的潜在威胁，迫使别儿哥向外寻找新的盟友。他的宗教信仰为他指明了方向。因为有着共同的仇敌——旭烈兀，以及共同的信仰——伊斯兰教，埃及马穆鲁克苏丹贝巴斯成为别儿哥的选择。

贝巴斯与旭烈兀之间的恩怨，始于后者对叙利亚的入侵，在1260年的艾因·贾鲁战役前后达到高潮。关于这方面的内容，前文已有比较详细的阐述。对此战失利耿耿于怀的旭烈兀一直在伺机报复。

至于别儿哥与旭烈兀之间的恩怨，则源于对阿塞拜疆地区的争夺。阿塞拜疆位于里海的西面，处于金帐汗国与伊儿汗国之间。它的战略价值在于，有一片极为丰茂的牧场，"蒙古人特别喜爱库拉河下游驻冬的木甘草原，以及适于夏天放牧的覆盖着丰美青草的哈剌塔黑的山坡"。[①]

成吉思汗去世之前，将阿塞拜疆分封给了术赤家族，但是蒙哥大汗登位之后，又将这块地方封给了弟弟旭烈兀。尽管别儿哥对这种安排十分不满，但他并没有表现出来，直至蒙哥去世才开始争夺。

别儿哥对伊斯兰教的宗教情感，使他与旭烈兀之间的矛盾加深。英国历史学家尼科尔指出，旭烈兀大军于1258年攻陷巴格达、处死阿拔斯帝国最后一位哈里发的行为，让别儿哥极为愤怒。他曾如此向蒙哥大汗表示抗议："他〔旭烈兀〕洗劫了穆斯林的所有的城市，并处死了哈里发。在真主的帮助下，我将让他为这么多无辜的生命付出代价。"[②]

别儿哥很快就开始实践自己的誓言。1259年，别儿哥派侄子那海入侵波兰，目的是劫掠尽量多的资源，为日后与旭烈兀交战作准备。诺盖大军洗劫了很多波兰城市，包括克拉科夫和桑多梅日。

布哈拉城让别儿哥心痛。据俄罗斯历史学家巴托尔德考证，阿鲁忽得到这座城市的治理权后，曾伙同旭烈兀屠杀城内的金帐汗国臣民，以报复别儿哥在1252年对其家族的清洗。[③]

---

① 格列科夫、雅库博夫斯基：《金帐汗国兴衰史》，商务印书馆，1985年。

② David Nicolle, *The Mongol Warlords: Ghengis Khan, Kublai Khan, Hulegu, Tamerlane*, (Heroes & warriors), Firebird, 1990.

③ W. Barthold, *Turkestan down to the Mongol Invasion*, Munshiram, 2002.

因此，对别儿哥来说，与埃及马穆鲁克苏丹贝巴斯结盟，是再明智不过的选择。对贝巴斯而言，能够得到别儿哥这个盟友，使两个蒙古汗国陷入无穷尽的内耗，更是一件再好不过的事情。因此，双方一拍即合。从1261年开始，他们二人有着频繁的书信往来；阿拉伯编年史记录者、贝巴斯的秘书伊宾·阿不都赞喜儿记录了其中的一次：

> 1262年〔伊斯兰纪年为660年〕，他〔贝巴斯〕给鞑靼大汗别儿哥写了一封信，信件由我笔录，他口述。他唆使他〔别儿哥〕反对旭烈兀，在他们之间煽起仇恨与敌意。由于接二连三地获得了他〔别儿哥〕皈依伊斯兰教的消息，他〔贝巴斯〕就从道理上指出，他〔别儿哥〕必须发动反对鞑靼人的圣战。他〔别儿哥〕有责任对异教徒作战，即便他们是他的亲人。要知道先知——安拉的祝福与和平属于他——就曾与自己同部落的亲人作战……伊斯兰教不光是一些教义章句，圣战是它的后盾之一。[①]

别儿哥听从了贝巴斯的建议。1262—1264年，他吸引了旭烈兀的主力大军。因此，当安提俄克公爵博希蒙德六世请求旭烈兀派兵攻打马穆鲁克时，旭烈兀能抽调的兵力已然不多了。

不过，别儿哥并未从与贝巴斯的结盟中获得多大好处。当他的主力军与旭烈兀主力军在北高加索决战时，阿鲁忽夺取了金帐汗国在花剌子模和其他地区的许多领地，比如讹答剌城。别儿哥丧失了

---

① 格列科夫、雅库博斯夫斯基：《金帐汗国兴衰史》，商务印书馆，1985年。

对河中地区的控制权。1266年，在与旭烈兀之子阿八哈交战时，别儿哥去世。

包括俄裔德国历史学家普拉夫丁在内，不少学者认同这样一种说法，即别儿哥牵制旭烈兀的政策，使麦加和耶路撒冷避免了与巴格达同样的命运。

别儿哥汗位的继承人蒙哥帖木儿（1266—1280年在位），延续了与马穆鲁克结盟、牵制伊儿汗国的战略。尽管如此，蒙哥帖木儿本人并未皈依伊斯兰教。实际上，自别儿哥去世之后，连续四任可汗都没有皈依伊斯兰教。不过，伊斯兰教对金帐汗国的影响越来越大。1312年，第10任大汗月即别（1312—1340年在位）登位后不久，伊斯兰教被确立为国教，真真正正在这个汗国扎下了根。

正如圣经《旧约》所云："你本是尘土，仍要归于尘土。"除了伊斯兰教获得成长机会，在成吉思汗建立的蒙古帝国及其子孙建立的继承国的版图上，其他文明的根基虽有损伤，却并未动摇。

如前文已经交代过的，东正教势力继续在金帐汗国境内原罗斯国的领土上壮大，天主教也继续在欧洲境内发展，并在16世纪分裂出新教，而后更伴随欧洲资本主义的对外扩张，向欧洲之外的其他地区渗透。这几股宗教势力竞相发展的结果是，在几百年之后的21世纪，如何处理东正教与伊斯兰教之间的关系，成为俄罗斯处理与中亚国家——它们都曾是蒙古帝国版图中的一部分——之间关系的重要内容，而天主教、新教与伊斯兰教之间的关系，则更被认为是影响当下国际关系走向的深刻因素。

至于儒学（儒教），虽在元朝备受压制，却仍然顽强地匍匐前进，终在明清两代再度兴起。时至21世纪，儒学似有了新的发展机遇。

结　语

　　"峰峦如聚，波涛如怒，山河表里潼关路。望西都，意踌躇。伤心秦汉经行处，宫阙万间都做了土。兴，百姓苦。亡，百姓苦。"这首散曲名为《山坡羊·潼关怀古》，作者是元代著名散曲名家张养浩。[①]

　　但张氏并不仅是散曲家而已。他曾在元仁宗（1312—1320年在位）时期担任礼部尚书，官秩三品。元英宗（1321—1328年在位）时期，他因不堪政治腐败而辞官归隐。去世三年之后，朝廷追封他为滨国公，谥号文忠。

　　这首散曲问世于1329年。这一年，关中大旱，民不聊生，甚至出现人吃人的惨剧。为了救黎民百姓于水火，归隐七年、年届花甲的张养浩应朝廷所托，出任陕西行台中丞一职。在赴陕西救灾途径潼关之时，张养浩写就了这首散曲，几个月之后，他因忧愤交加、积劳成疾病逝于任上。

　　这首散曲出现在霸业空前的元朝，无疑具有极其强烈的讽刺意味。显然，末尾两句是本曲重点："兴，百姓苦。亡，百姓苦。"正

---

① 张养浩（1269—1329年），字希孟，山东济南人。他诗文兼擅，而以散曲著称。关于其生平，见《元史》卷一七五，《张养浩列传》。

因为有了这两句，这首散曲脱颖而出，赢得后世读者共鸣，成为千古绝唱。而本书之所以引用这首散曲，并不惜笔墨交代作者及曲词的背景，不仅是为了便于读者理解，更是为了让读者体会帝国霸业的荒唐，以及历史进程的无奈。

英国历史学家科林·麦克伊韦迪指出，在蒙古帝国征伐的过程中，有至少3500万中国人、150万伊朗人、50万俄罗斯人、75万阿富汗人死亡。[①]尽管西方历史学家大多认为，令人发指的杀戮换来了"蒙古和平"（Pax Mongolica），促进了东西方文明的交流，在客观上有诸多益处。事实也的确如此。然而就中国而言，数千万人的牺牲换来的仅仅是短暂的和平，百姓的境遇并未有本质上的改善，虽未见得比前朝更差，但也未见得更好。

在《历史研究》一书中，20世纪英国著名历史学家汤因比批判了"决定论者的宿命观点"，[②]认为那些类似于"循环哲学"的观点是"相当愚蠢"的，然而他本人又将文明的衰落归结为创造性的领袖人才的精神道德的败坏，认为"我们人类似乎在取得伟大成就的次日便有了败坏的趋向"。事实上，无论是"决定论者的宿命观点"，还是汤因比自己的理论，都可以部分解释蒙古帝国及其继承国的崩溃与灭亡。

在张养浩哀叹"百姓永恒之苦"之后不到四十年，元朝灭亡。1368年，朱元璋创立了明朝，再两百多年后，满人——女真人的后裔——又推翻了明朝，建立了清朝。两百多年后，清朝延续又被推

---

① Colin McEvedy: *Atlas of World Population History*, Viking, 1978.

② 汤因比（Arnold Joseph Toynbee，1889—1975年）：英国著名历史学家，他的12卷巨著《历史研究》（*A Study of History*）讲述了世界各个主要民族的兴起与衰落，被誉为"现代学者最伟大的成就"。

翻。无论是处在哪个朝代之中，百姓的境遇在本质上并无太大差异，都是处于备受盘剥的最底层。

寻常百姓无从选择和改变自己的命运。他们无法独立生存，总会隶属于某个地域、民族、宗教、文化或其他具有社会属性的团体。而这些团体往往都有各自的利益和尊严。

因之，在汤因比所谓的各种"创造性的领袖人才"的感召之下，或是出于捍卫民族与宗教情感，或是因为遵循文化上的教化，或是为了维持生计，或是出于对财富的追求，他们总是或者有意，或者无意，或者主动，或者被动，或者有所选择，或者无从选择地参与到帝国霸业形成与解体的过程中。在这个充满欺诈和血腥的过程中，百姓们一次又一次地彼此残杀，收获一个又一个令他们失望的结局。

简单交代一下蒙古帝国的其他继承国的最终命运：1335年，伊儿汗国因内乱而解体，分裂成几个王朝，这些王朝互相攻杀，最终被金帐汗国和帖木儿帝国收拾干净；至于金帐汗国，从14世纪60年代开始也陷入内乱之中，而后逐渐瓦解和分裂，并于1502年被沙皇俄国灭亡。

窝阔台汗国与察合台汗国的政治影响相对较弱，因而未被本书重点介绍。先后遭受蒙哥和忽必烈打击之后，窝阔台家族的势力一蹶不振，1310年，窝阔台汗国并入察合台汗国。尽管帖木儿帝国不断蚕食其领土，察合台汗国仍然持续了很长时间，直到16世纪末和17世纪初才陷入分裂。18世纪中期，它在塔里木盆地的残土被纳入清朝版图。

外文参考书目

A.P. Martinez, "Some Notes on the Il-Xanid Army", *Archivum Eurasiae Medii Aevi*, vol. 6, 1988.

Adam Knobler, "Pseudo-Conversions and Patchwork Pedigrees:The Christianization of Muslim Princes and the Diplomacy of Holy War", *Journal of World History*, 7, 1996.

Alfred Nicolas Rambaud, *History of Russia:From the Earliest Times to 1880*, General Books, 2010.

Angus Donal Stewart, *The Armenian Kingdom and the Mamluks:War and Diplomacy during the Reigns of Het'um II (1289—1307)*, Brill, 2001.

Arnold Pacey, *Technology in World Civilization:A Thousand Year History*, MIT Press, 1990.

Bernard Lewis, *The Arabs in History*, Oxford University Press, USA; 6th edition, 2002.

Bernard Montgomery, *A History of Warfare*, The world Publishing Company, 1968.

Brian Todd Carey, *Warfare in the Medieval World*, Pen & Sword Books, 2007.

C. E. Bosworth, *The Encyclopedia of Islam*, Vol. IV, 1978.

Christopher Dawson, *The Mongol Mission:Narratives and Letters of the Franciscan Missionaries in Mongolia and China in the Thirteenth and Fourteenth Centuries*, London:Sheed and Word, 1995.

Christopher P. Atwood, *The Encyclopedia of Mongolia and the Mongol Empire*, Facts on File Inc. , 2004.

Claude Cahen, *Pre-Ottoman Turkey:A General Survey of the Material and Spiritual Culture and History*, New York:Taplinger Pub. Co., 1968.

Colin McEvedy, *Atlas of World Population History*, Viking, 1978.

Christopher Tyerman, *God's War:A New History of the Crusades*, Harvard University Press, 2006.

David Abulafia, *The New Cambridge Medieval History:c.1198—c.1300*, Cambridge University Press, 1999.

David Morgan, "The Mongols and the Eastern Mediterranean", *Mediterranean Historical Review*, 4, 1989.

David Morgan, *The Mongols*, Blackwell Publishing, 1990.

David Nicolle, *Medieval Warfare Source Book:Warfare in Western Christendom*, London:Arms and Armour, 1995.

David Nicolle, *The Crusades* (*Essential Histories*), Osprey Publishing, 2001.

David Nicolle, *The Mongol Warlords:Ghengis Khan, Kublai Khan, Hulegu, Tamerlane*, (Heroes & warriors), Firebird, 1990.

David W. Tschanz, "History's Hinge:Ain Jalut", *Saudi Aramco World*, July/August 2007.

Denis Sinor, "The Inner Asian Warriors", *Journal of the American Oriental Society*, 1981.

Denis Sinor, "The Mongols in the West", *Journal of Asian History*, vol.33, 1999.

Devin A. DeWeese, *Islamization and Native Religion in the Golden Horde:Baba Tükles and Conversion to Islam in Historical and Epic Tradition*, Penn State University Press, 2007.

D. M. Dunlop, *The History of the Jewish Khazars*, Schocken, 1967.

Donald W. Engels, *Alexander the Great and the Logistics of the Macedonian Army*, Berkeley:University of California Press, 1978.

Dr. S. W. Akhtar, "The Islamic Concept of Knowledge", *A Quarterly Journal of Islamic Thought & Culture*, vol.12, 1997.

Francis Dvornik, *The Origins of Intelligence Services:The Ancient Near East, Persia, Greece, Rome, Byzantium, the Arab Muslim Empires, the Mongol Empire, China, Muscovy*, New Brunswick:Rutgers University Press, 1974.

Francis Robinson and Ira M. Lapidus, *Cambridge Illustrated History:Islamic World*, Cambridge University Press, 1996.

Geoffrey Hindley, *A Brief History of the Crusades:Islam and Christianity in the Struggle for World Supremacy*, Carroll & Graf, 2004.

George Dennis, "Byzantine Heavy Artillery:The Helepolis", *Greek, Roman, and Byzantine Studies*, 1998.

George Vernadsky, "The Mongols and Russia", *A History of Russia*, Vol. III, New Haven:Yale University Press, 1970.

Gregory G. Guzman, "Simon of Saint-Quentin and the Dominican Mission to the Mongol Baiju:A Reappraisal", *Speculum*, Vol. 46, No. 2, 1971.

Grigor of Akanc, "The History of the Nation of the Archers", edited and translated by R. P. Blake and R. N. Frye, *Harvard Journal of Asiatic Studies*, Vol. 12,

1949.

Harold T. Cheshire, "The Great Tartar Invasion of Europe", *The Slavonic Review*, Vol. 5, No. 13, June, 1926.

H. C. Perumalil and E. R. Hambye, *Christianity in India:A History in Ecumenical Perspective*, Prakasam Publications, 1973.

Henry G. Bohn, *The Road to Knowledge of the Return of Kings:Chronicles of the Crusades*, AMS Press, 1969.

Herbert Franke and Denis C. Twitchett, *The Cambridge History of China*, Vol.06, Alien Regimes and Border States, 907—1368, Cambridge University Press, 2008.

I. Rachewiltz, *Papal Envoys to the Great Khans*, Stanford University Press, 1971.

J. J. Saunders, *The History of the Mongol Conquests*, Routledge & Kegan Paul, 1971.

James Chambers, *The Devil's Horsemen:The Mongol Invasion of Europe*, London:Weidenfeld and Nicolson, 1979.

James Harpur, *The Crusades:The Two Hundred Years War*, Carlton Books, 2005.

Janet Martin, *Medieval Russia, 980—1584*, Cambridge, 1995.

Jean-Paul Roux, *Histoire de l'Empire Mongol*, Fayard, 1993.

Jean Richard, *The Crusades, c. 1071—c. 1291*, Cambridge:Cambridge University Press, 1999.

John Joseph, Muslim-Christian Relations and Inter-Christian Rivalries in the Middle East.

John Masson Smith, "Ayn Jalut:Mamluk Sucess or Mongol Failure", *Harvard Journal of Asiatic Studies*, Vol. 44, No. 2, Dec, 1984.

Judith Gabriel Vinje, "Vikings in the East:Remarkable Eyewitness Accounts", *Scandinavian Press*, Issue 1, 2001.

Kenneth Meyer Setton, *A History of the Crusades:The fourteenth and fifteenth centuries*, University of Wisconsin, 1975.

Kozo Yamamura, *The Cambridge History of Japan*, Vol.3, Medieval Japan, Cambridge University Press, 1990.

Marco Polo, *The Travels of Marco Polo*, Translated by Ronald Latham, Baltimore:Penguin Books, 1958.

Miklos Molnar, *A Concise History of Hungary*, Cambridge University Press, 2001.

Michael Prawdin, *Mongol Empire:Its Rise and Legacy*, George Allen and Unwin Ltd., 1967.

Michel Balard, *Les Latins en Orient (XIe-XVe siècle)*, Presses Universitaires de France, Paris, 2006.

Mohammad Enan, *Ibn Khaldun:His life and Works*, Ashref Lahore, 1993.

Morris Rossabi, *The Mongols in World History*, from Asia Topics in World History, Columbia University.

Muhammad Rashid al-Feel, *The Historical Geography of Iraq between the Mongolian and Ottoman Conquests*, Vol. 1, Nejef, 1965.

Norman Davies, *Europe:A History*, Oxford:Oxford University Press, 1996.

Patrick H. O' Neill, Karl Fields, and Don Share, *Casesin Comparative Politics*, New York:Norton, 2006.

Patricia Skinner, *Unani-tibbi, Encyclopedia of Alternative Medicine*, 2001.

Paul D. Buell, "Kalmyk Tanggaci People:Thoughts on the Mechanics and Impact of Mongol Expansion", *Mogolian Studies*, 6, 1980.

Paul E. Chevedden, *The Invention of the Counterweight Trebuchet:A Study in Cultural Diffusion*, Dumbarton Oaks, Trustees for Harvard University, 2000.

Paul Robert Magocsi, *A History of Ukraine*, University of Toronto Press, 1996.

Peter B. Golden, "Khazar Studies:An Historico-Philological Inquiry into the Origins of the Khazars", *Central Asiatic Journal*, Vol. 30, 1986.

Peter Jackson, *The Mongols and the West:1221—1410*, Routledge, 2005.

Peter W. Edbury, *Kingdom of Cyprus and the Crusades, 1191—1374*, Cambridge University Press, 1991.

Richard Foltz, *Religions of the Silk Road:Overland Trade and Cultural Exchange from Antiquity to the Fifteenth Century*, New York:St. Martin's Griffin, 2000.

Robert Fossier, *The Cambridge Illustrated History of the Middle Ages:1250—1520*, Cambridge University Press, 1986.

Robert Irwin, *The Middle East in the Middle Ages:The Early Mamluk Sultanate 1250—1382*, Routledge, 1986.

Robert Michell and Neville Forbes, *The Chronicle of Novgorod*, London: Camden Society, 1914.

Robin Milner-Gulland, *The Russians*, Blackwell Publishing, 2000.

Simon Payaslian, *The History of Armenia:From the Origins to the Present*, New York:Palgrave MacMillan, 2007.

Steven Runciman, *A History of the Crusades*, Vol. 3, Penguin Books, 2002.

Thomas Barfield, "The Perilous Frontier:Nomadic Empire and China, 221 BC to AD 1757", *Studies in Social Discontinuity*, Oxford:Blackwell, 1989.

Thomas T. Allsen, "Military Technology in the Mongolian Empire", *Warfare in Inner Asian History 500—1800*, Brill, 2002.

Timothy May, *The Mongol Art of War*, Westholme Publishing, 2007.

Vartan Gregorian, *Islam:A Mosaic, Not a Monolith*, Brookings Institution Press, 2004.

W. Barthold, Turkestan down to the Mongol Invasion, Munshiram, 2002.

后　记

　　本书初稿完成于2009年。2011年2月，世纪文景/上海人民出版社以《蒙古帝国》为书名推出第一版。读者现在看到的，是后浪推出的第二版。

　　就内容而言，第二版与第一版的不同之处，主要在三个方面：其一是补充了几幅地图，便于读者更直观地了解历史事件发生的环境与进程；其二是对文献的出处做了进一步整理，使其体例更加规范和统一；其三是对书中提到的外国学者以及重要史料的提供者加注了英文名，以便读者查询相关史料；其四是对后浪编辑及审读专家在编审过程中发现的几处有失严谨的表述，进行了更正。

　　对作者来说，作品有机会进一步完善并再版，是一种莫大的安慰与支持。

　　感谢后浪。

出版后记

这是一本带着问题意识而写作的书。作者在前言中提到，本书想回答以下这些问题："成吉思汗到底是个怎样的人？是生来就以天下为己任，还是一个天生杀人狂？他遵从的是怎样一种扩张逻辑？起始人口只有不到200万的蒙古国，是怎样变成势不可挡的蒙古帝国？它又是怎样征服那些强大的、有过辉煌文明的大国的？那些大国文明各自存在哪些问题？它们又是如何在精神层面对蒙古帝国进行反征服的？在征服与反征服的过程中，哪些因素在起关键作用？阻止蒙古帝国进一步扩张的力量或因素又是什么？"

所以，本书虽然题为《蒙古帝国》，但重点并不在于介绍成吉思汗家族如何从部族中崛起，如何统一蒙古各部，并且建立起横跨欧亚的大帝国，而是试图回答蒙古帝国兴起的内部和外部动力，以及在其扩张过程中，蒙古帝国与其他被征服国家、民族、文明之间的互动。

本书分为七篇。第一、二篇是对蒙古的背景介绍，包括他们的生存逻辑、民族性格（信奉复仇，信仰"长生天"），他们的军事特点（军力、情报、装备、战术）；第三篇是蒙古人灭亡西夏、金、南宋而入主中原的过程；第四篇是蒙古东征朝鲜、日本；第五、六、七篇是蒙古的西征，伊斯兰世界和基督教世界都暴露在蒙古铁骑的突袭之下，花剌子模、格鲁吉亚、阿塞拜疆、克里米亚、亚美尼亚、阿拉伯帝国、罗斯诸公国、保加尔、波兰、匈牙利、拜占庭帝国等国家地区，都爆发了冲突和激战。

蒙古人作为当时横扫欧亚大陆的一股力量，对世界历史发展的影响不仅体现在政治、军事领域，也包括文化、技术、宗教的交流扩散等方面。他们将中华地区的攻城战术带到中东、欧洲，利用西亚的火炮摧毁南宋的城墙，各汗国的贵族中不乏皈依伊斯兰教或基督教者，甚至还参与11世纪末到13世纪末为了争夺"圣地"耶路撒冷的控制权的圣战之中。

历史不是非黑即白的，也不只有一个面相，蒙古帝国更是如此。作者带着问题，通过对史料的搜集分析，重现了蒙古征服的脉络和图景。

服务热线：133-6631-2326　188-1142-1266

服务信箱：reader@hinabook.com

后浪出版公司

2019年6月

© 民主与建设出版社，2019

图书在版编目（CIP）数据

蒙古帝国 / 易强著. –– 北京 : 民主与建设出版社，
2019.8
ISBN 978-7-5139-2457-3

Ⅰ.①蒙… Ⅱ.①易… Ⅲ.①蒙古(古族名)—民族历
史—中国 Ⅳ.①K289

中国版本图书馆CIP数据核字(2019)第070910号

蒙古帝国
MENGGU DIGUO

著　　者	易　强	筹划出版	银杏树下
出版统筹	吴兴元	责任编辑	王　颂
特约编辑	林立扬	营销推广	ONEBOOK
封面设计	陈文德	装帧制造	墨白空间

出版发行　民主与建设出版社有限责任公司
电　　话　（010）59417747　59419778
地　　址　北京市海淀区西三环中路 10 号望海楼 E 座 7 层
邮　　编　100142
印　　刷　北京盛通印刷股份有限公司
版　　次　2019 年 8 月第 1 版
印　　次　2024 年 4 月第 3 次印刷
开　　本　889 毫米 × 1194 毫米　1/32
印　　张　11.5
字　　数　267 千字
书　　号　ISBN 978-7-5139-2457-3
定　　价　72.00 元